갈등유발자

주려받기

일러두기 – 표준국어대사전에 따르면 '즈려밟다'의 표준어는 '지르밟다'이지만 독자들이 좀 더 쉽게 의미를 떠올릴 수 있도록 김소월 시인의 '진달래꽃'에 쓰인 시어 '즈려밟기'를 제목으로 사용했습니다.

갈등유발자 즈려밟기

초판 1쇄 발행 2024년 6월 27일

지은이 러네이 에븐슨 / **옮긴이** 윤영삼

펴낸이 조기흠
총괄 이수동 / **책임편집** 이지은 / **기획편집** 박의성, 최진, 유지윤, 김혜성, 박소현
마케팅 박태규, 홍태형, 임은희, 김예인, 김선영 / **제작** 박성우, 김정우
디자인 김서영

펴낸곳 한빛비즈(주) / **주소** 서울시 서대문구 연희로2길 62 4층
전화 02-325-5506 / **팩스** 02-326-1566
등록 2008년 1월 14일 제 25100-2017-000062호

ISBN 979-11-5784-748-8 13320

이 책에 대한 의견이나 오탈자 및 잘못된 내용은 출판사 홈페이지나 아래 이메일로 알려주십시오.
파본은 구매처에서 교환하실 수 있습니다. 책값은 뒤표지에 표시되어 있습니다.

⌂ hanbitbiz.com ✉ hanbitbiz@hanbit.co.kr ⬜ facebook.com/hanbitbiz
Ⓝ post.naver.com/hanbit_biz ▶ youtube.com/한빛비즈 ⦿ instagram.com/hanbitbiz

지금 하지 않으면 할 수 없는 일이 있습니다.
책으로 펴내고 싶은 아이디어나 원고를 메일(hanbitbiz@hanbit.co.kr)로 보내주세요.
한빛비즈는 여러분의 소중한 경험과 지식을 기다리고 있습니다.

러네이 에븐슨 지음
윤영삼 옮김

갈등유발자

즈려밟기

HB 한빛비즈
Hanbit Biz, Inc.

앞서는 글

    직원, 동료, 상사와 조화롭게 어울리며 생산적인 관계를 맺는 것은 누구나 마스터해야 할 중요한 기술이다. 하지만 이런 기술은 어디서 가르쳐주는 것이 아니기에 우리는 무방비 상태로 직장생활을 시작한다. 생각도 다르고 성격도 다른 사람들이 매일 같은 공간에서 일하고 서로 어울려야 하는 직장에서 이러한 기술은 더욱 절실하게 느껴진다. 친구는 선택할 수 있지만 직장동료는 내가 선택할 수 없다. 더욱이 깨어 있는 시간의 대부분을 그들과 함께 보내야 한다. 특히 그중에 까다로운 사람들이 있다면 더더욱 골치 아프다.

    그러므로 직장에서 원만한 인간관계를 유지하는 능력은 매우 중요하다. 성공에도 필수적인 역할을 한다. 실제로 업무 지식이 뛰어난 사람보다 사람들과 잘 어울릴 줄 아는 사람이 승진하는 경우가 많다. 하지만 사람들과 좋은 관계를 맺는다는 것은 무조건 원만한 관계를 유지한다는 뜻이 아니다. 회사에서는 끊임없이 문제가 발생하기 때문에, 이에 대해 효과적으로 대처할 줄 안다는 뜻이다. 무수한 갈등을 해결하며 돈독한 관계를 유지할 줄 아는 사람은 어느 조직에서나 돋보일 수밖에 없다.

갈등은 우리가 일상에서 직면할 수 있는 가장 난감한 상황 중 하나라 할 수 있다. 안전한 영역에서 벗어나야 하기 때문이다. 그래서 우리는 많은 경우, 갈등이 발생하면 그냥 못 본 체하며 문제가 저절로 사라지기를 바란다. 하지만 그런 일은 결코 일어나지 않는다. 갈등을 해결하지 않고 방치하면 두 가지 문제가 발생할 수 있다. 갈등을 빚는 사람과의 관계가 손상될 수 있다. 또는 문제를 계속 못 본 체 무시해야 한다. 한번 틀어진 인간관계는 저절로 회복되지 않는다. 계속 균열이 발생하여 결국에는 완전히 단절될 수 있다. 또한 감정 역시 저절로 치유되지 않는다. 계속 꾹꾹 눌러두면 결국에는 끓어오르다 폭발하여 자제력을 잃고 후회할 행동을 할 수 있다.

직장에서 벌어지는 갈등을 처리하는 좀 더 효과적인 방법이 있다. 문제가 발생했을 때 건설적인 대화를 통해 문제를 해결하는 것이다. 이는 곧 사람들과 소통할 줄 아는 능력을 입증하는 확실한 길이며, 또 성공 확률을 높일 수 있는 유일한 길이다.

이 책에서는 온갖 유형의 사람들과 겪는 갈등을 해결하기 위한 기술을 터득할 수 있도록 방법을 제시한다. 뭐든지 아는 체하는 사람, 회의를 독점하려고 하는 사람, 쓸데없는 이메일을 마구 보내는 행동에 어떻게 대처해야 하는지 조언한다. 강압적인 상사, 이기적인 상사, 지나치게 간섭하는 상사, 소통하지 않는 상사를 만났을 때 어떻게 헤쳐나가야 하는지 가르쳐준다. 또한 내가 문제를 일으켰을 때 어떻게 해야 빠르게 문제를 해결하고 관계를 회복할 수 있는지 설명한다.

이 책에서는 효과적으로 소통의 문을 열어주는 열쇠가 되는 말을 소개한다. 또 이러한 열쇳말의 효과를 더욱 강화시키는 비언어적 요소에 대해서도 자세히 소개한다. 어떠한 유형의 갈등이든 해결하는 데 적용할 수 있는 5단계 프로세스를 다양한 예를 통해 설명한다. 직장에서 마주칠 수 있는 사람들의 까다로운 행동이나 습관 30가지를 소개하고 이러한 문제들을 해결할 수 있는 방법을 가르쳐준다. 또한 '생각해보자' 코너에서 다소 예외적인 상황에 대처하는 방법을 소개한다. 갈등을 해결하는 열쇳말을 실전 예문 형태로 삽입했다.

Part 1에서는 갈등 해결을 위한 효과적인 의사소통의 기초가 되는 기본적인 열쇳말과 비언어적 요소에 대해 설명한다. 이해, 사과, 타협, 최종 확인, 관계 회복을 위한 열쇳말과 더불어 '나'에게 초점을 맞춰 말하는 법을 배울 수 있다. 또한 말의 의미를 뒷받침하고 강화하는 보디랭귀지, 얼굴 표정, 목소리, 단호한 태도 등 비언어적 요소에 대해서도 다룬다.

또한 실제 벌어질 수 있는 갈등 상황을 해결하는 잘못된 방법과 올바른 방법을 보여주고 이러한 방법이 왜 효과가 없는지, 또 어떻게 해야 효과가 있는지 설명한다. 이 과정에서 어떤 열쇳말을 사용해야 하는지, 또 어떤 비언어적 요소를 활용해야 하는지 배울 수 있을 것이다. 실제 현실에서 바로 활용할 수 있는 대사들이 수록되어 있으니 참고하기 바란다.

Part 2에서는 Part 1에서 설명한 열쇳말과 비언어적 요소들을 갈등을 해결하기 위한 대화를 나누는 동안 언제, 어떻게 적용할 수 있는지 알려준다. 3장에서는 갈등을 해결해야 할 때 적용할 수 있는 5단계 프로세스를 설명한다. 실제 벌어질 수 있는 갈등 상황을 해결하는 잘못된 방법과 올바른 방법을 보여주고 이러한 방법이 왜 효과가 없는지, 또 어떻게 해야 효과가 있는지 설명한다.

4장에서는 직장에서 마주칠 수 있는 20가지 유형의 갈등유발자 동료와 빚는 갈등, 5장에서는 10가지 유형의 까다로운 상사들과 빚는 갈등을 예시로 보여주고, 이러한 상황을 갈등 해결 5단계 프로세스를 활용하여 효과적으로 헤쳐나가는 법을 설명한다. 갈등 해결 열쇳말과 비언어적 요소를 다양한 상황에서 어떻게 적용할 수 있는지 배울 수 있을 것이다. 그리고 이러한 접근 방식을 비슷한 상황에서 유연하게 적용할 수 있도록 '기본적인 원칙'에서 핵심을 정리해놓았다.

6장에서는 자신이 문제를 일으킨 경우, 어떻게 대처해야 하는지 설명한다. 자신도 모르게 부적절한 언행을 했다는 사실을 뒤늦게 깨달았을 때, 이러한 상황을 적극적으로 해결할 수 있는 법을 알려준다. 이때에도 갈등 해결 열쇳말과 비언어적 요소를 적극 활용하여 주도적으로 문제를 해소하고 관계를 회복할 수 있다. 또, 나로 인해 상처받은 누군가가 나에게 공격적인 반응을 보일 경우에도, 갈등 해결 5단계 프로세스를 적용하여 문제를 규명하고 갈등을 해결하여 관계를 회복할 수 있다는 것을 알게 될 것이다.

이 책은 직장에서 일상적으로 발생하는 골치 아픈 인간관계의 문제를 해결해줄 유용한 길잡이가 될 것이다. 문제가 되는 것이 무엇인지 명확하게 파악하는 법을 배울 수 있다. 내가 원인이 된 문제든 상대방이 원인이 된 문제든 해결할 수 있다는 자신감이 생길 것이다. 어떤 상황에서든 생산적인 대화를 이끌어낼 수 있는 기술을 제공한다.

이 책은 소통 기술을 개선하고, 리더십을 향상시키며, 자기 생각을 효과적으로 내세우는 법을 가르쳐줄 것이다. 이러한 기술을 습득하고 나면, 모두와 잘 소통하고, 문제를 해결하며, 사람들을 이끌어가는 유능한 사람으로 보일 것이다. 이 모든 것은 당연히 당신의 성공을 앞당겨 줄 수 있다.

에디터의 구성 노트

갈등유발자를 구워삶기 위한 공략 도구 설명서

《갈등유발자 즈려밟기》는 구조와 서사를 동시에 활용한 독특한 책입니다. 그래서 책을 읽기 전 독자분들이 미리 알아두면 좋을 이 책의 구성에 대해 먼저 소개할까 합니다.

우리 주변의 갈등유발자는 너무나 다양한 형태로 존재합니다. 꽤 여러 사람을 만나며 일했다는 사람도 늘 새로운 유형의 갈등유발자를 만나 당황하게 되죠. 사실 각각의 갈등유발자들을 제압하는 전략을 개별적으로 세우는 것은 불가능합니다. 그래서 작가는 '3가지 도구 + 갈등유발자의 유형별 특징'을 조합해 전략을 세울 것을 추천하고 있습니다. 효과가 확실한 틀을 가지고 각 사례에 대응하라는 것이죠.

이 책은 30개의 갈등유발자 유형에 맞는 대처 방법을 설명하기 위해

Part 1		Part 2
1장 **언어적 도구**	**2장** **비언어적 도구**	**3장** **갈등 해결 5단계 프로세스**
잘못된 갈등 해결 사례	잘못된 갈등 해결 사례	잘못된 갈등 해결 사례
'나'로 시작하는 말 이해하고 있다는 말 사과하는 말 타협하는 말 합의 확인하는 말 관계 회복하는 말	보디랭귀지 얼굴 표정 목소리 단호함	1단계: 먼저 생각하기 2단계: 좀 더 깊이 이해하기 3단계: 문제 정의하기 4단계: 최선의 해법 제안하기 5단계: 합의 이끌어내기
성공적인 갈등 해결 사례	성공적인 갈등 해결 사례	성공적인 갈등 해결 사례

1~3장에 특별한 장치를 마련했습니다. 1장은 갈등유발자를 상대할 때 사용해야 하는 언어적 요소, 2장은 그 언어의 효과를 극대화시키는 비언어적 요소를 설명합니다. 그리고 3장에서는 갈등유발자를 제압하는 언어와 비언어적 요소를 효과적으로 활용할 수 있는 갈등 해결 5단계 프로세스를 소개합니다.

특히 저자는 잘못된 사례와 성공적인 사례를 동일하게 반복 배치해 어떤 부분을 고치려고 노력하면 성공할 수 있는지 보여주는 데에 공을 들였습니다. 비슷한 이야기가 반복되는 것 같지만 분명히 달라지는 부분들을 굵은 글씨로 표시했습니다. 점점 성공적인 사례로 변해가는 인물들의 이야기를 따라 독자 여러분도 자신만의 전략을 세울 수 있기를 바랍니다.

번역자의 표현 노트
갈등을 해결하는 강력한 열쇳말을 이해하는 법

⊝

《갈등유발자 즈려밟기》는 갈등 상황을 한 방에 풀어주는 강력한 문구를 중심으로 소개하는 책입니다. 독자들이 일상에서 바로 사용할 수 있는 '강력한 문장'을 제공하는 것이 번역자의 중요한 역할이기 때문에 문화적/언어적 차이로 인해 발생하는 이국적 요소나 어색함은 최대한 자국화하여 자연스러운 일상어투로 번역했습니다. 사람 이름도 국내에 너무 생소한 이름인 경우 다소 익숙한 것으로 대체했습니다.

물론 일상적인 대화체와는 다른 느낌으로 번역된 부분도 있습니다. 예를 들어 "'나'로 시작하는 말"은 원문에서 "주어가 'I'로 시작하는 말"입니다. 하지만 한국어에서는 주어를 생략하는 경우가 많아서 실제로 '나는'이라고 시작하지 않는 번역문도 많습니다. 그래서 상황에 따라 "'나'에게 초점을 맞춰, '나'를 주어로 삼아" 등으로 풀어서 설명했습니다.

저자의 'I'로 시작하라는 말은 문법적 설명이 아니라 '내 이야기'를 먼저 하라는 조언입니다.

예 I was hurt when you said I make too many mistakes.
A "나한테 실수를 너무 많이 한다고 말했을 때, 상처받았어요."
B "상처받았어요. 나한테 실수를 너무 많이 한다고 말했을 때요."

A처럼 말을 하면 문장 맨 앞에 나오는 동사의 행위 주체는 '당신'이 됩니다. 이것은 상대방의 행위를 먼저 내세워 탓하는 느낌을 주게 됩니다. 반면 **B**는 내 이야기로 시작합니다. 이것이 저자가 추천하는 화법입니다.

물론 이런 번역문이 다소 어색하게 느껴질 수 있습니다. 하지만 그것이 번역서라서 그런 것만은 아닙니다. 민감한 갈등 상황에서 내 이야기를 먼저 하는 것은 생산적인 해법을 찾는 빠른 길이기 때문입니다. 여러분도 실제 대화에서 실천하다 보면 미묘한 차이를 느끼게 될 것입니다.

아무쪼록 이 책이 우리 사회의 다양한 갈등 상황을 해소하는 데 조금이나마 이바지할 수 있기를 바랍니다.

2024년 5월 윤영삼

앞서는 글 · 005 / 에디터의 구성 노트 · 010 / 번역자의 표현 노트 · 012

PART 1 갈등 해결 열쇳말 + 비언어적 요소 = 성공적인 인간관계

① 소통의 문을 열어주는 열쇳말

갈등 해결: 잘못된 방법 · 023

이러한 접근 방식이 효과가 없는 이유 · 024

'나'로 시작하는 말 · 025

이해하고 있다는 말 · 029

사과하는 말 · 032

타협하는 말 · 034

합의 내용을 확인하는 말 · 038

관계를 회복하는 말 · 041

갈등 해결: 올바른 방법 · 043

이러한 접근 방식이 효과가 있는 이유 · 046

열쇳말의 효과를 강화하는 비언어적 요소들

갈등 해결: 잘못된 방법 · 051

이러한 접근 방식이 효과가 없는 이유 · 053

보디랭귀지 · 054

얼굴 표정 · 057

목소리 · 061

단호함 · 064

갈등 해결: 올바른 방법 · 067

이러한 접근 방식이 효과가 있는 이유 · 071

PART 2 효과적인 갈등 해결 = 직장 내 인간관계 강화

3 갈등 해결 5단계 프로세스

갈등 해결: 잘못된 방법 · 077
이러한 접근 방식이 효과가 없는 이유 · 079
1단계: 먼저 생각하기 · 080
2단계: 좀 더 깊이 이해하기 · 083
3단계: 문제 정의하기 · 088
4단계: 최선의 해법 제안하기 · 090
5단계: 합의 이끌어내기 · 096
갈등 해결: 올바른 방법 · 099
이러한 접근 방식이 효과가 있는 이유 · 104

4 까다로운 동료들 속에서 살아남기

갈등이 발생했을 때 기본규칙 · 107
뒷담화하는 사람을 대하는 법 · 109
아첨꾼을 대하는 법 · 116
괴롭힘에 대처하는 법 · 123
공을 가로채는 사람을 대하는 법 · 130
비판만 하는 사람을 대하는 법 · 137
윤리를 위반하는 행동에 대처하는 법 · 143
이메일을 남발하는 행동에 대처하는 법 · 149
가십꾼을 대하는 방법 · 155
뭐든 아는 체하는 사람을 다루는 법 · 162

지각대장을 다루는 법 · 168

너무 크게 말하는 사람을 다루는 법 · 174

회의를 독점하려는 행동에 대처하는 법 · 180

지나치게 실수하는 사람을 다루는 법 · 187

부정적인 말만 쏟아내는 사람을 대하는 법 · 193

개인 위생 문제에 대처하는 법 · 199

개인 공간을 침범하는 행동에 대처하는 법 · 204

뺀질이를 다루는 법 · 210

TMI에 대처하는 법 · 216

불평하는 사람을 다루는 법 · 222

거절할 줄 모르는 사람을 대하는 법 · 228

5 **괴짜 상사들 밑에서 살아남기**

상사와 대면할 때 기본규칙 · 235

괴롭히는 상사에 대처하는 법 · 237

일방적으로 지시하는 상사에 대처하는 법 · 244

이기적인 상사를 다루는 법 · 251

무능한 상사를 대하는 법 · 259

일관성 없는 상사를 다루는 법 · 265

마이크로 매니저를 대하는 법 · 272

소통하지 않는 상사를 대하는 법 · 278

소극적인 상사를 다루는 법 · 285

과도하게 반응하는 상사를 대하는 법 · 291

비윤리적인 상사를 대하는 법 · 299

내가 저지른 문제 수습하기

갈등 해결: 잘못된 방법 · 309

이러한 접근 방식이 효과가 없는 이유 · 310

1단계: 먼저 생각하기 · 312

2단계: 좀 더 깊이 이해하기 · 315

3단계: 문제 정의하기 · 319

4단계: 최선의 해법 제안하기 · 322

5단계: 합의 이끌어내기 · 324

갈등 해결: 올바른 방법 · 326

이러한 접근 방식이 효과가 있는 이유 · 329

에필로그 · 334

PART 1

갈등 해결
열쇳말
+
비언어적
요소
=
성공적인
인간관계

1
소통의 문을 열어주는
열쇳말

우리가 매일 직장에서 마주하는 상사나 동료들과 좋은 관계를 유지하는 것은 생각보다 쉽지 않은 일이다. 솔직히 말해서 많은 경우 우리는, 굳이 어울리고 싶지 않은 사람들과 하루 종일 함께 일하며 소통해야 하는 상황을 견뎌야 한다. 참다못해 성질이 폭발할 수도 있고, 삐뚤어진 태도를 갖게 될 수도 있다. 우리가 깨어 있는 시간 중 직장에서 보내는 시간이 가장 많다는 점을 생각해보면, 직장에서 맺는 인간관계에 신경을 써야 하는 것은 매우 당연한 일이라 할 수 있다.

문제는 아무리 대인 기술이 좋은 사람이라고 해도, 모든 사람과 늘 잘 지내는 것은 불가능하다는 것이다. 사람들과 많은 시간을 함께 지내다 보면, 갈등이 생길 수밖에 없다. 하지만 직장에서 벌어지는 갈등은 해소하기 어려운 경우가 많다. 어쨌든 맡은 업무가 있고 책임이 따르기 때문에, 동료의 짜증나는 행동에 평정심과 자제력을 유지하기 힘든 상황에서도 참고 견디는 사람이 많다.

하지만 침착함을 유지하며 절제와 사려 깊은 태도로 갈등을 풀어낼 줄 안다면, 동료와 상사들에게 훨씬 긍정적인 인상을 심어줄 수 있을 것이다. 최선의 문제 해결 방법을 궁리해내고, 무엇을 어떻게 말할지 미리 시간을 들여 계획하고, 건설적인 방식으로 소통한다면, 상사와 동료들은 그런 사람의 말을 더 경청하고 진지하게 받아들일 것이다.

문제가 발생했을 때 이를 드러내고 이야기하는 것은 쉬운 일이 아니다. 사람들은 대부분 이러한 상황이 발생하면 그냥 못 본 체 견디며, 저절로 사라져 주기만을 기다린다. 그러나 갈등은 방치할수록 악화될 뿐이다. 처음에는 사소했던 문제라고 해도 나중에는 걷잡을 수 없는 상황으로 치닫게 된다. 지푸라기도 쌓다 보면 그 무게에 짓눌려 낙타가 쓰러질 수 있다! 갈등을 해결하지 않고 방치하면 불만과 원한이 쌓이고, 급기야 해결할 수 없는 분란이 펼쳐질 수 있다. 고객, 협력업체, 거래처 등 외부인들과 맺는 관계에도 부정적인 영향을 미칠 수 있다. 최악의 경우, 개인의 사적인 영역까지 영향을 미칠 수 있다.

그렇다면 동료나 상사들과 관계에서 문제가 발생했을 때에는 어떻게 해야 할까? 험담을 하거나, 업적을 가로채거나, 잘난 체하거나, 남을 괴롭히는 등 책임감 없는 행동을 하는 동료와는 어떻게 어울려야 할까? 강압적으로 지시하거나, 동료들 앞에서 모욕을 주거나, 특정 직원을 편애하거나, 업무에 대해 아는 것이 없는 상사는 어떻게 대해야 할까? 더 나아가 내가 문제를 일으켰을 때에는 어떻게 행동해야 할까? 내가 무심코 한 말이나 행동이 다른 사람을 기분 나쁘게 했다는 사실을 뒤늦게 깨달을 수도 있고, 상대방이 다소 공격적인 태도로 지적할 수도 있다. 이처럼 자신이 갈등의 원인이 되었을 때 빠르게 문제를 해결하고 관계를 복구할 줄 안다면, 직장 안에서 더욱 건설적이고 생산적인 인간관계를 유지할 수 있을 것이다.

갈등에 직면했을 때 긍정적으로 대화를 이끌어나가며 문제의 원인을 찾고, 단호하고 자신감 있는 태도로 건설적인 소통을 하고, 서로 동의할 수 있는 해법을 찾아나가는 기술을 갖추고 있다면, 조직 안에서 존경받는 사람이 될 수 있을 것이다. 문제를 일으키는 직원이 아니라 해법을 제시하는 직원으로 인식될 수 있다.

이 장에서는 갈등에 직면했을 때 원활하게 소통할 수 있도록 도와주는 강력한 열쇳말을 소개한다. 직장에서 동료나 상사들과 겪는 문제를 마주하고 논의할 때는 물론, 친구나 가족과 의견충돌이 있을 때도 매우 효과적으로 사용할 수 있다.

갈등 해결 열쇳말의 효과는 매우 강력하다. 이러한 열쇳말을 제대로 활용할 줄 안다면 아무리 심각한 갈등도 원만하게 해결할 수 있는 길이 열리겠지만, 이러한 열쇳말을 모르면 갈등이 오히려 더 심각해질 수 있다. 직장에서 벌어지는 불화를 해결하기 위해 넘어야 하는 첫 번째 관문은 바로 이 열쇳말들을 자연스럽게 사용하는 법을 터득하는 것이다.

갈등 해결: 잘못된 방법

회의에서 케이트가 프레젠테이션을 하고 있었는데, 동료 엠마가 끼어들어 이견을 제시했다. 그로 인해 케이트는 집중력과 자신감을 잃었고, 정신이 산만해져서 제대로 프레젠테이션을 진행하지 못했다. 더욱이 이전 회의에서도 엠마가 끼어든 적이 있어서 케이트는 더욱 화가 났다. 케이트는 그 일이 있은 뒤, 계속 속을 끓이고 있었다. 그러던 중 복도에서 마주친 엠마를 향해 대뜸 소리쳤다.

"프레젠테이션할 때마다 맨날 방해하더니, 어제도 그러더군! 발표가 끝나기도 전에 끼어들어 내 말에 반대하고! 그럴 때마다 얼마나 짜증나는지 알아!"

엠마가 투덜대듯이 말했다.

"내가 언제 맨날 그랬어? 그리고 말이 되지도 않는 소리를 하니까 그런 거지."

"어쨌든, 다음에는 내가 말을 다 끝낼 때까지 말하지 마, 알았어?"

엠마는 지지 않고 맞받아쳤다.

"넌 네가 뭐라도 되는 줄 아나 본데, 난 내 의견을 말할 권리가 있어. 네가 또 말도 되지 않는 소리를 하면 또 말할 거야."

엠마는 콧방귀를 뀌며 돌아서 가버렸다. 케이트는 더 화가 났다.

이러한 접근 방식이 효과가 없는 이유

엠마가 맨날 자신을 방해한다고 **비난**한 순간부터 이미 이 대화의 결말은 정해져 있었다. 엠마는 즉각적으로 자신을 **방어**하기 위해 나섰고, 대화는 금방 달아올라 빠르게 내리막길로 치달았다. 두 사람 모두 화가 난 상태에서, 상대방에 대한 공격을 건설적인 대화로 전환할 기회는 사라져버렸다. 엠마가 케이트의 화를 돋우며 자리를 박차고 가버림으로써, 문제는 전혀 해결되지 않았으며, 무엇보다도 두 사람의 관계는 더욱 악화되었다. 물론 케이트는 엠마의 행동이 얼마나 자신을 성가시게 하는지 전달하는 데 성공했다. 엠마 역시 앞으로는 그렇게 하지 않겠다고 마음먹었을 수도 있다. 하지만 이들은 이제, 함께 어울려 일하는 것은 어색할 가능성이 크다.

❶ 생각해보자

상대방의 문제를 지적하고자 할 때, '항상'이나 '절대' 같은 말은 절대 사용하지 마라. '늘', '맨날', '허구한 날', '절대' 같은 말을 쓰면, 말하고자 하는 핵심보다 이러한 단어만 뇌리에 꽂힌다. 이런 단어를 듣는 순간, 엠마가 그랬던 것처럼 상대방은 즉각적으로 방어적인 태도를 취할 가능성이 높다. 명심하라. '항상' 그러한 것이나 '절대' 그런 것은 세상에 거의 존재하지 않는다.

'나'로 시작하는 말

갈등을 해결하고자 할 때 첫 번째 규칙은 상대방을 주어로 삼지 않는 것이다. 상대방을 행위자로 삼는 것은 상대방의 화를 돋울 뿐이다. 비난을 서로 주고받거나, 소리를 지르거나, 더 나아가 폭력적인 반응까지 초래할 수 있다. '네가' 또는 '당신이'라고 말하는 순간, 상대방은 즉각 방어적인 태도로 돌변한다. 생각해보라. 이런 말을 들어본 적 있는가?

"민아 씨는 왜 그렇게 말이 많아? 한 마디 끼어들 수가 없어!"

"본인이 실수해놓고 자넨 왜 책임을 지지 않는 건가?"

이런 말을 듣는 순간 누구든 곧바로 방어적인 태도를 취하며 즉각 반박할 수밖에 없다.

"아니, 뭐라고요? 자기도 말 많이 했으면서. 적어도 나만큼 했잖아!"

"아, 그래요. 그럼 ○○님은요? 전 맨날 ○○님이 저지른 실수를 바로잡느라 바쁜데.”

　문제를 해결하고자 할 때 이런 식으로 대화를 시작하는 것은 결코 바람직하지 않다. 상대방을 비난하는 말 또는 상대방을 탓하는 것으로 들릴 수 있는 말로 시작하는 것은 생산적인 대화로 이어지기 어렵다. 나를 성가시게 하는 행동을 하는 사람과 대면할 때는 상대방이 아닌 나(“I” Phrases)에 초점을 맞춰 말하라. 그 사람의 행동으로 인해 내가 느끼는 기분을 말하라. ‘나’를 주어로 삼아 문장을 시작하라. 그 사건이 나에게 어떤 영향을 미쳤는지 진술하라. 그러면 대화가 좀 더 건설적으로 나아갈 수 있다. 어쨌든 문제를 겪는 사람은 나다. 상대방은 자신의 행동이 나를 성가시게 한다는 사실을 전혀 모르고 있을 수 있다.

● 실전 예문

　무조건 ‘나’를 주어로 삼아 말하라. 그렇지 않으면 상대방을 인신공격하는 것처럼 들릴 수 있다.

“상처받았어요. 나한테 실수를 너무 많이 한다고 말했을 때요.”

“좀 당황스러웠어요. 제가 기여한 공을 가로채다니.”

“배신당한 느낌이 들었어요. 제 험담을 하고 다닌다는 이야기를 들었거든요.”

“자신감도 떨어지고 집중도 안 돼 죽겠어요. 프레젠테이션 할 때 그렇게 끼어드신 다음부터요.”

"놀랐어요. 내가 말을 마치기도 전에 그렇게 가로막다니."

"어찌 해야 할지 모르겠어요. 고객과 대화를 하기 힘들 정도로 크게 말할 때마다요."

❶ 생각해보자

대화를 어떻게 시작해야 할지 모르겠다면, '나'를 주어로 하는 말을 먼저 말하라.

"하고 싶은 말이 있는데요.…"

"털어놓지 않으면 내 속이 터질 것 같아서 하는 말인데,…"

"제 머릿속에서 떠나지 않는 일이 있는데요.…"

● 실생활에 적용하기

케이트가 했던 말을 '나'를 주어로 삼은 문장으로 바꿨다면 다음과 같았을 것이다.

"음… 하고 싶은 말이 있는데, 어제 프레젠테이션을 하는 도중에 내가 좀 당황스러웠거든. 내 말에 그렇게 반박을 하니까 말이야. 그게 신경 쓰여서 그다음부터 프레젠테이션이 엉망이 되어버렸지 뭐야."

케이트가 이런 식으로 이야기를 시작했다면 대화는 다른 방향으로 흘러갔을 것이다. 케이트는 무슨 일이 있었는지 먼저 말한 다음, 그것이 자신의 프레젠테이션에 어떻게 영향을 미쳤는지 그려나갔다. 이렇게 말하면 엠마는 케이트의 감정에 초점을 맞출 가능성이 높고, 그러면 자신을 방어해야 할 필요성이 줄어든다. 물론 케이트의 말을 듣고서 엠마는 동료의 마음을 이해할 수도 있고, 이해하지 못할 수도 있다. 어느 쪽이든, 케이트는 갈등에 대해 논의하고 효과적인 해법을 찾기 위한 긍정적인 첫걸음을 내딛은 것은 분명하다. 엠마는 이렇게 대답했을지도 모른다.

"어머, 미안해. 그런 의도는 아니었어."

또는 이렇게 대답할 수도 있다.

"네가 하는 말에 동의할 수 없어서, 계속 그렇게 밀고 나가기 전에 먼저 내 생각을 말해줘야 한다고 생각했어."

첫 번째 시나리오에서는, 이해하고 있다는 말을 덧붙이고 최종 확인으로 대화를 마무리하면 된다(3장에서 자세히 설명한다). 엠마는 케이트의 기분을 이해하고, 자기 행동에 책임을 지고 사과하고, 앞으로는 케이트의 말을 방해하지 않도록 주의할 것이다.

두 번째 시나리오에서, 엠마는 케이트의 기분은 이해하지만 자기 행동을 잘못이라고 인정하지 않았다. 이럴 때는 대화를 계속하면서 갈등을 풀어야 한다. 그렇지 않으면 엠마가 같은 행동을 반복하여 갈등이 지속될 가능성이 높다.

이해하고 있다는 말

'나는'으로 말을 시작하면 상대방의 행동이 내 기분에 어떤 영향을 미쳤는지에 초점을 맞춰 이야기할 수 있다. 이에 대한 상대방의 반응을 듣고 난 뒤, 상대방은 상황을 다르게 인지하고 있을 수 있다는 것을 이해한다는 사실을 알려줘야 한다. 이렇게 해야만, 상대방의 관점에 기꺼이 귀 기울일 의향이 있다는 것을 보여줄 수 있다. 그런 다음, 책임 소재를 따지거나 최종 확인으로 마무리하는 단계로 나아갈 수 있다.

상대방은 다르게 생각할 수 있다는 것을 내가 이해하고 있다(Phrases of Understanding)는 점을 알려줄 때, 비로소 생산적인 대화로 나아가는 문이 열린다. 무엇보다도 상대방에 대한 이해심을 드러내는 것은 친밀감을 쌓는 좋은 방법이다. 상대방과 공감대를 찾을 수도 있고, 더 나아가 상대방이 내 입장에서 문제를 바라보도록 이끌어줄 수도 있다. 이야기를 듣고 나서 상대방은 이렇게 말할지도 모른다.

"이제 생각해보니, 그런 상황에서 저도 화가 날 수 있을 것 같네요."

또한 상대방을 이해한다는 말을 하려면, 잠시나마 상대방의 입장이 되어봐야 한다. 동료가 나에게 화를 냈다고 해보자. '나'를 주어로 삼는 말을 하니, 이에 대해 상대방이 미안하다고 말한다. 하지만 상대방이 나에게 무엇 때문에 화를 냈는지 여전히 알 수 없다. 이럴 때 이해한다는 말을 활용할 수 있다.

"의도적으로 그런 행동을 한 것은 아니라는 걸 이제 알겠어. 그런데 나의 어떤 말이나 행동이 거슬린 건지 궁금하네."

이렇게 말하면 동료는 좀 더 풍부한 정보를 제공해줄 것이다.

"아니, 자네 때문이 아니야. 어머니가 꽤 심각한 수술을 받았는데, 퇴원하신 뒤부터 우리 집에서 같이 살고 있거든. 어머니를 돌보는 게 너무 힘들어서 정신이 나갔나 봐."

이제 모든 비밀이 풀린다! 이해하고 있다는 말을 건넴으로써, 상대방의 입장에서 세상을 바라볼 수 있게 된 것이다.

● 실전 예문

'나'에 초점을 맞춰 말한 다음, 상대방이 여전히 자신의 행동에 대한 책임(잘못)을 인정하지 않거나 나의 감정을 이해하지 못하는 경우, 상대방의 입장을 이해한다는 말을 덧붙일 수 있다.

"일부러 그런 것은 아니라는 거 나도 알아."

"그런 식으로 말하려는 의도는 아니었다는 거 나도 이해합니다."

"말을 하다가 그냥 흥분해서 그랬을 거라고 난 생각해."

"난 네가, 내 아이디어를 빼앗아 가려고 그랬던 건 아니었다고 믿어."

"내가 너에 대해서 모르는 것도 아니고, 고의로 그런 행동을 한 건 아닐 거야."

깨달음의 순간에 도달했을 때에도 이해한다는 말을 사용할 수 있다. 이런 말은 대화를 더욱 발전적인 방향으로 이끌어준다.

"이제야 무슨 말인지 알겠군요."

"네가 이 상황을 어떻게 바라보고 있는지, 이제 이해가 가네."

"그게 왜 나를 화나게 하지 않을 거라고 생각했는지 알겠어."

"좀 더 자세한 정보를 알려줘서 고맙네. 자네가 왜 그런 행동을 했는지 이제 이해가 되는군."

● **실생활에 적용하기**

엠마가 사과한 첫 번째 시나리오의 경우, 케이트는 이해한다는 말을 덧붙이면 된다.

"그래, 나를 화나게 할 거라고는 생각하지 못했을 거야."

두 사람 다 상황을 더 잘 이해하게 되었고, 앞으로 이런 일은 거의 일어나지 않을 것이다. 하지만 엠마가 자신의 행동에 책임을 인정하지 않은 두 번째 시나리오의 경우, 케이트는 다음과 같이 말할 수 있다.

"그래, 나를 화나게 하려고 일부러 그런 건 아닐 거야."

이제 공은 엠마의 코트로 넘어갔다. 엠마는 이렇게 대답했다.

"물론 널 화나게 하려고 그런 건 아니야. 그 자리에서 바로 말하지 않으면 내 생각을 알려줄 기회가 없을 것 같았을 뿐이야."

이제 두 사람의 대화가 건설적인 방향으로 나아갈 길이 열렸다.

사과하는 말

'미안하다(Phrases of Apology)'라는 말은, '내가 틀렸다'는 말과 같은 의미가 아니다. 미안하다고 말하는 것은 갈등을 해소하고 관계를 회복하는 데 책임을 지겠다는 뜻일 뿐이다. 사과하는 것은 내가 어떤 마음인지, 상황에 대해 내가 어떻게 느끼는지, 이 문제에 대해 왜 이야기하고자 하는지 설명할 수 있는 기회를 열어준다.

사과하는 말은 소통의 물꼬를 트고 대화를 생산적으로 이끌어가는 데 크게 도움이 된다. 진심 어린 사과는 큰 힘을 발휘한다. 분노를 누그러뜨리고 자존심을 가라앉히고 상처받은 감정을 어루만져줄 수 있다. 갈등을 해소하기 위한 대화에 사과의 말이 반드시 들어가야 하는 것은 아니지만, 대화를 이어나가는 데 도움이 된다고 생각한다면 활용해보는 것도 나쁘지 않다. 대화가 교착상태에 빠졌을 때, 상대방이 꼼짝도 하지 않으려고 할 때, 내 입장에서 상황을 바라보려고 하지 않을 때, 사과를 하면 상대방의 태도가 바뀌는 경우도 많다.

● 실전 예문

사과의 말이 서로 공감을 이끌어낼 수 있다고 생각되는 경우, 다음과 같이 말할 수 있다.

"제가 지나치게 예민해 보였다면 죄송합니다."

"내가 의도를 오해한 것 같아 미안해."

"이런 대화를 해야 하는 상황이 유감스럽군요."

"내가 상황을 잘못 이해했다면 사과합니다."

"이 이야기를 꺼낼 수밖에 없는 것을 안타깝게 생각하네."

"제 감정이 그런 것을 양해해주기 바랍니다."

● 실생활에 적용하기

첫 번째 시나리오에서 엠마는 사과하고 책임을 졌다. 결과적으로 갈등은 해소되었고, 케이트는 다시 사과할 필요가 없다. 두 번째 시나리오에서는 엠마가 책임을 지지 않았다. 그러므로 케이트는 이해한다는 말을 한 다음 사과하는 말을 덧붙일 수 있다.

"이 일이 별것 아니라고 생각한다면, 그런 일로 귀찮게 해서 미안해."

이 말을 통해 케이트는 엠마에게 두 가지 사실을 알려줄 수 있다. 우선, 엠마가 상황을 다르게 볼 수 있다는 것을 이해하고 있다는 점을 알려줄 수 있다. 또한 이 문제에 대해 엠마 자신이 취하고 있는 입장을 좀 더 객관적으로 바라보도록 유도할 수 있다. 결국 엠마가 앞으로 책임 있게 행동하길 바란다는 메시지를 전할 수 있다.

타협하는 말

타협(Phrases of Compromise)은 갈등을 해소하는 최적의 방법이다. 사람들이 아직 유연할 때, 상황을 좀 더 면밀히 이해하기 위해 질문하고 열린 마음으로 경청하며 상대방 입장에서 상황을 바라보고 중간지대를 찾으려고 노력할 때, 타협에 도달하기 쉽다. 의견이 대립하더라도 서로 타협할 수 있다면, 해법에 동의할 가능성도 크게 높아진다.

타협하는 말은 최선의 해법을 찾기 위해 공정하게 협상하고 싶다는 메시지, 열린 마음으로 합의에 도달하기 위해 노력하겠다는 메시지를 전한다. 또한 협력하고, 경청하고, 중간지대를 찾고자 한다는 의지를 전해준다. 내가 기꺼이 협력하고자 할 때, 상대방도 협력할 가능성이 높아진다. 내가 귀 기울이는 자세를 취하면 상대방도 더욱 귀 기울일 것이다. 중간지대를 찾으려고 노력할 때 상대방도 중간지대를 찾기 위해 노력할 것이다. 이러한 분위기가 조성되면, 적절한 합의를 도출하기 위한 협상의 길로 나아갈 수 있다.

● **실전 예문**

'나'를 주어로 하는 말로 대화를 시작하고 이해한다는 말을 했는데도, 상대방이 책임지는 태도를 보이지 않는다면 타협하는 말을 덧붙이는 것이 좋다.

"이 문제에 대해 이야기해 봅시다. 왜 이런 일이 일어났는지, 어떻게 하면 이런 일이 다시 일어나지 않게 할 수 있는지 알고 싶어요."

"무슨 일이 있었는지 이야기해 볼 수 있을까요?"

"다시는 이런 일이 일어나지 않도록 이 문제에 대해 서로 이야기를 나눠봐야 할 것 같은데."

"조용한 곳에 가서 문제를 해결하자."

"이 문제에 대해 논의하고 적절한 타협점을 찾아봅시다."

"자네는 이 상황을 어떻게 생각하고 있는지 궁금하군. 그래야 내가 좀 이해할 수 있겠어."

문제를 해결하고자 할 때, 유연한 태도를 갖는 것이 중요하다. 타협하는 말에 유연한 태도를 강조하는 말을 덧붙이면 좋다.

"그러니까 자네는 이 문제를 [이러하게] 본다는 뜻이군. 나는 [저러하게] 보고 있다네. 이 문제에 대해 우리가 공유할 수 있는 관점은 없는지 찾아볼까?"

"이런 일이 발생한 이유에 대해 서로 의견이 일치하지 않으니, 사실관계를 정리하고 서로 납득할 수 있는 이유를 찾아봅시다."

"각자 자신의 관점을 말해봅시다. 그러면 공감대를 찾을 수 있지 않을까요?"

"어떻게든 이 문제는 해결해야 해. 그러기 위해서는 자신만의 관점을 고집하기보다는 유연한 태도로 해법을 찾기 위해 노력해야 하지 않을까?"

● 실생활에 적용하기

첫 번째 시나리오에서는 엠마가 책임을 짐으로써 문제가 저절로 해결되었으므로 더 이상 논의할 필요가 없다. 하지만 두 번째 시나리오에서는 더 많은 대화가 필요했다. 케이트는 엠마가 이 문제를 사소하게 생각할 수 있다고 말하며 사과하는 말을 했다. 그러자 엠마는 이렇게 대답했다.

"그래, 나는 사소한 일이라고 생각해."

이런 반응이 나올 줄 알고 케이트는 미리 할 말을 준비해두었다.

"나한테는 사소한 일이 아니야. 잠깐 시간 좀 내줄 수 있어? **이 문제에 대해 좀 더 이야기하고 서로 동의할 수 있는 해법을 찾고 싶어.**(타협) 회의실에 가서 단둘이 이야기 좀 하자."

회의실 문을 닫고서 케이트는 이렇게 말한다.

"**서로 상대방의 입장에서 상황을 바라볼 수 있을까? 그러면 둘 다 동의할 수 있는 해법을 찾을 수 있을 것 같은데.**"(타협)

"좋아. 내가 네 의견에 동조하지 않으면 싫어할 것 같아서, 내 의견을 먼저 말하는 게 좋다고 생각했어."

"아냐. 그게 신경 쓰이는 게 아냐. **우리 생각이 늘 일치하지 않을 수 있다는 건 나도 알아.**(이해) 나한테 신경 쓰이는 건, 내가 발표하는 도중에 네가 끼어들어서 나를 혼란스럽게 만들었다는 거지. 내가 발표를 모두 마친 다음에 이견을 말했더라면 훨씬 좋았을 거 같아."

"내가 발표를 방해했다면 미안해. 그건 나도 신경 쓰였을 거야. 내 생각을 말할 기회가 나중에 올 거라고 생각하지 못했던 것뿐이야. 저번 회의에서는 내 의견을 말하고 싶었는데, 네가 발표를 마치자마자 논의의 방향을 바꿔버리는 바람에 내 생각을 말할 기회를 갖지 못했어."

"아, 정말 답답했겠구나.(이해) 그러면 이렇게 하면 어떨까? 이제부터는 내가 발표를 마칠 때까지 끼어들지 않는다면, 다른 의견이 있는지 물어보고 난 다음에 다른 주제로 넘어가는 거지. 그렇게 하면 너도 의견을 말할 수 있잖아."(타협)

"나도 좋아."

ⓘ **생각해보자**

어떠한 갈등이든 해결하고자 할 때 타이밍이 중요하다. 이야기를 충분히 나눌 수 있는 적절한 시간인지 확인하라. 케이트는 이야기를 시작하기 전에 엠마에게 시간이 있는지 물었고, 엠마는 이에 응했다. 지금 상대방이 시간을 낼 수 없다면, 언제 시간이 될지 물어본 다음, 두

합의 내용을 확인하는 말

이전 시나리오에서 보았듯, 동료들과 차분하게 상황에 대해 논의하고 문제를 이야기하다 보면 타협점에 도달할 수 있다. 갈등을 해소하는 논의는 대부분 이렇게 진행된다. 관련된 당사자들이 각자 자신의 의견을 말하고, 상대방의 관점에 귀 기울이고, 타협하고, 해법에 동의할 때 모두 결과에 만족할 수 있다.

그러고 나면 논의를 마무리하며 합의 내용을 확인하는 말(Phrases of Resolution)을 해야 한다. 모든 사람이 결과에 진정으로 동의하는지 확인하고, 동의하지 않는 사람이 있다면 이 해법이 최선일 수밖에 없는 이유를 납득시켜야 한다.

예컨대 비용 청구 과정에서 오류가 발생한 경우, 대부분 실무 부서에서 처리하는 것에 동의했지만 팀원 중 한 명은 여전히 실수를 저지른 직원이 직접 책임지고 처리해야 한다고 생각한다. 회의를 마무리하기 전, 계속해서 자신의 생각을 굽히지 않는 팀원의 동의를 구하기 위해 이 해법을 선택할 수밖에 없는 이유를 설명해야 한다.

"이봐, 조시, 자네 생각이 다르다는 건 이해하네.(이해) 하지만 이 문제를

직원에게 직접 처리하라고 하면 업무 흐름이 지연될 수 있어. 상황을 설명하는 데 더 많은 시간이 소요될 수도 있고, 그가 휴가라도 갔으면 어쩔 건가? **다른 팀원들은 이 방법이 오류를 해소하는 최선의 방법이라고 생각하는데, 이 결정에 따라줄 수 있겠나?"**(최종 확인)

조시가 대답한다.

"네. 무슨 말씀인지 알겠습니다. 지금까지는 이런 문제가 발생할 때마다 중구난방으로 처리했지만, 앞으로는 원칙을 가지고 문제를 처리해 나간다면 동의하겠습니다."

● 실전 예문

모든 당사자가 동의할 수 있는 해법을 찾은 다음, 내용을 확인하는 말을 덧붙여 합의에 도달한 것에 대해 감사를 표시한다.

"이 문제의 해법을 도출한 것이 정말 만족스럽습니다."

"이 문제를 매듭지을 수 있어서 다행이에요. 덕분에 상황을 더 잘 이해하게 되었어요."

"오해를 풀 수 있어 기쁩니다."

"이렇게 합의를 이끌어낼 수 있다니 정말 감격스럽군."

해법에 모두 만족하는지 확신이 서지 않는다면 합의 내용을 확인하는 말을 질문 형식으로 표현할 수 있다.

"이 해법에 모두 만족하시나요?"

"더 이야기해야 할 사항 있나요?"

"문제의 원인에 대해서 좀 더 이해하게 된 것 같나요?"

"이 솔루션에 대해 어떻게 생각하시나요?"

"저는 우리의 타협안에 만족합니다. 여러분은 어떠신가요?"

● **실생활에 적용하기**

엠마가 자신의 책임을 인정한 첫 번째 시나리오에서, 케이트는 합의한
사실을 확인하는 문구를 덧붙일 수 있다.

"이 문제를 매듭지을 수 있어서 다행이야."

그리고 두 번째 시나리오에서 엠마가 "나도 좋아"라고 대답한 것은 서
로 합의에 도달했다는 뜻이다. 케이트는 타협할 수 있게 된 것에 만족하며
이렇게 말할 수 있다.

"이 문제를 매듭지을 수 있어서 다행이야."

그런 다음 합의 내용을 최종적으로 확인하는 말을 덧붙일 수 있다.

**"이제 네가 어떻게 생각하는지 더 잘 이해하게 된 것 같아. 앞으로 프레
젠테이션이 끝날 때마다 나와 다른 의견이더라도 말할 수 있는 기회를 줄
게!"**(최종 확인)

두 사람은 갈등을 해소했다는 사실에 기분이 좋아 함께 웃었다.

관계를 회복하는 말

문제에 대해 이야기하고, 이해하고, 타협하고, 합의에 도달할 때마다 문제를 효과적으로 해결했다는 자부심을 느껴야 한다. '나'를 주어로 삼는 말과 상대방을 이해한다는 것을 알려주는 말로 대화를 시작한다. 경우에 따라서는 사과하는 말을 해야 할 수도 있고, 그다음 타협하는 말을 통해 논의를 이끌어나갈 수 있으며, 동의할 수 있는 지점에 도달한 뒤에는 합의한 사실을 확인하는 말로 마무리할 수 있다.

하지만 논의를 끝내기 전에 한 걸음 더 나아가, 결코 **빼놓아서는** 안 되는 마무리 단계가 있다. 상대방이 나에게 중요한 사람이라는 사실을 알려줌(Phrases of Reconciliation)으로써, 대화를 긍정적으로 마무리하고 업무 관계를 더욱 강화하는 것이다.

● 실전 예문

갈등을 해소하기 위한 논의는 반드시 관계에 대한 긍정적인 언급으로 마무리해야 한다.

"자네와 함께 일하고 있다는 걸 정말 고맙게 생각한다네. … 앞으로도 어떤 문제든 해결해 나갈 수 있을 것 같아."

"이 문제를 매듭지을 수 있어서 다행이야. … 이제 어떤 문제가 닥치든 헤쳐나갈 수 있다는 확신이 들어."

"정말 존경스러워요. … 앞으로 더욱 긴밀하게 호흡을 맞춰나갈 수 있을 것 같아요."

"이 문제를 매듭지을 수 있어서 다행이야. … 앞으로는 어떠한 의견 차이도 우리의 우정을 방해하지 못할 거야."

"자네에 대해 더 잘 이해하게 되었네. … 자네도 나에 대해 좀 더 이해해주길 바라네."

"우리는 늘 긴밀하게 협력해왔고 앞으로도 그럴 겁니다. … 사소한 문제로 우리 사이가 틀어지는 일은 이제 없을 거예요."

● 실생활에 적용하기

합의 내용을 확인하는 말을 하고 난 다음, 케이트는 이렇게 말했다.

"이 문제를 매듭지을 수 있어서 정말 다행이야.(최종 확인) 나는 우리의

업무 관계를 소중하게 생각해. 그 어떤 것으로도 우리 관계가 훼손되지 않기를 바라."(관계 회복)

두 사람 모두 결과에 만족할 뿐만 아니라, 이제 어떠한 문제가 닥쳐도 해결할 수 있다는 뿌듯한 마음으로 대화를 끝냈다.

갈등 해결: 올바른 방법

엠마가 또다시 발표 중에 끼어들어 이견을 제시하자 케이트는 화가 났다. 그로 인해 케이트는 집중력과 자신감이 급속히 추락했지만, 프레젠테이션은 간신히 마무리할 수 있었다. 이런 일이 몇 번 계속되다 보니, 케이트는 어떤 패턴이 보이기 시작했다. 언뜻 생각하기에는, 엠마가 자신을 존중하지 않는 것처럼 보였다. 케이트는 이제 상황을 직시해야 할 때가 왔다고 생각했지만, 엠마에게 어떻게 말을 꺼내는 것이 좋을지 고민스러웠다. 또 대화가 어떻게 뻗어나갈지 생각했다.

다음 날 엠마와 이야기를 나눌 수 있는 기회가 찾아왔다. 케이트는 엠마와 단둘이 이야기할 수 있는 기회를 잡았다.

"음… 하고 싶은 말이 있는데, 어제 프레젠테이션을 하는 도중에 내가 좀 당황스러웠거든. 내 말에 그렇게 반박을 하니까, 그게 신경 쓰여서 그다음부터 프레젠테이션이 엉망이 되어버렸어."('나'로 시작하는 말)

케이트는 엠마가 자신의 입장을 이해해주고, 자신의 행동에 대해 책임지고 사과하기를 바랐다. 하지만 엠마는 이렇게 말했다.

"네가 하는 말에 동의할 수 없었고, 계속 그렇게 밀고 나가기 전에 먼저 내 생각을 말해야겠다고 생각했어."

케이트는 원하는 대답을 듣지 못했지만, 이런 상황에 어떻게 대응할지 준비해왔다.

"그래, 나를 화나게 하려고 일부러 그런 건 아니라는 거 알아." (이해)

엠마는 이렇게 대답했다.

"물론 널 화나게 하려고 그런 건 아니야. 그 자리에서 바로 말하지 않으면 내 생각을 알려줄 기회가 없을 것 같았을 뿐이야."

케이트는 엠마가 방어적으로 대응하려는 것을 눈치챘다. 하지만 그렇게 되면 이야기를 계속 이어나가기 어려워진다. 그리하여 즉각 사과하는 말을 덧붙였다.

"이 일을 사소하게 생각한다면, 그런 일로 귀찮게 해서 미안해."(사과)

엠마는 물러서지 않았다.

"그래, 나는 사소한 일이라고 생각해."

케이트는 문제를 해결하려면 엠마와 계속 대화를 이어나가야 한다는 것을 알고 있었다. 또한 엠마의 태도로 볼 때, 단호하면서도 침착함을 유지해야 한다는 사실도 알고 있었다.

"그렇지만 나한테는 사소한 일이 아니야. 잠깐 시간 좀 내줄 수 있어?

이 문제에 대해 좀 더 이야기하고 서로 동의할 수 있는 해법을 찾고 싶어.(타협) 회의실에 가서 단둘이 이야기 좀 하자."

케이트는 엠마가 불편해하고 있으며, 가볍게 넘어가고 싶어 한다는 것을 눈치챘다. 문을 닫고서 케이트는 이야기를 시작했다.

"서로 상대방의 입장에서 상황을 바라볼 수 있을까? 그러면 둘 다 동의할 수 있는 해법을 찾을 수 있을 것 같은데."(타협)

"좋아. 내가 네 의견에 동조하지 않으면 싫어할 것 같아서, 내 의견을 먼저 말하는 게 좋다고 생각했어."

"아냐. 그게 신경 쓰이는 게 아냐. 우리 생각이 늘 일치하지 않을 수 있다는 건 나도 알아.(이해) 나한테 신경 쓰이는 건, 내가 발표하는 도중에 끼어들어서 나를 혼란스럽게 만들었다는 거지. 내가 발표를 모두 마친 다음에 이견을 말했더라면 훨씬 좋았을 거 같아."(타협)

"내가 발표를 방해했다면 미안해. 그건 나도 신경 쓰였을 거야. 내 생각을 말할 기회가 나중에 올 거라고 생각하지 못했던 것뿐이야. 저번 회의에서는 내 의견을 말하고 싶었는데, 네가 발표를 마치자마자 논의의 방향을 바꿔버리는 바람에 내 생각을 말할 기회를 갖지 못했어."

"아, 정말 답답했겠구나.(이해) 그럼 이렇게 하면 어떨까? 이제부터는 내가 발표를 마칠 때까지 끼어들지 않는다면, 다른 의견이 있는지 물어보고 난 다음에 다른 주제로 넘어가는 거지. 그렇게 하면 너도 의견을 말할 수 있잖아."(타협)

"나도 좋아."

케이트는 이제 엠마가 자신의 입장을 이해하고 자신이 제안한 해법에 동의한다고 느꼈다. 그녀는 해법을 다시 한번 진술했다.

"이제 네가 어떻게 생각하는지 더 잘 이해하게 된 것 같아. 앞으로 프레젠테이션이 끝날 때마다 나와 다른 의견이더라도 말할 수 있는 기회를 줄게!"(최종 확인)

두 사람은 갈등을 해소했다는 사실에 기분이 좋아 함께 웃었다. 케이트는 마지막으로 이렇게 덧붙였다.

"이 문제를 매듭지을 수 있어서 정말 다행이야.(최종 확인) 나는 우리의 업무 관계를 소중하게 생각해. 그 어떤 것으로도 우리 관계가 훼손되지 않기를 바라."(관계 회복)

이러한 접근 방식이 효과가 있는 이유

두 대화를 비교해보면, 케이트가 대화를 시작하기 위해 처음에 내뱉는 말만 보아도 대화가 어떻게 흘러갈지 쉽게 알 수 있다. 두 번째 시나리오에서 케이트는 이 일로 인해 화가 나 있는 상태임에도, 엠마에게 어떻게 이야기를 풀어나갈 것인지 시간을 들여 고민했다. 또한 마음속으로 여러 시나리오를 그려보며 당황스럽지 않게 대비했다.

케이트는 '나'를 주어로 하는 말로 시작하여 훨씬 자연스럽게 대화를 열었다. 이에 비해 '너'를 주어로 하는 문장은 상대방을 비난하는 느낌을 준다. 이해하고 있다는 말로, 케이트는 엠마의 관점에 귀 기울일 준비가 되어 있다는 것을 보여주었고, 사과하는 말을 통해 엠마가 자신의 감정을 공감할 수 있도록 이끌었다. 그런 다음 케이트는 타협하는 말로 대화를 이어나갔다. 엠마가 이전에 자신의 의견을 말할 수 있는 기회를 얻지 못했다고 말했을 때, 케이트는 드디어 문제의 핵심을 깨달았다. 이제서야 엠마의 관점에서 상황을 바라볼 수 있었다. 케이트는 자신의 의견을 말하지 못한 엠마의 기분을 이해한다고 말했다. 앞으로 엠마가 말할 수 있도록 논의할 시간을 주겠다고 케이트가 다짐함으로써 합의에 도달했다. 합의한 사실을 확인하는 말을 한 다음, 관계를 회복하는 말로 대화를 긍정적으로 마무리했다.

2

열쇳말의 효과를 강화하는
비언어적 요소들

커뮤니케이션은 말로만 하는 것이 아니다. 말은 메시지만 전달할 뿐, 그 뒤에 숨겨진 정서와 느낌은 얼굴 표정이나 목소리나 몸짓과 같은 것들이 전달한다. 이러한 비언어적 요소들은 실제로 말보다 훨씬 많은 것을 담고 있다. 이러한 비언어적 커뮤니케이션을 효과적으로 활용할 줄 안다면 열쇳말의 효과를 더욱 강화할 수 있다.

비언어적 커뮤니케이션은 크게 보디랭귀지, 얼굴 표정, 목소리, 단호한 태도로 구분할 수 있다. 보디랭귀지에는 자세, 포즈, 팔과 손의 움직임, 제스처가 있다. 얼굴 표정에서는 입, 눈, 눈썹의 움직임이 중요하다. 목소리는 기본적으로 말을 실어나르는 역할을 하지만, 음조와 억양을 통해 감정을 전달한다. 또한 말하는 내용에 대해 스스로 얼마나 확신하는지, 또 얼마나 자신에 차 있는지 겉으로 투사하는 정도 역시 중요하다.

말하기 전에 미리 생각하고 사려 깊게 단어를 선택하여 언어적 메시지를 전달한다고 해도, 비언어적 요소들이 그에 걸맞지 않으면 상대방은 혼란을 느낄 수 있다. 그럴 때 사람들은 말보다 비언어적 요소를 기준으로 메시지를 평가할 확률이 높다.

비언어적 요소는 나에 대한 사람들의 인식에 직접적인 영향을 미친다. 비언어적 요소는 사람들과 어울리고 소통하는 능력을 향상시켜줄 수도 있지만, 문제를 일으킬 수도 있다. 특별히 커뮤니케이션을 하지 않더라도, 일상적인 업무를 처리하는 모습만으로 나에 대한 주변 사람의 시선을 부정적으로 만들 수 있다. 동료들과 마주칠 때 무심한 표정으로 인사하거나, 대화할 때 눈을 마주치지 않거나, 목소리에 지루함이 묻어나거나, 말투에 의욕이 엿보이지 않는다면 동료들은 당신을 멀리할 것이다.

하지만 비언어적 요소를 활용하는 법은 어렵지 않게 배울 수 있다. 예컨대 항상 친근한 표정을 유지하고, 대화할 때 눈을 마주치고, 위협적이지 않은 차분한 어조로 말하고, 자신의 행동에 대해서 설명할 때 단호한 태도를 취한다면 어떨까? 동료들은 당신을 친근하고 개방적이며 자신감 있고 확신에 찬 사람으로 볼 것이다.

소통할 때는 말과 행동이 일치하는 것이 중요하다. 특히 문제를 해결할 때는 더 그렇다. 이 장에서 설명하는 비언어적 요소들을 연습해보라. 억지로 하는 것이 아니라 자연스럽게 우러나도록 해야 한다. 보디랭귀지, 얼굴 표정, 목소리, 단호함을 활용하여 자신을 표현하면, 전달하고자 하는 메시지를 더욱 효과적으로 전달할 수 있다. 일상적인 대화에서 말과 행동을 일치시키는 데 익숙해지면 갈등 해결을 위한 대화를 할 때 자신의 행동을 통제하기가 더 쉬워진다.

비언어적 요소는 상대방의 감정과 정서를 파악하는 데에도 중요한 실마리를 제공한다. 예컨대 동료와 빚는 갈등을 해결하기 위한 대화를 다음과 같은 말로 시작해보라.

"너무 놀랐어. 문제 해결팀을 만들자고 내가 먼저 이야기한 것 같은데, 그 아이디어를 자기 것처럼 제안하다니."

동료는 이렇게 대답한다.

"미안해. 내가 그런 줄 몰랐어."

이 말은 동료가 자신의 잘못을 시인하는 것처럼 들릴 수 있다. 하지만 이 말을 하면서 거만한 표정을 짓거나, 무슨 말을 하는지 모르겠다는 듯한 제스처를 취하거나, 깔보는 듯한 어조로 말한다면 그 메시지는 완전히 다른 의미로 받아들여질 것이다.

이처럼 비언어적 요소는 커뮤니케이션에서 중요한 역할을 한다. 자신의 메시지를 더 강화할 수 있고, 상대방의 메시지도 더 잘 이해할 수 있다. 이를 활용하여 커뮤니케이션의 효과를 더욱 극대화하는 법을 배워보자.

갈등 해결: 잘못된 방법

앤드류와 제임스는 매출을 높이기 위한 새로운 프로그램을 개발하는 프로젝트를 함께 진행했다. 그들은 어제 마케팅부사장 앞에서 중간 프레젠테이션을 하기로 했다. 프레젠테이션은 두 부분으로 나눠, 먼저 전반적인 개요는 제임스가 설명하고 세부적인 내용은 앤드류가 발표하기로 했다.

앤드류는 자신의 차례를 기다렸지만, 제임스가 발표를 계속 이어가며 프레젠테이션을 혼자 진행했다. 더욱이 제임스가 앤드류를 공동기획자가 아닌 조력자라고 소개한 부분에서, 앤드류의 실망감은 배신감으로 바뀌었다. 프로젝트의 공을 다 가로챈 것이다. 프레젠테이션 와중에 끼어드는 것은 프로답지 못한 행동이라고 생각하여 앤드류는 프레젠테이션 내내 침묵을 지키고 앉아 있었다. 치밀어오르는 분노를 간신히 억눌렀다.

회의가 끝난 뒤, 앤드류는 너무 화가 나서 더 이상 참을 수 없었다. 제임스에게 다가가기 전 먼저 무슨 말을 어떻게 해야 할지 생각했다.

"너무 놀랐어. 프레젠테이션을 혼자 마무리하다니. 우리가 준비했던 것과 달라. 내가 너만큼 이 프로젝트에 기여하지 않은 것처럼 인식되잖아."('나'를 주어로 하는 말)

하지만 앤드류는 자신의 감정을 어떻게 조절할지 미처 생각하지 못했다. 그는 팔짱을 낀 채 화난 어조로 말했다. 회의 중에 유지했던 태연한 표정은 분노에 찬 표정으로 바뀌어 있었다. 제임스가 대답했다.

"미안해. 일단 발표를 시작하고 보니, 중간에 발표를 끊는 것이 좀 어렵더라고."

앤드류는 제임스가 말을 하는 와중에 취하는 몸짓을 눈여겨보았다. 제임스는 눈썹을 치켜올리고, 아무렇지 않게 고개를 흔들고, 어깨를 으쓱하고, 앤드류와 눈을 마주치지 않고 먼 산을 바라보았다. 말하는 어투조차 자신을 무시하는 듯하여 더욱 화가 났다. 전혀 미안해하지 않는 것이 분명했다. 그저 앤드류를 달래기 위한 입발림에 불과했다. 앤드류는 비꼬듯 말을 내뱉었다.

"그래. 최종 프레젠테이션은 내가 진행할게. 물론 네가 도움을 줬다는 것에 대해서도 잊지 않고 이야기할게. 네가 오늘 나한테 감사하다고 말한 것만큼."

제임스는 어깨를 으쓱하며 말했다.

"이봐, 남자답지 않게 왜 이래? 이건 중간 프레젠테이션이었을 뿐이야. 별것도 아닌 것을."

"별것 아니라고? 최종 프레젠테이션 때 두고 보자고. 그때 가면 이게 얼마나 큰 일인지 알게 될 거야."

이러한 접근 방식이 효과가 없는 이유

제임스가 프레젠테이션을 혼자 진행하고 프로젝트의 공을 가로챈 것에 대해 앤드류는 충분히 화가 날 만하다. 앤드류는 프레젠테이션이 끝나고 제임스에게 무엇을 어떻게 말할지 계획했지만 비언어적 요소는 미처 신경을 쓰지 못했다. 그는 팔짱을 끼고 화난 말투로 이야기를 시작하여 제임스에게 부정적인 메시지를 보냈다. 그 결과 제임스도 방어적으로 반응할 수밖에 없었다. 말보다 비언어적 요소에 진심이 담겨 있었기 때문이다. 급기야 제임스가 이 문제를 사소한 것처럼 치부하자, 앤드류는 비꼬는 말투로 받아쳤고 이로써 본격적인 갈등 국면으로 들어서고 말았다. 이렇게 뻗어나가는 대화를 좀 더 생산적인 방향으로 되돌리지 못하면, 두 사람이 함께 진행하는 프로젝트는 제대로 완수되기 힘들 것이다.

❶ 생각해보자

갈등을 해소하기 위한 대화를 시작하기 전에, 거울을 보며 처음에 시작할 말을 연습해보라. 말로 전하는 메시지와 행동이 자연스럽게 일치해야 한다. 대화를 하러 다가가기 전에 마음을 차분하게 진정시키는 것이 좋다.

보디랭귀지

대화를 할 때는 보디랭귀지에 신경 써야 한다. 자세, 태도, 움직임, 제스처는 매우 명확한 신호를 보내기 때문이다. 서거나 앉아 있는 자세, 손의 움직임은 무슨 생각을 하는지 어떤 감정을 느끼는지 단서를 제공한다. 더 나아가 자기 자신에 대해 어떻게 생각하는지도 드러낸다. 서거나 앉아 있을 때 자세가 똑바른지, 구부정한지에 따라 전달하는 메시지가 달라진다. 손을 자연스럽게 옆으로 떨어뜨리고 있는지, 꼼지락거리는지에 따라 전달하는 메시지가 달라진다. 말로 전하는 내용에 걸맞은 절제된 제스처를 사용하는지 혹은 과장된 제스처를 사용하는지에 따라 전달하는 메시지가 달라진다.

또한 사람마다 편하게 느끼는 거리와 공간이 다를 수 있는데, 이러한 개인 공간에 대한 감각은 보디랭귀지에 고스란히 드러난다. 누군가 너무 가까이 다가와 자신의 공간을 침범하면 불편함을 느낄 수밖에 없고, 뒤로 물러나면서 침입자와 거리를 두려고 할 것이다. 따라서 언제나 사람들이 편하게 생각하는 거리를 신경 써야 한다. 상대방이 계속 몸을 뒤로 젖히거나 뒤로 물러나는 듯한 행동을 한다면 자신이 개인 공간을 침범했다는 뜻이니 뒤로 물러서야 한다.

감정이 격해질 때에는 보디랭귀지도 격해진다. 평소보다 더 많이 몸을 움직인다. 자신을 방어하기 위해 가슴 앞으로 팔짱을 끼고, 상대방을 향해 삿대질을 하거나, 거칠게 팔을 휘두를 수도 있다. 또 상대방에게 바짝 다가설 수도 있다. 따라서 일상적인 대화에서 좋은 보디랭귀지를 몸에 익히기 위해 노력해야 한다. 그리고 갈등 해결을 위한 대화를 들어가기에 앞서 자연스러운 보디랭귀지를 연습하는 것은 상당히 도움이 된다.

● **기본적인 원칙**

사람들에게 자신 있고, 유능하고, 능력 있고, 침착하고, 편안한 사람으로 보이고 싶다면 다음과 같은 습관을 길러야 한다.

- 서거나 앉을 때 똑바른 자세를 취한다.
- 고개를 높이 든다.
- 바른 자세를 유지한다.
- 어깨에 힘을 뺀다.
- 짝다리를 짚지 말고, 두 발에 똑같이 체중을 싣고 편안한 자세로 선다.
- 양손을 자연스럽게 옆에 늘어뜨리거나 편안하게 앞쪽으로 살짝 접는다.
- 주머니에 손을 넣지 않는다.
- 꼼지락거리지 않는다.
- 제스처를 통제하여 메시지를 자연스럽게 효과적으로 전달한다.
- 상대방과 1미터 정도 거리를 두고 선다.

● 상대방의 보디랭귀지 읽기

다음과 같은 행동을 주의 깊게 관찰하라.

- 구부정한 어깨: 자신이 없다는 신호

- 손가락 꼼지락거리기: 초조하거나 불안하다는 신호

- 골반에 손 짚기: 인내심이 한계에 다다랐다는 신호

- 앞으로 팔짱 끼기: 자신의 한계를 느끼며, 상대방의 비난이나 공격에 대비
  하는 신호

- 거친 몸짓: 분노, 흥분, 또는 심리적으로 혼란스럽다는 신호

- 뒤로 물러서기: 자신의 개인 공간이 침범당했다는 신호

이러한 신호를 발견했을 때는, 편안하게 행동하며 침착함을 유지하라.
그렇게 할 때 상대방도 안정을 찾을 수 있다.

● 실생활에 적용하기

앤드류도 화가 났지만 제임스에게 무슨 말을 하고자 하는지를 생각했
다. 또한 자신의 생각을 차분하게 전달해야만, 자신의 말이 오해를 사지 않
고 의도한 대로 이해될 수 있다는 것을 알고 있었다. 제임스에게 다가가서
그는 이렇게 말했다.

"너무 놀랐어. 프레젠테이션을 혼자 마무리하다니. 우리가 준비했던 것

과 다르잖아. 내가 너만큼 이 프로젝트에 기여하지 않은 것처럼 인식될 거 같아."('나'를 주어로 하는 말)

앤드류는 말하면서 자신감 넘치는 태도를 유지했다. 머리를 곧게 들고 바른 자세를 유지했으며 손도 옆에 자연스럽게 두었다. 안절부절못하는 몸짓은 하지 않았다.

❶ 생각해보자

신체 접촉 역시 보디랭귀지에 속하는 요소라고 할 수 있다. 상대방 어깨에 팔을 올리거나, 상대방의 팔을 만지거나, 등을 두드리는 행동은 전달하고자 하는 메시지를 강화할 수도 있지만, 거꾸로 메시지 전달을 방해할 수도 있다. 일단, 상대방이 그러한 신체 접촉을 좋아하는지 싫어하는지 알아야 한다. 그런 것을 알 수 있을 만큼 가깝지 않은 사이라면 절대 상대방의 몸을 만져서는 안 된다.

얼굴 표정

얼굴은 자신의 기분을 한 번에 드러내 보여주는 스냅 사진과도 같다. 특히 화나거나 속상하거나 감정이 격앙되어 있는 경우 더 그러하다. 얼굴 표정, 눈과 눈썹의 움직임은 말로 전달하는 메시지를 완성하는 강력한 커뮤니케이션 도구라 할 수 있다.

하지만 우리의 표정은 대개 우리가 느끼는 감정에 자동적으로 반응한다. 예컨대 기쁘거나 슬픈 감정은 표정에 그대로 드러난다. 화가 나거나 속상할 때는 얼굴을 찡그리고, 눈썹을 찌푸리고, 눈을 가늘게 뜨고, 입술을 삐쭉 내미는 것으로 감정을 표출한다.

좋은 소식은, 연습하면 감정을 얼굴에 그대로 드러내지 않을 수 있다는 것이다. 긍정적인 습관을 통해 표정을 유리하게 활용할 수 있다. 단순히 굳은 표정을 짓는 것이 아니라, 자신이 원하는 대로 걱정하는 표정, 진지한 표정, 관심 있는 표정, 차분한 표정을 지을 수 있다. 이렇게 표정을 통제함으로써, 전달하고자 하는 메시지를 상대방이 더 열린 마음으로 받아들이도록 할 수 있다. 당연한 이야기지만, 화난 얼굴을 한 동료와 대화하고 싶어 하는 사람은 없다!

표정을 통제하는 것을 넘어, 자주 웃는 연습을 하라. 미소는 상대방을 기분 좋게 만드는 가장 긍정적인 보디랭귀지라 할 수 있다. 특히 진지한 대화를 해야 할 때 진가를 발휘된다. 진심 어린 미소는 마음을 열고 상대방의 말을 경청하여 상황을 해결하고 싶어 한다는 것을 알려준다. 화나고 속이 상해 도저히 웃기 어려운 상황에서조차, 입꼬리를 살짝 들어올리기만 해도 유쾌한 표정을 연출할 수 있다.

상대방의 눈을 바라보는 것도 얼굴 표정에 속하는 중요한 요소라 할 수 있다. 물론 상대방과 시선을 마주치는 습관을 들이는 것은 쉽지 않다. 대화를 시작할 때 상대방과 눈빛을 맞추기 위해 의식적으로 노력해야 한다. 하지만 상대방을 노려본다는 느낌을 주어서는 안 된다. 가끔씩 시선을 다른 곳으로 돌렸다가 다시 상대방 눈에 초점을 맞추는 일을 반복함으로써 자연스럽게 시선을 처리할 수 있다.

시선을 마주칠 때 눈썹의 움직임은 상당한 효과를 발휘한다. 눈썹을 치켜올려 관심, 열정, 놀라움, 흥분 같은 감정을 전달할 수 있다. 미간을 찌푸려서 걱정, 혼동, 분노와 같은 감정을 전달할 수 있다. 눈썹을 적절하게 활용하여 전달하고자 하는 메시지의 의미를 증폭시킬 수도 있지만, 계속해서 눈썹을 치켜올리거나 찡그리는 등 과도하게 활용할 경우에는 그런 행동을 하는 이유를 상대방이 파악하기 어렵게 만들어 오히려 메시지 전달을 방해할 수도 있다.

● **기본적인 원칙**

앞에서 배운 보디랭귀지와 더불어, 자신이 투사하려는 이미지를 완성하고자 한다면, 다음과 같은 행동을 자연스럽게 몸에 익혀야 한다.

- 화가 나거나 속상하더라도 감정을 표정으로 그대로 드러내지 말고, 차분하고 진지하게 염려하는 표정을 유지한다.
- 고개를 숙이거나 삐딱하게 기울이지 말고 똑바로 세운다.
- 상황에 맞게 미소를 짓는다.

- 중립적인 표정을 유지하고 싶을 때는 입꼬리를 살짝 올려 상대방에게 친근감을 전달한다.
- 시선을 마주하되, 가끔 시선을 돌려서 빤히 쳐다보는 느낌을 주지 않는다.
- 가끔씩 눈썹을 움직여 메시지를 강화한다. 관심이나 흥분을 표현할 때는 눈썹을 올리고, 걱정이나 혼란을 표현할 때는 눈썹을 찌푸린다.
- 가끔씩 고개를 끄덕여 적극적으로 경청하고 있음을 보여준다.

● **상대방의 표정 읽기**

다음과 같은 표정에서 상대방의 감정 상태를 유추할 수 있다.

- 고개 숙여 아래쪽 내려다보기: 부끄러움을 느끼거나, 나를 부담스러워한다는 신호
- 고개를 한쪽으로 기울이기: 혼란을 느끼거나, 내가 하는 말에 동의하지 않는다는 신호
- 입술 모아 아래로 누르기: 분노, 불신, 슬픔을 드러내는 신호
- 나를 보지 않고 내 뒤쪽 바라보기: 불편함, 죄책감, 불신, 부정직함을 드러내는 신호
- 눈 자주 깜빡이기: 무언가 불편하거나 고통스럽다는 신호
- 미간 찌푸리기: 분노, 동요, 혼란을 드러내는 신호
- 눈썹을 치켜올리기: 열정, 놀람, 경악, 불신을 드러내는 신호

"너무 놀랐어. 프레젠테이션을 혼자 마무리하다니. 우리가 준비했던 것과 다르잖아. 내가 너만큼 이 프로젝트에 기여하지 않은 것처럼 인식될 거 같아."('나'를 주어로 하는 말)

앤드류는 제임스에게 이 말을 할 때 고개를 꼿꼿이 세우고, 바른 자세를 유지하며, 손을 편하게 옆에 늘어뜨렸다. 손을 꼼지락거리거나 불필요한 제스처를 취하지 않았다. **제임스와 시선을 마주하면서, 진심으로 걱정하는 표정을 지었다. 또한 살짝 미소를 지어 비난하려는 의도가 아니라는 것을 알려주었다.**

목소리

목소리 톤도 중요한 비언어적 요소다. 실제로 말로 전하는 내용보다, 말하는 방식이 더 중요한 의미를 갖는 경우가 많다.

"나, 잠깐 할 말이 있는데."

이렇게 '나'를 주어로 말을 한다고 해도, 이 말의 실제 의미, 말하는 감정은 목소리 톤으로 전해진다. 따라서 메시지에 맞는 목소리 톤을 선택하는 것은 매우 중요하다. 갈등을 해결하기 위한 대화를 시작하고자 할 때는 염려하는 감정이 묻어나는 어조, 또는 최소한 중립적인 어조로 말을 해야 긍정적인 반응을 이끌어낼 수 있다.

목소리의 톤뿐만 아니라 목소리의 크기와 속도도 메시지에 영향을 미친다. 어떤 일에 화가 났을 때 마음을 가라앉히려면, 실제로 부드럽게 천천히 말하는 것이 도움이 된다. 또한, 이야기를 들을 때에도 적절한 소리를 내, 메시지를 제대로 이해하고 있는지, 또는 동의하는지 그렇지 않은지를 알려줄 수 있다. '아', '오', '음' 같은 동의의 소리를 내 대화가 빠르게 흘러가도록 도와줄 수 있는 반면, '흠?', '오?' 같은 소리를 내 상대방의 메시지에 동의하지 않거나 혼란스럽다는 것을 표시할 수 있다.

❶ 생각해보자

가끔 모든 문장의 끝부분을 높여서 말하는 사람들이 있는데, 이는 매우 잘못된 습관이다. 이렇게 말하면 모든 문장이 질문처럼 들려서 상대방에게 혼란을 줄 수 있다. 아무런 쓸모없는 언어 습관이다. 당장 버리자.

● 기본적인 원칙

효과적인 의사소통을 하기 위해서는 목소리 톤을 감정에 맞춰야 한다. 특히 갈등을 해결하는 대화를 할 때에는 목소리 톤을 잘 통제해야 한다.

- 대화를 시작할 때는 업무에 대해 논의할 때처럼 감정을 배제하고 위협적이

지 않은 톤으로 말한다.

- 대화를 하면서 관심과 공감을 표시함으로써 메시지를 강화한다.

- 자신의 목소리에서 상황에 대한 불만이나 화를 드러내는 듯한 톤이 느껴진
다면, 긍정적인 해법을 찾기 위해 함께 노력하고 싶다는 마음도 반드시 보
여주어야 한다.

● 상대방의 목소리 읽기

다음과 같은 말투에서 상대방의 감정을 유추할 수 있다.

- 상대방이 화난 말투로 말할 때는 부드럽고 차분하게 말하라.

- 상대방이 혼란스러워하는 말투로 말할 때는 자신의 입장을 좀 더 자세히 설
명하라.

- 상대방이 죄책감이나 부끄러움을 느끼는 것 같다면 호의적인 미소를 지으
며 불편함을 덜어줄 수 있는 말을 건네라.

- 상대방이 건성으로 받아들이는 듯할 때는, 걱정스러운 어조로 왜 이런 감정
을 느끼는지 설명하라.

- 상대방이 빨리 말하거나 큰 소리로 말할 때는, 천천히 부드러운 톤으로 말
하라. 상대방을 진정시킬 수 있다.

"너무 놀랐어. 프레젠테이션을 혼자 마무리하다니. 우리가 준비했던 것과 다르잖아. 내가 너만큼 이 프로젝트에 기여하지 않은 것처럼 인식될 거같아."('나'를 주어로 하는 말)

앤드류는 제임스에게 이 말을 할 때 고개를 꼿꼿이 세우고, 바른 자세를 유지하며, 손을 편하게 옆에 늘어뜨렸다. 손을 꼼지락거리거나 불필요한 제스처를 취하지 않았다. 제임스와 시선을 마주하면서, 진심으로 걱정하는 표정을 지었다. 또한 살짝 미소를 지어 비난하려는 의도가 아니라는 것을 알려주었다. **처음에는 중립적인 어조로 대화를 시작했지만, 준비했던 것과 다르다고 말할 때에는 염려하는 목소리 톤으로 바꾸었다.**

단호함

단호함은 자신감과 자기 확신이 밖으로 드러나는 것을 말한다. 공격적인 태도와 혼동되기도 하지만 둘 사이에는 뚜렷한 차이가 있다. 단호함은 마음속에 있는 것을 신중하게 단어를 골라 말하고, 말과 행동을 일치시키면서도 상대방을 존중하는 것을 의미한다. 이에 반해 공격적 태도는 생각나는 대로 말을 내뱉는 것을 의미한다. 자신이 어떤 모습으로 비칠지 전혀 고려하지 않으며, 비언어적 신호를 무시한다. 공격적인 행동은 화내거나,

거만하거나, 잘난 체하거나, 이기적인 모습처럼 보일 가능성이 높다.

따라서 갈등을 해결하고자 할 때는 공격적인 태도가 아닌 단호함, 즉 자신감과 자기 확신을 드러내야 한다. 그럴 때 상대방은 귀를 기울일 가능성이 높다.

단호함은 삶에서 중요한 기술이다. 자신의 주장을 건설적이면서도 기분 나쁘지 않게 내세울 수 있는 능력이기 때문이다. 이것은 타고나는 것이 아니기에 학습을 통해 익혀야 한다. 자신감을 갖고 다른 사람 앞에 나서기 위해서는 말하기 전에 상황을 판단하고, 상대방의 시선으로 상황을 바라보고, 자신을 어떻게 보여주고자 하는지 계획할 줄 알아야 한다. 자신감 있게 말하고 행동해야 한다. 연습을 통해 익숙해지면, 단호함은 내 성격의 일부가 될 것이다.

❶ 생각해보자

단호함이 몸에 밴 사람들을 눈여겨보라. 그들이 자신을 표현하는 방식을 관찰하고, 더 단호한 태도를 익히는 데 도움이 되는 긍정적인 기술을 배워보라.

● 기본적인 원칙

단호함은 다음과 같은 행동을 통해 밖으로 투사된다.

- 자신감 있게 말하기
- 자신의 관점을 명확하게 표현하기
- 객관적으로 말하기
- 침착함 유지하기
- 자신의 입장을 말할 때 감정 조절하기
- 필요 이상으로 사과하지 않기
- 나를 얕잡아보거나 놀리는 말에 움츠러들지 않으면서도 용납하지 않기
- 상대방에 대한 존중과 배려 표현하기

● 상대방의 단호함 읽기

상대방이 어느 정도 단호한지 알 수 있다면, 문제를 해결하는 데 상당한 도움이 된다.

- 상대방이 자신의 주장을 굽히고 즉각 물러서면 연민을 표시하라. 상대방을 다시 대화로 끌어들여 양쪽 모두에게 유리한 해법을 찾아라. 단호함이 없는 사람이라고 해서 이용하면 안 된다.
- 상대방이 화를 내거나 공격적인 태도를 보이면, 침착하게 대처한다. 부드럽고 절제된 목소리로 말한다. "이 일로 화가 나는 것은 이해합니다. 대화를 통해 서로 동의할 수 있는 해결책을 찾아봅시다." 이렇게 말하면 상대방의 감정을 다독이는 데 도움이 될 수 있다. 침착함을 유지하면서 부드럽게 말

하는 것은 상대방을 진정시키는 데 도움이 된다.

● **실생활에 적용하기**

"너무 놀랐어. 프레젠테이션을 혼자 마무리하다니. 우리가 준비했던 것과 다르잖아. 내가 너만큼 이 프로젝트에 기여하지 않은 것처럼 인식될 것 같아." ('나'를 주어로 하는 말)

앤드류는 제임스에게 이 말을 할 때 고개를 꼿꼿이 세우고, 바른 자세를 유지하며, 손을 편하게 옆으로 늘어뜨렸다. 손을 꼼지락거리거나 불필요한 제스처를 취하지 않았다. 제임스와 시선을 마주하면서, 진심으로 걱정하는 표정을 지었다. 또한 살짝 미소를 지어 비난하려는 의도가 아니라는 것을 알려주었다. 처음에는 중립적인 어조로 **자신 있고 단호하게** 대화를 시작했지만, 준비했던 것과 다르다고 말할 때에는 염려하는 목소리 톤으로 바뀌었다.

갈등 해결: 올바른 방법

앤드류와 제임스는 매출을 높이기 위한 새로운 프로그램을 개발하는 프로젝트를 함께 진행했다. 그들은 어제 마케팅부사장 앞에서 중간 프레젠테이션을 하기로 했다. 프레젠테이션은 두 부분으로 나눠, 먼저 전반적인 개요는 제임스가 설명하고 세부적인 내용은 앤드류가 발표하기로 했다.

앤드류는 자신의 차례를 기다렸지만, 제임스가 발표를 계속 이어가며 프레젠테이션을 혼자 진행했다. 더욱이 제임스가 앤드류를 공동기획자가 아닌 조력자라고 소개한 부분에서, 앤드류의 실망감은 배신감으로 바뀌었다. 프로젝트의 공을 다 가로챈 것이다. 프레젠테이션 와중에 끼어드는 것은 프로답지 못한 행동이라고 생각하여 앤드류는 프레젠테이션 내내 침묵을 지키고 앉아 있었다. 치밀어오르는 분노를 간신히 억눌렀다.

회의가 끝난 뒤, 앤드류는 제임스에게 다가가 이렇게 말했다.

"너무 놀랐어. 프레젠테이션을 혼자 마무리하다니. 우리가 준비했던 것과 다르잖아. 내가 너만큼 이 프로젝트에 기여하지 않은 것처럼 인식될 것 같아."('나'를 주어로 하는 말)

말할 때 그는 고개를 똑바로 세우고 바른 자세를 유지하며 손을 자연스럽게 옆으로 늘어뜨렸다. 손을 꼼지락거리거나 불안해 보이는 몸짓은 취하지 않았다. 그는 제임스와 눈을 맞추고 걱정하는 표정을 지었으며, 진지함을 드러내기 위해 미소를 아주 약간만 드리웠다. 처음에는 중립적인 어조로 단호하게 말하며 대화를 시작했지만, 준비했던 것과 다르다고 말할 때에는 근심스러운 어조로 바꾸었다. 제임스는 이렇게 대답했다.

"미안해. 일단 발표를 시작하고 보니, 중간에 발표를 끊는 것이 좀 어렵더라고."

앤드류는 제임스가 말을 하는 와중에 취하는 행동을 눈여겨보았다. 제임스는 눈썹을 치켜올리고, 아무렇지 않게 고개를 흔들고, 어깨를 으쓱하고, 앤드류와 눈을 마주치지 않고 먼 산을 바라보았다. 말하는 어투조차 무시하는 듯하여 더욱 화가 났다. 전혀 미안해하지 않는 것이 분명했다. 그저 앤드류를 달래기 위한 입발림에 불과했다.

앤드류는 제임스의 태도를 보고, 쉽게 굽히거나 물러서지 않을 것임을 알았다. 그는 느긋한 태도를 유지하면서 계속 그와 눈을 마주치고 우려하는 목소리로 말을 이어나갔다.

"그래. 이해해. 프레젠테이션을 하면서 그렇게 느꼈을 수도 있지.(이해하고 있다는 말) 그래도 이 프로젝트는 우리 둘이 함께 준비한 거잖아. **나도 발표에 참여할 수 있었다면 정말 좋았을텐데.**"('나'에 초점을 맞춘 표현)

앤드류는 제임스가 대답할 기회를 주기 위해 잠시 말을 멈췄다. 그의 비언어적 행동을 여전히 눈여겨보았다. 제임스는 팔짱을 끼고 내리깔듯이 쳐다보고 있다가, 어깨를 으쓱하며 대답했다.

"뭐, 이제 와서 내가 뭐라고 말할 수 있겠어? 이미 끝난 일인데."

앤드류는 제임스가 자신의 기분을 이해하지 못하는 것 같아 실망스러웠지만, 문제는 해결하고 넘어가야 할 것 같았다.

"그래, 맞아, 이미 끝난 일이지. **하지만 이 문제에 대해 확실히 짚고 넘어가야, 다음 프레젠테이션은 어떻게 할 건지 계획할 수 있을 것 같아.**"(타협하는 말)

제임스는 팔짱을 끼고 있던 손을 풀고, 한결 편한 자세를 취했다.

"그래."

제임스가 자세를 풀자, 앤드류는 앞서 했던 말을 다시 되풀이했다.

"내 입장에서 봐주길 바라. 말하자면, 프레젠테이션을 내가 먼저 시작했는데, 자네 차례가 되었는데도 내가 혼자서 계속 진행했다고 해봐. **자네가 그렇게 했을 때 나는 정말 평가절하당하는 기분이 들었어.**"('나'를 주어로 삼는 표현)

제임스는 미간을 찌푸리며 고개를 끄덕였다.

"자네 말이 맞아. 나도 그러면 기분이 안 좋았을 거야. 이봐, 정말 미안해. 우리가 이 작업에 쏟아부은 노력에 흥분해서 그랬던 것 같아."

"그래, 충분히 이해해.(이해) **그러면 다음 프레젠테이션에서는 내가 먼저 나가서 발표할게. 자네 차례가 되면 내가 넘겨주고. 어때?"**(타협)

"좋아. 프레젠테이션을 혼자 끝내더라도 자네를 비난하지 않을게."

이렇게 말하면서 제임스는 웃었다. 앤드류는 따뜻한 미소를 지었다.

"아니, 거래는 거래야. 내가 먼저 발표하겠지만, 각자 맡은 부분은 각자 책임지기로 하지."

악수를 하고 난 뒤, 앤드류는 이렇게 덧붙였다.

"이렇게 이야기할 수 있어 기쁘군."(최종 확인)

제임스는 고개를 끄덕이며 미소를 지었다. 앤드류가 덧붙였다.

"지금까지 잘 지내왔으니 우리 사이에 불화가 생기는 것을 원치 않아."(관계 회복)

이러한 접근 방식이 효과가 있는 이유

앤드류는 제임스를 어떻게 대할지 고민하면서 자신의 행동에 대해서도 생각했다. 고집 센 제임스가 자신이 한 일을 쉽게 인정하지 않을 것이라고 예상했기에 앤드류는 단호하게 말하고 행동하려고 했다. 하고 싶은 말과 함께 어떤 몸짓을 해야 할지, 어떤 표정을 지어야 할지도 연습했다. 그는 편안하면서도 확신에 찬 느낌을 주고 싶었기에, 시선을 계속 마주쳤다.

앤드류는 제임스의 행동에 주의를 기울였기에, 대화가 시작되자마자 제임스가 방어적인 자세를 취하는 것을 알아챘다. 그래서 제임스가 무심하게 어깨를 으쓱하며 '이미 끝난 일'이라고 말했을 때에도 앤드류는 물러서지 않았다. 대신 그는 타협하는 말로 단호하게 대응했다. 이후 두 사람은 건설적인 방식으로 대화를 이어나갈 수 있었고, 앤드류가 주도권을 잡고 타협하고 해법을 제시하고 관계를 회복하는 말을 건넸다. 앤드류는 단호한 태도를 유지하며 비언어적 커뮤니케이션을 통해 자신의 메시지를 강화했기에 두 사람은 합의에 도달할 수 있었다. 최종 프레젠테이션은 무난하게 진행할 수 있을 것으로 보인다.

PART 2

효과적인
갈등 해결 = 직장 내
인간관계
강화

3
갈등 해결
5단계 프로세스

사람들 사이가 늘 좋은 것만은 아니다. 언제든 갈등은 일어나기 마련이다. 갈등을 어떻게 처리하느냐에 따라, 관계가 나빠질 수도 있고 오히려 관계가 좋아질 수도 있다. 때로는 관계가 완전히 끊어지는 안타까운 상황으로 치달을 수도 있다. 둘이든 셋이든 의견이 다른 상황이 발생했을 때, 그것을 바로 해결하지 않고 방치하면 통제할 수 없는 상태로 갈등의 골이 깊어질 수 있다.

명심하라. 갈등은 어떠한 인간관계에서든 발생할 수밖에 없는 자연적인 현상이다. 따라서 갈등을 무조건 피하려고만 하지 말고, 관계를 성장시키고 강화할 수 있는 기회라고 인식하라. 어떤 문제가 닥쳐도 쉽게 헤쳐 나갈 수 있는 힘이 될 것이다. 그러기 위해서는 마음을 터놓고 솔직하게 소통하고, 상대방의 관점을 이해하고, 상대방이 납득할 수 있는 해법을 찾고자 하는 노력이 뒷받침되어야 한다. 해법을 찾아 나가는 좋은 토론은 구성원들 사이의 혼란을 없애고, 긍정적인 에너지를 전해주고, 자신감을 높여주고, 사람들의 의욕을 더욱 고취할 뿐만 아니라, 궁극적으로 관계를 더 끈끈하게 만들어준다.

일이 잘 풀릴 때는 인간관계를 돈독하게 유지하는 것이 어렵지 않지만, 문제가 발생했을 때는 상황이 달라진다. 아무리 좋은 관계도 갈등이 발생하면 순식간에 나빠질 수 있다. 갈등은 대개 어느 한쪽이라도 무시당하거나 따돌림당한다고 느낄 때, 부당하게 대우받는다고 생각될 때 발생한다. 이러한 상황을 초래하는 원인으로는 의사소통의 부족, 오해, 급격한 상황 변화, 의견 불일치, 성격 충돌 등이 있다. 창의적이고 열정적이며 높은 성과를 내는 팀에서도 갈등은 흔하게 발생한다. 기본적으로 상황을 바라보는 관점이 다르면, 갈등은 언제든 발생할 수 있다.

하지만 갈등이 무조건 나쁜 것만은 아니다. 갈등이 없는 집단은 자칫, 지루하고 안주하게 되고 정체될 수 있다. 갈등을 성장하고 발전할 수 있는 기회라고 인식하는 집단은 활력이 넘친다. 효과적인 갈등 해결은 사람들을 열정적으로 일하게 하며, 창의적인 발상을 할 수 있는 기회를 만들어주고, 솔직하고 효과적이고 열린 커뮤니케이션을 할 수 있게 해준다.

감정의 골이 깊어지기 전에 갈등을 해소하기 위해서는 작은 문제라도 놓치지 말고 유심히 살펴야 한다. 적극적으로 관찰하고 소통해야 한다. 사람들과 골고루 관계를 맺으면서 사소한 이상신호들을 감지할 줄 알아야 한다. 누구 하나라도 갑자기 부정적인 말을 내뱉거나, 말없이 조용히 있거나, 지나치게 흥분하거나, 화를 내는 사람이 있다면, 갈등이 싹트고 있다는 징후일 수 있다. 상사와 부하직원 사이의 소통이 원활하게 이루어지지 않는다면, 그것도 역시 갈등의 징후일 수 있다. 어떤 문제가 있는지 알지 못한다고 하더라도 이렇게 행동하는 사람이 있다면, 자세히 물어보라. 그러한 행동은 갈등에서 비롯되었을 확률이 매우 높다.

문제를 파악하면, 누군가는 반드시 그 문제를 책임지고 해결하기 위해 나서야 한다. 내가 다른 사람과 갈등을 빚고 있는 당사자라면 당연히 책임져야 할 것이고, 또는 직접 당사자가 아니더라도 사람들 사이의 갈등을 중재해야 할 책임을 질 수도 있다.

갈등 해결 과정에서 고려해야 할 또 다른 중요한 요소가 있는데, 그것은 바로 시간이다. 일단 문제가 터진 상황에서는, 그 문제가 어떻게 전개될지 지켜볼 수 있는 여유가 거의 없다. 시간에 쫓긴다는 느낌을 받기 쉽다.

갈등을 해소하기 위해 갖춰야 하는 가장 기본적인 태도는 감정에 휘둘리지 않는 침착함이다. 물론 나와 직접 관련이 없는 문제라면 평정심을 유지하기가 쉽겠지만, 내가 갈등의 당사자인 경우에는 감정을 통제하기가 훨씬 어려울 것이다. 그럴수록 자제력과 객관적인 태도를 유지하려는 노력은 매우 중요하다.

침착함을 유지하기 어렵다면 심호흡을 해서라도 뛰는 심장을 진정시켜야 한다. 이런 상황에서는 반드시 시간을 내어 전반적인 상황을 객관적인 시선으로 조망하고, 대화를 시작하기 전에 마음을 가라앉혀야 한다. 대화를 하는 도중에 감정이 격해진다면, 바로 대화를 중단하고 다음으로 미루는 것이 좋다. 감정을 분출하는 것보다는 자리를 뜨는 것이 훨씬 낫다.

이 장에는 갈등에 효과적으로 대처하기 위한 5단계 프로세스를 설명한다. 시간을 들여 배우고 익히고 연습하라. 처음에는 갈등에 직면하는 것이 불편하게 느껴질 수 있다. 엎어지고 넘어지고 실수도 할 것이다. 하지만 이러한 기술이 긍정적인 결과를 낳는 것을 한두 번 경험하고 나면, 사소한 의견충돌에도 의연히 대처할 수 있고 여러 사람들에게 영향을 미치는 중대한 갈등을 해결하는 법도 터득할 수 있을 것이다. 이렇게 갈등에 대처하는 기술을 익히고 나면 사람을 대하는 데 자신감이 생긴다. 자신감이 높아지면, 당신은 갈등의 해법을 찾아내고 최선의 결과를 산출하는 '행동하는 사람'이라는 평판을 얻게 될 것이다.

갈등 해결: 잘못된 방법

데이브, 타냐, 채드, 안젤라는 끈끈한 팀워크를 자랑하는 동료들이다. 지금까지 어떤 문제가 발생하든 함께 해결해왔다. 이번에는 팀장이 한 달간 돌봄휴가를 떠나면서 데이브에게 임시 팀장 역할을 맡아달라고 부탁했다. 사실 데이브는 가장 최근 팀에 합류한 사람이었기에, 자신이 임시 팀장으로 선택되었다는 사실에 상당한 자부심을 느꼈다. 그동안 자신이 보여준 강력한 리더십, 업무에 대한 지식, 팀에서 해결사 역할을 하는 자신의 역량에 대한 신뢰에서 그러한 결정이 나왔을 것이라고 확신했다.

팀장이 주재하는 마지막 회의에서 데이브에게 임시 팀장 역할을 맡긴다는 발표가 나오는 순간, 동료들의 표정에는 미묘한 변화가 스며들기 시작했다. 회의 중에 타냐는 고개를 숙인 채 아무 말도 하지 않았다. 채드의 표정은 굳어졌고, 천천히 고개를 끄덕였다. 안젤라는 눈썹을 치켜든 채 기분이 좋지 않은 표정을 지었다. 회의가 끝난 뒤, 세 명이 모여서 자신들끼리 무언가 이야기했다. 데이브가 다가가자 그들은 갑자기 대화를 중간에 멈췄다. 데이브는 자신이 임시 팀장으로 뽑혔다는 사실 때문에 그들이 화가 났다는 것을 알았다. 자신이 리더가 된 것을 동료들이 달가워하지 않는다는 사실에 데이브는 상처받았다. 하지만 지금껏 함께 사이좋게 일해왔기 때문에 그러한 부정적인 감정은 금방 사라질 것이라고 생각했다.

하지만 그런 일은 일어나지 않았다. 일주일이 지났을 때, 동료들은 그를 리더로 인정하지 않았다. 데이브는 자신이 진행하던 프로젝트를 채드에게 맡아달라고 부탁했는데, 채드는 그 서류를 들고 와 책상 위에 던지듯 내려놓았다. 데이브는 당황스러워하면서 이렇게 말했다.

"어, 그 일까지 맡기는 벅차구나. 알았어, 내가 방법을 찾아볼게."

채드는 어깨만 으쓱할 뿐 아무 말도 하지 않았고, 데이브는 그 프로젝트를 다시 돌려받았다. 남의 일까지 떠맡아야 하는 상황에 모두 화가 났을 것이라고 생각했다. 힘들기는 하겠지만 데이브는 더 이상 불화를 초래하고 싶지 않았기에, 자신이 원래 하던 일을 다 해내면서 리더로서 해야 할 일까지 다 해내겠다고 다짐했다. 동료들이 자신을 적대시하는 것 같아 불만스러웠지만, 동료들을 화나게 하고 싶지 않았기에 아무 말도 하지 않고 혼자서 모든 것을 떠맡았다.

이러한 접근 방식이 효과가 없는 이유

회의가 끝난 뒤 동료들이 자신에게 거리를 둘 때, 데이브는 무언가 잘못되어가고 있다는 사실을 분명히 감지했다. 하지만 그는 문제를 직접 대면하지 않고 시간이 지나면 저절로 해결될 것이라고 생각했다. 이는 잘못된 접근 방식이다. 어떠한 갈등이든 모른 척하고 넘어가는 것은 갈등 해결에 아무런 도움이 되지 않는다. 갈등이 사라지기는커녕, 오히려 더 커지고 곪기만 한다.

첫 주가 지난 뒤 채드가 자신에게 예의를 갖추지 않은 행동을 했을 때, 데이브는 동료들과 이 문제에 대해 직접 논의했어야 한다. 자신이 하던 일에다가 리더로서 해야 할 일까지 모두 혼자 짊어지면서 끙끙대는 모습을 보여주면 동료들은 그를 도와주어야겠다고 생각할까? 전혀 그렇지 않다. 오히려 나약한 리더라는 인상만 줄 뿐이다. 그래도 끈끈한 팀워크를 자랑하는 동료들이었다면, 차라리 솔직하게 이야기하는 것이 팀을 이끌어가는 데 더 도움이 되었을 것이다.

1단계: 먼저 생각하기

갈등에 휘말렸을 때 차분하게 시간을 갖고 문제에 대해 생각해볼 여유를 갖는 것은 쉽지 않겠지만, **먼저 문제를 객관적으로 바라보려고 노력**해야 한다. 객관적인 태도를 유지해야 다양한 관점을 탐색할 수 있으며, 이로써 자신의 관점도 바꿀 수 있다. 이때 핵심은, 사람이 아닌 **문제에 집중**하는 것이다. 누군가 나를 괴롭히거나 골탕 먹이기 위해 고의로 그런 일을 했다고 생각하지 말고, 한 발짝 물러서서 감정을 억제하고 다각도에서 상황을 바라본다. 이렇게 하는 것은 상대방의 의도를 파악하는 데 큰 도움이 된다. 차분하게 이성적으로 생각해보면, 상대방이 왜 그런 행동을 했는지 완벽히 설명하지 못한다 할지라도 문제를 효과적으로 논의할 수 있는 위치에 설 수 있게 된다.

내가 직접 개입되지 않은 갈등이라고 해도, 가까운 친구나 동료가 갈등에 개입해달라고 요청하는 경우가 있다. 무작정 친구나 동료의 편을 들어주고 싶을 수도 있지만, 그것은 위험한 함정일 수 있다. 관계도 물론 중요하지만, 잠깐 거리를 두어야 한다. 시간을 들여 충분히 사태를 파악한 다음, 행동에 나서야 한다. 무조건 상대방 잘못이라고 몰아가서는 안 된다. 객관성을 잃어서도 안 된다. 친구나 동료를 진정시키고 다양한 관점에서 상황을 바라볼 수 있도록 도와주어야 한다. 이러한 태도를 일관되게 유지하면, 당신은 섣불리 결론으로 치닫지 않고 객관적으로 문제를 판단하고 갈등을 해결하는 사람이라는 평판을 얻게 될 것이다.

● **기본적인 원칙**

먼저 생각하는 습관을 기르려면 다음과 같은 행동을 익혀라.

- 생각하지 않고 말하거나 행동하지 않는다.
- 차분하게 감정을 진정시키는 시간을 갖는다.
- 최대한 다양한 관점에서 상황을 바라본다.
- 갈등이 발생했을 때에는 객관적인 태도를 유지한다.
- 사람이 아닌 '문제'에 집중한다.
- 대화를 미리 예상하고 반응을 눈여겨본다.
- 다른 사람들의 갈등에서 무조건 한쪽 편을 들지 않는다.
- 사람들을 판단하지 않고 상황을 객관적으로 바라볼 수 있도록 도와준다.

데이브, 타냐, 채드, 안젤라는 끈끈한 팀워크를 자랑하는 동료들이다. 지금까지 어떤 문제가 발생하든 함께 해결해왔다. 이번에는 팀장이 한 달간 돌봄휴가를 떠나면서 데이브에게 임시 팀장 역할을 맡아달라고 부탁했다. 사실 데이브는 가장 최근 팀에 합류한 사람이었기에, 자신이 임시 팀장으로 선택되었다는 사실에 상당한 자부심을 느꼈다. 그동안 자신이 보여준 강력한 리더십, 업무에 대한 지식, 팀에서 해결사 역할을 하는 자신의 역량에 대한 신뢰에서 그러한 결정이 나왔을 것이라고 확신했다.

팀장이 주재하는 마지막 회의에서 데이브에게 임시 팀장 역할을 맡긴다는 발표가 나오는 순간, 동료들의 표정에는 미묘한 변화가 스며들기 시작했다. 회의 중에 타냐는 고개를 숙인 채 아무 말도 하지 않았다. 채드의 표정은 굳어졌고, 천천히 고개를 끄덕였다. 안젤라는 눈썹을 치켜든 채 기분이 좋지 않은 표정을 지었다. 회의가 끝난 뒤, 세 명이 모여서 자신들끼리 무언가 이야기했다. 데이브가 다가가자 그들은 갑자기 대화를 중간에 멈췄다. 데이브는 자신이 임시 팀장으로 뽑혔다는 사실 때문에 그들이 화가 났다는 것을 알았다. 자신이 리더가 된 것을 동료들이 달가워하지 않는다는 사실에 데이브는 상처를 받았다. **하지만 효율적이고 효과적인 팀워크를 계속 유지하기 위해서는 문제가 커지기 전에 동료들과 대화를 나누고 해결해야 한다고 생각했다.**

먼저, 그는 개개인의 성격을 고려하여 그들이 어떤 식으로 대응할지 생각했다. 최대한 객관적인 관점에서 다양한 시나리오를 머릿속에서 그려보았다. 그리고 이야기를 어떻게 시작할지, 또 어떻게 대화를 이어나가고 어떻게 문제를 해결할지 구상했다.

2단계: 좀 더 깊이 이해하기

감정을 절제하고 상대방의 입장에서 상황을 바라보고 나면, **문제의 원인**을 더 잘 이해할 수 있다. 겉으로 보이는 원인이 진짜 이유가 아니라는 것이 밝혀질 수도 있다. 물론 그렇지 않은 경우도 많다. 그럴 때는 성급하게 결론을 내리지 말고, 상대방과 이 상황에 대해 이야기를 나눠야 한다. 대화를 통해 **상대방의 의도**를 좀 더 깊이 이해할 수 있다. 문제를 찾기 위해 질문을 하는 사람은, 대화를 어떻게 주도해 나갈 것인지 설계하는 유리한 위치에 설 수 있다.

다른 사람들의 갈등을 중재하기 위해 개입한 경우, **상황**을 더 깊이 이해하기 위해서는 관련 당사자들을 한자리에 모아놓고 각자 자신의 입장을 이야기할 수 있도록 하는 것이 가장 좋다. 이때 중요한 것은 자신의 입장을 이야기할 때 '나'를 주어로 말하도록 해야 한다.

"내가 보기에는…"

"내 생각에는…"

"내 입장에서는…"

이렇게 말하도록 하면, 자칫 논의가 상대방에 대한 비난으로 흘러가지 않도록 막아준다. 당사자들은 방어적인 태도를 취하고 싶은 욕구도 덜 느낄 것이다.

그럼에도 갈등 상황에 대해 이야기할 때 감정적으로 돌변하거나 방어적인 태도를 취할 여지는 늘 존재한다. 그런 일이 발생할 때는 비언어적 단서들을 주의 깊게 관찰하며 상대방이 전하는 메시지를 세심하게 귀 기울여 듣는다. 상처받았는가? 화가 났는가? 당황스러워하는가? 말 뒤에 숨은 메시지는 무엇인가? 진심으로 염려하는 표정을 지으며 상대방의 눈을 응시하라. 인상을 찌푸리거나 웃음을 보이거나 관심 없는 표정을 지어서는 안 된다. 부적절한 말을 해서도 안 된다. 상대방이 감정을 쏟아낼 때는 절대 끼어들지 마라. 진지하게 귀 기울여 듣기만 하라. 그러한 모습은 상대방의 분노를 진정시키는 데 도움이 된다. 상대방이 아무리 격하게 감정을 표현하더라도 내가 응답할 차례가 되면 인내심을 갖고 침착하게 감정을 억제해야 한다.

언제라도 누군가 감정을 터트리는 것처럼 보일 때는, 평정심을 유지하며 차분하고 부드러운 목소리로 말하는 것이 최선의 전략이다. 왜 그런 행동을 하는지 이해하고 싶을 뿐이라는 것을 상대방에게 분명히 인식시켜야 한다. 사람이 아닌 행동에 초점을 맞춤으로써, 문제를 해결하고 싶다는 의도를 분명히 전해야 한다. 다음과 같이 말할 수 있다.

"화가 나신 것 같군요. 왜 이런 일이 발생했는지 알아보고, 문제를 해결하고 싶습니다. 잠시 시간을 내어 진정시킨 다음, 문제에 대해 논의하면 어떨까요? 휴게실로 가서 차 한잔 합시다."

❶ 생각해보자

타이밍이 중요하다. 토론을 시작하기에 앞서 적절한 시간인지 확인하라. 적절하지 않다면 모두 모일 수 있는 시간을 정해서 알려준다. 사람들이 아직 감정적인 상황에서는 회의를 연기하는 것이 좋다. 그래도 회의를 해야 한다면, 사적인 공간에서 진행한다.

● 기본적인 원칙

좀 더 깊이 이해하기 위해서는 다음과 같은 행동을 몸에 익혀라.

- 상대방과 이야기를 나누기 전에 먼저 결론을 내리지 마라.
- 객관적이고 정중한 태도로 상대방에게 질문한다.
- 상대방의 답변을 주의 깊게 들으며 상대가 문제를 어떻게 바라보고 있는지 이해한다.
- 갈등의 당사자가 둘 이상일 경우, 모두 한자리에 모아놓고 각자 자신의 입

장을 이야기하게 한다.

- 이야기할 때는 모두 '나'를 주어로 삼아 이야기한다.

- 감정이 격해지는 사람이 있다면, 메시지뿐만 아니라 비언어적인 단서에도
  주의를 기울인다.

- 귀 기울여 경청하고 끼어들지 않는다.

- 응답할 차례가 되었을 때, 감정을 억제한다.

- 상대방이 화를 내거나 감정을 드러내더라도, 맞서지 말고 그대로 인정하고
  받아들인다. 다만 상대방이 진정할 수 있도록 시간을 주고 그때까지 논의를
  연기한다.

● **실생활에 적용하기**

데이브는 동료들에게 이야기할 것이 있으니 회의실로 모이라고 했다.
그는 이런 말로 말문을 열었다.

"나에게 임시 팀장을 맡긴다는 팀장님의 발표에, 모두들 실망감을 느꼈
을 거라는 생각이 드는데…, **그래도 우리가 지금까지 한 팀으로서 쌓아온
친밀감을 잃지 않기 위해서 이 문제에 대해 진솔하게 이야기할 필요가 있
다고 생각해. ('나'를 주어로 하는 말)** 이럴 때일수록 각자의 마음을 터놓고
이야기하는 것이 중요하다고 생각하는데, 내가 임시 팀장이 된 것에 대해
어떻게 생각하는지 모두들 솔직하게 말해주면 좋겠어."

아무도 말하지 않자 데이브가 말했다.

"채드, 먼저 이야기할래. 팀장님이 날 임시 팀장으로 뽑았을 때 어떤 기분이 들었어?"

채드는 불편한 듯 자세를 바꾸며 대답했다.

"우리 팀에 가장 최근에 합류한 멤버이긴 하지만 그래도 팀장님이 자네를 임시 팀장으로 선택한 이유를 이해하지 못하는 건 아니야. 다만 우리가 자네 업무까지 분담해야 한다는 건 공정하지 않다는 생각이 들었어."

데이브는 고개를 끄덕이며 말했다.

"나도 그건 충분히 이해해.(이해) 안젤라?"

"처음엔 오래 근무한 순서대로 해야 한다고 생각했어. 타냐가 여기서 가장 오래 근무했으니까. 하지만 가장 신경 쓰이는 건 그게 아니었어. 채드가 이야기했듯이, 우리가 처리해야 하는 업무도 이미 넘치는데, 여기서 어떻게 더 많은 일을 맡을 수 있겠어?"

데이브는 타냐에게 물었다.

"어떻게 생각해?"

"글쎄, 내가 여기서 가장 오래 근무했다고 해서 내가 임시 팀장이 되었어야 한다고 생각하지는 않아. 팀장님이 데이브를 선택한 것은 옳은 결정이라고 생각해. 어쨌든 우리 팀에서 가장 일을 잘하는 사람이잖아. 다만 불만이었던 것은, 채드와 안젤라가 말했듯이, 네 사람이 하던 일을 세 사람이 처리해야 한다는 것이었어."

3단계: 문제 정의하기

　갈등하는 당사자들의 입장을 자세히 들어보고 상황을 제대로 파악했다는 확신이 들면, 내가 문제를 어떻게 파악했는지 분명하게 진술하며 사람들의 동의를 구한다. 문제를 진술할 때는 '내가 보기에…'라는 말로 시작하여 사람들이 자유롭게 자신의 생각을 표현할 수 있도록 여지를 주어야 한다. 당사자들의 관점을 객관적인 태도로 인정하여 모든 사람의 의견을 존중한다는 것을 보여주어야 한다. 모두 동의할 수 있는 수준에서 문제를 규정해야 당사자들 사이에 혼란이 남지 않는다. 누구라도 의견을 밝히지 않은 사람이 있으면 안 된다. 다음과 같은 말로 의견을 말하도록 북돋을 수 있다.

　"○○ 씨는 이 문제에 대해 어떻게 생각하세요?"

　문제를 정의하지 않으면 모두 동의하는 해법을 찾을 수 없다. 당사자들의 의견을 모두 청취하고 이를 종합하여 내린 정의에 여전히 동의하지 않거나 혼란스러워하는 사람이 있는지 확인한다. 필요하다면, 한 단계 뒤로 거슬러 올라가 사람들이 모두 동의하는지 다시 확인한다. 모두 입장을 밝히게 하여 오해가 없도록 해야 한다. 중요한 것은 모든 사람의 의견을 수렴하여 문제를 정의한 뒤에야 다음 단계로 넘어갈 수 있다는 것이다.

● 기본적인 원칙

문제를 정의할 때 다음과 같이 행동하라.

- 정보를 충분히 수집했다고 생각되면, 자신의 관점으로 문제를 다시 진술한다. 그런 다음 다른 사람들에게 이러한 진술에 동의하는지 물어본다.
- 구체적으로 이렇게 말할 수 있다. "제가 보기에 문제는 …라고 생각합니다. 여러분은 이러한 문제 정의에 동의하시나요?"

문제를 정의하는 방식에 모두 동의해야만, 실행 가능한 해법을 찾는 다음 단계로 넘어갈 수 있다.

● **실생활에 적용하기**

데이브는 잠시 뜸을 들이며 어떻게 답을 할지 고민했다. 그리고 다음과 같이 말했다

"이렇게 자기 생각을 들려줘서 고마워. 어쨌든 내가 임시 팀장이 된 것을 지지해줘서 모두 고맙고, 또 앞으로 업무를 이끌어갈 방식에 대해 여러분이 어떤 걱정을 하는지 충분히 이해했어. 내가 여러분의 생각을 잘 이해한 것 맞지?"

데이브는 팀원들의 비언어적 신호를 유심히 관찰했다. 모두 동의하며 고개를 끄덕였다. 데이브가 문제를 이렇게 정리하고 나자, 팀원들 사이의 긴장이 풀리면서 분위기도 한결 부드러워졌다.

"여러분이 왜 그런 생각을 하게 되었는지 이제 분명히 알겠어.(이해) 이 문제에 대해선 나도 고민하고 있었어. 나는 이 문제를 우리가 함께 해결하

고 다시 힘을 합쳐 일할 수 있을 거라고 믿어. 궁극적으로 팀장님이 휴가를 마치고 돌아왔을 때, 우리가 늘 그랬던 것처럼 끈끈한 팀워크를 보여주고 싶어."

4단계: 최선의 해법 제안하기

상황에 대해 생각해보는 것을 시작으로, 열린 마음으로 논의하고 최대한 객관적으로 상황을 정의했다. 질문하고, 답변을 듣고, 적절하게 대응함으로써 문제를 더 깊이 이해하기 위한 노력도 했다. 당사자들이 문제를 어떻게 바라보는지 들어보고 그들의 입장을 고려하여 문제를 다시 정의했으며, 이에 대해 모든 이들의 동의를 얻었다. 이제 모두 동의할 수 있는 해법을 찾아야 할 시간이다.

먼저 당신이 생각하는 최선의 해법을 제시하는 것이 좋다. 그런 다음 사람들이 이에 대해 동의하는지 묻는다. 동의하지 않는다면 대안을 제시하도록 한다. 사람들이 동의하지 않더라도 유연하고 협조적인 태도를 잃어서는 안 된다. 당사자들끼리 협력하도록 장려하라. 사람들이 기꺼이 협력하고자 할 경우 갈등 해결은 생산적인 발판이 될 수 있지만, 누구 하나라도 불만이 있는 상태에서는 문제가 다시 불거질 가능성이 높다.

해법을 제시할 때는 누구나 스스럼없이 의견을 제시할 수 있도록 해야 하지만, 논의가 목적에서 벗어나지 않도록 중심을 잡아주는 것이 중요하다. 이 자리는 누가 옳고 그른지 판정하는 자리가 아니다. 이렇게 말하는 것이 도움이 될 수 있다.

"다른 사람의 관점을 존중합시다. 자기 생각만 고집하지 말고 유연하게 협력하고, 타협하고자 하는 태도로 논의에 임합시다."

논의가 남에 대한 비난으로 치닫는다고 여겨질 때는 예의를 갖춰 개입해야 한다. 이 자리의 목적은 잘잘못을 따지는 것이 아니라, 모두 동의할 수 있는 해법을 찾는 것이라고 단호하게 말한다. 모든 사람이 의견을 충분히 제시하고 나면 지금까지 나온 제안의 결과를 객관적으로 분석한다. 이렇게 하면 모든 사람이 당면한 문제에 집중할 수 있으며, 논의는 해법을 찾는 길로 나아갈 수 있다.

물론 현실에서는 내가 어떤 사람과 갈등을 겪는 경우가 많다. 이렇게 일대일 갈등 상황에서는 최선이라고 생각하는 해법을 내가 먼저 제시하고, 상대방에게 동의하는지 물으면 된다. 상대방이 동의하지 않는다면 대안을 제시해달라고 한 뒤, 무엇이 최선인지 논의한다.

이 단계에서는 서로 차이를 인정하고 상대방의 관점을 존중하는 것이 중요하다. 서로 동의하는 부분을 찾아낼 수 있다면, 해법으로 좀 더 가까이 나아갈 수 있다. 비언어적 단서를 유심히 관찰하면, 상대방이 해법을 통해 무엇을 얻고자 하는지 좀 더 파악할 수 있다. 동의할 지점을 찾을 수 없는 경우에는 절충안을 제시하여 조금씩 양보해야 한다. 이렇게 타협할 의향이 있다는 것을 보여주면 상대방도 조금 양보할 마음이 생길 것이고, 서로 동의할 수 있는 최종 결과를 찾아나가는 협상을 계속 이어나갈 수 있다.

다른 사람들의 갈등에 끼어들어 해법을 도출할 수 있도록 인도하며 논의를 촉진하는 중재 역할을 할 때는, 객관성을 유지하는 것이 중요하다. 언제든 누군가의 감정에 끌려갈 수 있다는 점을 이해하고 경계해야 한다. 사람들의 의견을 들을 때는 반드시 긍정적인 말로 응대해야 한다.

"그거 좋은 생각 같아요."

"모두들 해법을 찾기 위해 열심히 노력하시는 모습을 보니 기분이 좋습니다."

"그렇게 말씀해주시니 정말 고맙습니다."

이러한 긍정적인 반응은 논의를 생산적으로 만들어주고, 계속 전진해나갈 수 있도록 도와준다. 논의 과정에 모두 참여할 수 있도록 하면, 사람들은 스스로 중요한 작업에 일조하고 있다고 자각하며, 따라서 이 논의를 성공시키고자 하는 열의를 자발적으로 느끼게 된다.

갈등 해결을 위한 논의를 진행하다 보면, 잠시 회의를 중단하고 모든 당사자들이 무엇이 최선인지 따져볼 수 있는 시간을 주어야 할 때도 있다. 감정이 격해지거나 사람들이 타협하지 않으려는 경우에도, 회의를 잠시 중단하여 모두 마음을 가라앉힐 시간을 주어야 한다. 다음 회의 일정이 잡힐 때까지, 당사자들이 모두 동의할 수 있는 최선의 방안이 무엇일지 객관적으로 따져보라고 말한다. 몇 차례 회의에서도 여전히 해법에 도달하지 못하는 경우에는, 객관적으로 중재하고 최종 판결을 내릴 수 있는 권한을 가진 사람에게 개입해달라고 요청할 수도 있다.

생각해보자

갈등을 해결하는 중재 역할을 맡았을 때는, 다음과 같은 토론 규칙부터 먼저 공표하는 것이 좋다.

- 인신공격 금지
- 상대방을 자극하는 말 금지
- 무례한 말 금지

이러한 기본적인 규칙을 먼저 환기시켜, 중재자가 문제 해결에만 초점을 맞추고 있다는 사실을 당사자들에게 일깨워줄 수 있다.

● **기본적인 원칙**

최선의 해법을 제시할 때는 다음과 같이 행동하라.

– 최선의 해법을 제시한 다음 상대방이나 당사자들이 동의하는지 묻는다.
– 모두 동의할 때에만 마지막 단계로 넘어갈 수 있다.
– 동의하지 않는 사람이 있다면 대안을 제시하라고 요청한다.

- 당사자 모두 해법을 제안할 수 있도록 한다.

- 개별 제안의 결과를 분석한다.

- 모든 사람의 의견을 존중한다.

- 최선의 해법을 찾는 데 집중한다.

- 남 탓을 하거나 잘잘못을 따지는 자리가 아니라는 것을 강조한다.

- 서로 동의할 수 있는 공통점을 찾기 위해 노력한다.

- 쌍방 협상안을 준비하라. 타협안을 제시할 줄 알아야 한다.

- 다른 사람들의 갈등을 중재하는 역할을 맡았을 때는 객관성을 유지하라.

- 논의가 지지부진할 경우, 회의를 연기하여 모두 감정을 가라앉히고 상황을 객관적으로 바라볼 수 있는 시간을 갖게 한다. 자신의 힘으로 타협에 도달할 수 없는 경우에는 더 큰 권한을 가진 사람을 회의에 참여시켜 갈등을 중재하라.

● **실생활에 적용하기**

데이브는 계속 말을 이어나갔다.

"이 문제에 대해 함께 이야기하고 모두 동의할 수 있는 해법을 찾아보자. 내가 팀장 업무를 맡아서 해야 하니까, 일단 내가 하던 일은 여러분이 나눠서 맡아주면 좋겠어. 하지만 시간이 남는 대로 원래 내가 하던 업무를 처리하도록 할게. 그러면 여러분의 업무량을 좀 덜어줄 수 있잖아? 어떻게 생각해?"(타협)

말이 끝나자마자 타냐가 말했다.

"원래 하던 일을 하면서 팀장 업무를 하기 힘들다는 건 알겠지만, 그래도 매일 어느 정도 업무를 분담할 건지 약속해줄 수 있어?"

채드가 맞장구쳤다.

"그렇게 해준다면 큰 도움이 될 것 같아. 오전에는 팀장 업무를 하고 오후에는 자기 일을 한다든가."

안젤라도 덧붙였다.

"아니면 아침마다 그날 업무를 어떻게 분담할지 정해도 괜찮을 거 같아. 우리 셋이 더 많은 일을 할 수 있겠지만, 그래도 필요할 때 도움을 준다면 문제를 좀 더 쉽게 해결할 수 있겠지."

"이렇게 각자 의견을 들려줘서 고마워. 팀장님이 나에게 맡긴 업무는 물론 내가 다 처리하겠지만, 우리가 처리해야 할 업무도 최대한 함께 하도록 노력할게. 채드, 오후에는 내 일을 하면 좋겠지만, 처리해야 할 일이 너무 많아서 매일 그렇게 할 수 있을지는 모르겠어. 안젤라, 매일 아침 잠깐씩 모여서 하루 일정을 공유하고 각자 업무를 어떻게 분담할지 결정하는 건 좋은 아이디어인 거 같아. 채드, 타냐, 어떻게 생각해?"(타협과 절충)

타냐가 미소를 지으며 고개를 끄덕였다. 채드가 말했다.

"마음에 들어."

5단계: 합의 이끌어내기

4단계 타협에서는 갈등 당사자들 사이에 몇 문장을 짧게 주고받는 것으로 신속하게 처리할 수 있다. 물론 갈등의 골이 깊거나 문제가 복잡할 때는 여러 번 회의를 거쳐야만 해법에 도달할 수 있을 것이다. 해법을 찾는 과정은 문제에 따라, 갈등 당사자들에 따라, 협력하고자 하는 사람들의 의지에 따라 달라질 것이다. 해법은 합의를 통해서, 투표를 통해서, 또는 누군가에게 판결을 위임함으로써 찾을 수 있다.

물론 가장 좋은 방법은 합의하는 것이다. 모든 사람들이 자신의 의견을 내놓고, 자신만의 의견을 고집하기보다는 유연하게 타협하는 것이다. 하지만 타협점을 찾지 못하는 경우가 많다. 해법에 동의하지 않는 사람이 있기 마련이다. 그런 경우에는, 동의하지 않는 사람에게 최종 해법을 받아들일 수 있는지, 그 해법에 따를 수 있는지 묻는다.

합의에 도달하지 못할 때는 다른 방법을 찾아야 할 것이다. 민주주의 의사결정 방법, 즉 투표를 통해 다수결로 결정하는 것이다. 갈등의 당사자가 매우 많아서 모든 사람이 동의하는 것이 어려운 상황에서는 투표가 가장 최선일 것이다. 합의만큼 효과적이지는 않겠지만, 여전히 투표 결과에 동의하지 못하는 사람들에게 다수가 왜 이런 해법이 최선이라고 선택했는지 설명해야 한다. 집단이 결정을 내렸을 때, 어떤 맥락에서 그런 결정이 나왔는지 이해하면 사람들은 대부분 수긍한다.

더 나아가, 문제가 너무 심각해서 당사자 사이에 합의는커녕 소통조차 불가능한 경우에는 자신이 가진 권한을 활용하여 결론 내려야 하는 상황에 처할 수도 있다. 이렇게 해법을 혼자 결정할 때는, 모든 사람들의 의견을 청취했으며 그러한 의견을 고려하여 찾아낸 최선의 해법이라는 것을 반드시 알려야 한다. 그럴 때는 다음과 같이 말할 수 있다.

"여러분의 의견을 모두 들었으며 그러한 의견들을 수렴하여, 최종적으로 제가 문제를 매듭짓고자 합니다. 제가 내린 결론은…"

이렇게 결정을 내릴 때에도 왜 그러한 결정을 할 수밖에 없었는지 자세히 설명하고, 이에 대해 모든 이들이 납득한다는 것을 확인받아야 한다.

어떤 방식으로 갈등을 해결하든, 결론을 정리하여 당사자들 앞에서 정확하게 진술하고 이에 대해 모두 수긍하도록 하는 것이 중요하다. 결론에 대해 사람들이 추가적으로 의견을 낼 수 있는 기회를 주어야 한다. 어쨌든 갈등을 해소하는 유일한 방법은, 모든 사람이 최종 결정에 동의하도록 하는 것이다. 열린 마음으로 상황에 접근하고, 더 깊이 이해하기 위해 사실을 확인하고, 모든 사람들의 입장을 반영하여 문제를 정의하고, 최선의 해법에 도달하기 위해 협상하고, 해법에 모두 동의할 수 있도록 이끌 때만이, 구성원들은 자신감을 가지고 앞으로 나아갈 수 있고, 팀워크도 더욱 돈독해질 것이다.

❗ 생각해보자

현실에서 우리가 마주하는 갈등은 대부분 나와 다른 사람 사이에서 벌어지는 1대1 상황이다. 이런 상황에서는 실행 가능한 해법에 도달하기 위해 대개 더 많은 것을 양보하고 타협해야 한다. 하지만 갈등 상황은 이기고 지는 게임이 아니라는 것을 명심하라. 개방적이고 유연한 태도로 상대방의 관점을 존중하고, 당사자 모두 납득할 수 있는 최선의 해법을 찾는 것이 목적이다. 내 입장이나 생각을 어느 정도는 굽혀야 할 수도 있다는 뜻이다.

● 기본적인 원칙

합의를 이끌어낼 때는 다음과 같이 행동하라.

- 해법은 합의, 투표 혹은 누군가에게 판결을 위임함으로써 찾을 수 있다.
- 당사자들이 모두 동의하는 합의로 결론을 내는 것이 가장 바람직하다.
- 다수결로 결정해야 하는 경우, 다수가 왜 이런 해법을 선택했는지 설명해야 한다.
- 자신이 가진 권한을 활용하여 결론을 내려야 하는 경우, 모든 사람들의 의견을 청취했으며 그러한 의견을 고려하여 찾아낸 최선의 해법이라는 것을 반드시 알려야 한다. 또 왜 그러한 결정을 내릴 수밖에 없었는지 자세히 설명해야 한다.

‒ 결론이 나면 그것을 당사자들 앞에서 정확하게 진술한 뒤, 사람들에게 추가

  적으로 의견을 낼 수 있는 기회를 주어야 한다.

● **실생활에 적용하기**

모두 동의하는 해법을 이끌어냈다는 사실에 데이브는 기분이 좋았다.

"모두 동의하는 결론을 이끌어내니 기분이 좋네. 그러면 내일 아침부터

일과를 시작하기 전에 이곳에 모여서 일정을 공유하고, 계획하고, 서로 도

움을 줄 수 있는 방법을 함께 결정하자. 열심히 일하겠다는 여러분의 의지

가 정말 고마워. 나도 열심히 일하겠다고 약속할게."(최종 확인)

데이브는 마지막으로 덧붙였다.

"이렇게 이야기를 나눌 수 있어서 정말 기뻐. 우리는 원래 팀워크가 좋

았지만, 앞으로는 훨씬 더 강해질 것 같아."(관계 복원)

갈등 해결: 올바른 방법

데이브, 타냐, 채드, 안젤라는 끈끈한 팀워크를 자랑하는 동료들이다. 지

금까지 어떤 문제가 발생하든 함께 해결해왔다. 이번에는 팀장이 한 달간

돌봄휴가를 떠나면서 데이브에게 임시 팀장 역할을 맡아달라고 부탁했다.

사실 데이브는 가장 최근 팀에 합류한 사람이었기에, 자신이 임시 팀장으

로 선택되었다는 사실에 상당한 자부심을 느꼈다. 그동안 자신이 보여준 강력한 리더십, 업무에 대한 지식, 팀에서 해결사 역할을 하는 자신의 역량에 대한 신뢰에서 그러한 결정이 나왔을 것이라고 확신했다.

팀장이 주재하는 마지막 회의에서 데이브에게 임시 팀장 역할을 맡긴다는 발표가 나오는 순간, 동료들의 표정에는 미묘한 변화가 스며들기 시작했다. 회의 중에 타냐는 고개를 숙인 채 아무 말도 하지 않았다. 채드의 표정은 굳어졌고, 천천히 고개를 끄덕였다. 안젤라는 눈썹을 치켜든 채 기분이 좋지 않은 표정을 지었다. 회의가 끝난 뒤, 세 명이 모여서 자신들끼리 무언가 이야기했다. 데이브가 다가가자 그들은 갑자기 대화를 중간에 멈췄다. 데이브는 자신이 임시 팀장으로 뽑혔다는 사실 때문에 그들이 화가 났다는 것을 알았다. 자신이 리더가 된 것을 동료들이 달가워하지 않는다는 사실에 데이브는 상처를 받았다. 하지만 효율적이고 효과적인 팀워크를 계속 유지하기 위해서는 문제가 커지기 전에 동료들과 대화를 나누고 해결해야 한다고 생각했다.

먼저, 그는 개개인의 성격을 고려하여 그들이 어떤 식으로 대응할지 생각했다. 최대한 객관적인 관점에서 다양한 시나리오를 머릿속에서 그려보았다. 그리고 이야기를 어떻게 시작할지, 또 어떻게 진행하고, 문제를 해결할지 구상했다.

데이브는 동료들에게 이야기할 것이 있으니 회의실로 모이라고 했다. 그는 이런 말로 말문을 열었다.

"나에게 임시 팀장을 맡긴다는 팀장님의 발표에, 모두들 실망감을 느꼈을 거라는 생각이 드는데… **그래도 우리가 지금까지 한 팀으로서 쌓아온 친밀감을 잃지 않기 위해서, 이 문제에 대해 진솔하게 이야기할 필요가 있다고 생각해. ('나'를 주어로 하는 말)** 이럴 때일수록 각자의 마음을 터놓고 이야기하는 것이 중요하다고 생각하는데, 내가 임시 팀장이 된 것에 대해 어떻게 생각하는지 모두들 솔직하게 말해주면 좋겠어."

아무도 말하지 않자 데이브가 말했다.

"채드, 먼저 이야기할래. 팀장님이 날 임시 팀장으로 뽑았을 때 어떤 기분이 들었어?"

채드는 불편한 듯 자세를 바꾸며 대답했다.

"우리 팀에 가장 최근에 합류한 멤버이긴 하지만 그래도 팀장님이 자네를 임시 팀장으로 선택한 이유를 이해하지 못하는 건 아니야. 다만 우리가 자네 업무까지 분담해야 한다는 건 공정하지 않다는 생각이 들었어."

데이브는 고개를 끄덕이며 말했다.

"**나도 그건 충분히 이해해.(이해)** 안젤라?"

"처음엔 오래 근무한 순서대로 해야 한다고 생각했어. 타냐가 여기서 가장 오래 근무했으니까. 하지만 가장 신경쓰이는 건 그게 아니었어. 채드가 이야기했듯이, 우리가 처리하는 업무도 이미 넘치는데, 여기서 어떻게 더 많은 일을 맡을 수 있겠어?"

데이브는 타냐에게 물었다.

"어떻게 생각해?"

"글쎄, 내가 여기서 가장 오래 근무했다고 해서 내가 임시 팀장이 되었어야 한다고 생각하지는 않아. 팀장님이 데이브를 선택한 것은 옳은 결정이라고 생각해. 어쨌든 우리 팀에서 가장 일을 잘하는 사람이잖아. 다만 불만이었던 것은, 채드와 안젤라가 말했듯이, 네 사람이 하던 일을 세 사람이 처리해야 한다는 것이었어."

데이브는 잠시 뜸을 들이며 어떻게 답을 할지 고민했다. 그리고 다음과 같이 말했다

"이렇게 자기 생각을 말해줘서 고마워. 어쨌든 내가 임시 팀장이 된 것을 지지해준 것도 모두 고맙고, 또 앞으로 업무를 이끌어갈 방식에 대해 여러분이 어떤 걱정을 하는지 충분히 이해했어. 내가 여러분의 생각을 잘 이해한 것 맞지?"

데이브는 팀원들의 비언어적 신호를 유심히 관찰했다. 모두 동의하며 고개를 끄덕였다. 데이브가 문제를 이렇게 정리하고 나자, 팀원들 사이의 긴장이 풀리면서 분위기도 한결 부드러워졌다.

"여러분이 왜 그런 생각을 하게 되었는지 이제 분명히 알겠어.(이해) 이 문제에 대해선 나도 고민하고 있었어. 나는 이 문제를 우리 함께 해결하고 다시 힘을 합쳐 일할 수 있을 것이라고 믿어. 궁극적으로 팀장님이 휴가를 마치고 돌아왔을 때, 우리가 늘 그랬던 것처럼 끈끈한 팀워크를 보여주고 싶어."

데이브는 계속 말을 이어나갔다.

"이 문제에 대해 함께 이야기하고 모두 동의할 수 있는 해법을 찾아보자. 내가 팀장 업무를 맡아서 해야 하니까, 일단 내가 하던 일은 세 사람이 나눠서 맡아주면 좋겠어. 하지만 시간이 남는 대로 원래 내가 하던 업무를 처리하도록 할게. 그러면 여러분의 업무량을 좀 덜어줄 수 있잖아? 어떻게 생각해?"(타협)

말이 끝나자마자 타냐가 말했다.

"원래 하던 일을 하면서 팀장 업무를 하기 힘들다는 건 알겠지만, 그래도 매일 어느 정도 업무를 분담할 건지 약속해줄 수 있어?"

채드가 맞장구쳤다.

"그렇게 해준다면 큰 도움이 될 것 같아. 오전에는 팀장 업무를 하고 오후에는 자기 일을 한다든가."

안젤라도 덧붙였다.

"아니면 아침마다 그날 업무를 어떻게 분담할지 정해도 괜찮을 거 같아. 우리 셋이 더 많은 일을 할 수 있겠지만, 그래도 필요할 때 도움을 준다면 문제를 좀 더 쉽게 해결할 수 있겠지."

"이렇게 각자 의견을 말해줘서 고마워. 팀장님이 나에게 맡긴 업무는 물론 내가 다 처리하겠지만, 우리가 처리해야 할 업무도 최대한 함께 하도록 노력할게. 채드, 오후에는 내 일을 하면 좋겠지만, 처리해야 할 일이 너무 많아서 매일 그렇게 할 수 있을지는 모르겠어. 안젤라, 매일 아침 잠깐씩 모여서 하루 일정을 공유하고 각자 업무를 어떻게 분담할지 결정하는 건 좋은 아이디어인 거 같아. 채드, 타냐, 어떻게 생각해?"(타협과 절충)

타냐가 미소를 지으며 고개를 끄덕였다. 채드가 말했다.

"마음에 들어."

모두 동의하는 해법을 이끌어냈다는 사실에 데이브는 기분이 좋았다.

"모두 동의하는 결론을 이끌어내니 기분이 좋네. 그러면 내일 아침부터 일과를 시작하기 전에 이곳에 모여서 일정을 공유하고 계획하고, 서로 도움을 줄 수 있는 방법을 함께 결정하자. 열심히 일하겠다는 의지를 보여줘서 고맙고, 나도 열심히 일하겠다고 약속할게."(최종 확인)

데이브는 마지막으로 덧붙였다.

"이렇게 이야기를 나눌 수 있어서 정말 기뻐. 우리는 원래 팀워크가 좋았지만, 앞으로는 훨씬 더 강해질 것 같아."(관계 복원)

이러한 접근 방식이 효과가 있는 이유

시간을 들여 회의를 계획했기에 데이브는 5단계 프로세스를 차질 없이 진행할 수 있었다. 처음에는 상처받은 기분이 들었지만, 자신의 감정을 제쳐두고 무엇이 문제인지 생각한 다음, 동료들이 이 상황을 어떻게 바라보고 있을지 집중했다. 그런 다음, 그는 동료들을 한자리에 모아서 어떤 불만이 있는지 물었다. 그는 귀 기울여 들었고, 비언어적 신호를 눈여겨보았다. 이러한 과정에서 문제를 정의하고 사람들의 의견을 모아나갔다. 이를 바탕으로 데이브는 먼저 자신이 생각하는 해법을 제시했고, 채드, 안젤라, 타냐에게도 각자 해법을 제시해보라고 독려했다. 비교적 간단하게 해결할 수 있는 문제였기에 데이브는 동료들의 제안을 빠르게 정리하고 분석할 수 있었고, 그러한 제안들을 반영하여 최선이라고 생각하는 해법을 제시했다.

유연한 태도를 유지하며, 절충안을 제시함으로써 데이브는 모두 동의하는 해법을 제시할 수 있었다. 또한 회의를 진행하는 과정에서 열쇳말을 적절하게 활용했다. 상대방의 마음을 이해하고 있다는 것을 알려주고, 타협점을 찾고, 합의 내용을 확인하고, 관계를 회복하는 말을 했다. 덕분에 동료들은 끈끈한 팀워크를 계속 유지하고 싶다는 의욕이 더욱 높아졌고, 문제를 함께 논의하여 해결했기에, 서로 긴밀한 관계를 계속 유지할 수 있을 것이다.

4

까다로운 동료들 속에서
살아남기

함께 일을 해야 하는 사람이 짜증을 잘 내거나 화를 북돋거나 여러모로 성가시게 한다면? 기분을 상하게 만드는 말이나 행동을 계속 하거나, 특이한 습관으로 자꾸만 신경에 거슬린다면? 이러한 난감한 상황을 헤쳐 나가는 데에도 갈등 해결 기술은 매우 큰 도움이 된다.

갈등 해결 기술로 무장하면, 어떠한 기이한 사람을 만나도 쉽게 헤쳐 나갈 수 있다. 직장에서 어떤 사람과도 문제없이 지낼 수 있다. 여기에 1장에서 설명한 갈등 해결 열쇳말과 2장에서 설명한 비언어적 요소를 적절하게 활용하면 의사소통 능력은 더욱 극대화될 것이다.

여기서는 동료들의 행동 때문에 직장에서 맞이할 수 있는 난감한 상황 20가지를 보여주고, 앞에서 설명한 갈등 해결 5단계 프로세스를 활용한 해결 방법을 설명한다. 앞에서 본 것과 마찬가지로 대화마다 어떤 열쇳말이 사용되는지 표시해놓았다. 좀 더 특별한 상황에 적용할 수 있는 팁은 '생각해보자' 코너에서 설명한다. 실제 직장에서 마주칠 수 있는 다양한 상황에 갈등 해결 5단계 프로세스를 적용하면서, 어떤 난감한 상황에 처하더라도 해결할 수 있다는 자신감을 얻기 바란다.

갈등이 발생했을 때 기본규칙

어떤 문제를 놓고 동료와 의견이 충돌할 때는, 사람이 아닌 상황에 초점을 맞추는 것이 언제나 최선이다. 좀 더 원활하게 소통하기 위해서는, 상황을 보는 나의 관점이 어떻게 다른지 설명하고, 상대방의 공격적 태도가 어떻게 느껴지는지 이야기하고, 그래도 여전히 열린 태도를 유지하겠다는 의지를 보여줘야 한다. 긴장하지 말고 개방적인 태도를 유지하면서, 대화에 맞는 얼굴 표정을 지으며, 차분하고 자신감 있게 말하면 자신의 감정을 정확하게 전달하는 데 도움이 될 것이다. 이러한 접근 방식을 통해 갈등은 상당 부분 해결될 것이며, 팀원들은 더욱 돈독해질 것이다.

구체적인 대응방법을 설명하기에 앞서, 갈등을 해결하고자 할 때 기억해야 할 몇 가지 기본규칙을 제시한다.

- 상대방이 무슨 말을 하든 침착함을 잃지 않는다.

- 상대방을 늘 존중한다.

- 과장하여 반응하지 않는다.

- 가능한 한 관망하는 자세를 취한다.

- 중립적인 사람의 시선으로 상황을 바라본다. (물론 이런 태도가 갈등 해결에 도움이 되지 않는 예외적인 경우도 있다.)

- 언제나 구체적으로 이야기하라. 적절한 예시와 사례를 준비하라.

- 사람을 바꾸려 하지 말고 행동을 바꾸는 데 초점을 맞춘다.

- 뒤에서 다른 사람을 흉보거나 불평하지 않는다.

- 모든 갈등을 해소해야 하는 것은 아니다. 해결 방법을 잘 알고 있다고 해도 내가 개입해야 할 이유가 없다면 무시한다.

- 문제를 무시하는 것이 최선의 선택일 때도 있다. 특히 상대방의 단순한 습관이 갈등의 원인인 경우에는 무신경해지는 법을 습득하라.

- 잘못된 상황을 스스로 바로잡을 수 있는 기회를 반드시 주어라. 상대방에게 문제를 알리지도 않고 바로 그 사람의 상사를 찾아가 불평하면 안 된다.

- 직접 대화를 통해 갈등을 해결하려고 노력했음에도 풀리지 않는 경우에만 상사를 찾아가 보고한다.

- 대화가 격해지거나 위협을 느끼는 경우에는 바로 대화를 끊고 제3자에게 중재를 요청한다.

이 장에서 살펴볼 상황들은 두 직원 사이에 발생하는 갈등을 다룬다. 하지만 여기서 제시하는 갈등 해결 방법은, 내가 갈등의 당사자일 때는 물론, 다른 사람들의 갈등을 중재할 때에도 손쉽게 적용할 수 있다. 또한 집단 내에 어느 한 사람으로 인해 갈등이 발생했을 때에도 적용할 수 있다. 한 명 대 여러 명이 대립할 때에는, 한 사람이 대표하여 그 사람과 1대1로 대화하는 것이 좋다. 여러 사람이 한꺼번에 나서서 그 사람과 대화에 나설 경우, 집단적으로 자신을 공격한다고 생각하여 방어적인 태도를 취하며 입을 닫아버릴 확률이 높기 때문이다.

뒷담화하는 사람을 대하는 법

아만다와 비키는 지난 2주 동안 프로젝트를 함께 진행하면서 친해졌다. 두 사람은 직장동료 이상으로 가까워졌고, 아만다는 비키를 가까운 친구로 여기기 시작했다. 비키는 아만다에게 자기들만큼 뛰어난 직원은 없다고 으스대면서 다른 사람들은 멍청하기 그지없다고 흉을 보았다. 아만다는 남을 험담하는 사람은 아니었지만, 비키가 남들 뒷담화를 할 때 맞장구를 쳐줄 수밖에 없었다.

그런데 아만다는 다른 직원에게서 뜻밖의 소식을 들었다. 비키가 자신에 대해 험담을 했다는 것이다. 업무 능력도 수준 이하이고 자기가 할 일도 다하지 않는다고 말했다는 것이다. 아만다는 너무 당황스러웠다. 비키가 자기 앞에서 우리처럼 일을 잘하는 사람이 없다고 말한 적이 한두 번도 아니고, 프로젝트 협업도 아무 문제 없이 진행되고 있었는데 왜 그런 말을 했을까? 왜 자신의 뒤통수를 치는지 이해할 수 없었다.

다른 사람에 대해 험담하는 사람은 나에 대해서도 험담할 가능성이 높다. 다른 사람을 깎아내리는 행동은 대개 자신이 더 나은 사람, 더 중요한 사람, 더 똑똑한 사람이라는 것을 남에게 보여주기 위해, 또 그런 만족감을 느끼기 위해 하는 것이다. 또한 아만다와 마찬가지로 남의 험담을 듣는 것을 즐기는 사람들 역시, 머지않아 그 사람이 다른 자리에 가서 자신에 대해 험담한다는 말을 듣게 될 것이다. 뒷담화는 남을 속이는 행동일 뿐만 아니라 내가 통제할 수 없는 일이기 때문에, 그 분노와 배신감은 이루 말할 수 없이 크다. 그 사람이 나에 대해 무슨 말을 하고 다녔는지 궁금하기에 계속 생각하게 만들고, 그럴수록 화가 치밀어 오른다.

뒷담화의 피해자가 되지 않는 가장 좋은 방법은, 스스로 남에 대해 부정적인 말을 하지 않는 것이고, 또 남에 대해 험담하는 대화에 끼어들지 않는 것이다. 뒷담화 게임에는 아예 발을 들여놓지 마라.

물론 그렇게 한다고 하더라도, 누군가는 나에 대해 험담을 할 것이고, 그런 이야기가 돌고 돌아 내 귀에 들려올 수 있다. 그럴 때는 어떻게 해야 할까? 나를 험담한 사람에 대해 똑같이 험담을 할까? 그를 찾아가 시원하게 복수를 할까?

아무 말도, 아무 행동도 하지 마라. 감정이 완전히 가라앉을 때까지 기다려라. 그런 다음 험담한 사람을 직접 찾아가, 전해들은 내용에 대해 이야기하고 해명할 기회를 주어라. 그렇게 하면 앞으로 이 사람은 나에 대해 또다시 험담하기는 어려울 것이다.

아만다는 친구라고 생각했던 비키가 자신에 대해 험담을 했다는 이야기를 듣고 상처받았다. 그녀는 즉시 비키에게 달려가 화를 내고 싶었지만 그러지 못했다.

● 1단계: 먼저 생각하기

아만다는 시간을 갖고 마음을 진정시켰다. 이성적으로 생각할 수 있는 여유를 찾고 나서, 비키와 껄끄러운 대화를 어떻게 할 것인지 생각했다. 처음에는 비키와 이런 대화를 한다는 것이 겁났지만, 여러 가지 시나리오를 짜보면서 자신감이 생겼다. 또한 대화를 할 때 당당하고 확고한 태도를 취해야 한다고 생각했다. 그렇지 않으면 오히려 대화 과정에서 비키에게 휩쓸릴 수 있기 때문이다. 대화할 때 그녀의 시선을 똑바로 봐야 한다는 것도 잊지 않았다.

● 2단계: 좀 더 깊이 이해하기

"비키, 어떤 사람에게서 들었는데, 내가 업무 능력도 수준 이하고 자기가 할 일도 제대로 하지 않는다고 말했다고 하던데. **나는 그 이야기를 듣고 정말 놀랐어. 무엇보다도 비키가 나에 대해서 그런 식으로 말했다는 걸 알고 정말 상처받았어."**('나'로 시작하는 표현)

비키는 어색하게 표정을 바꾸더니 고개를 숙였다. 상황을 빠져나갈 궁리를 하는 것 같았다. 그녀가 물었다.

"누가 그래?"

아만다는 이런 질문이 나올 것을 미리 예상하고 있었다. 대화의 초점을 흐트리지 않기 위해서 이렇게 대답했다.

"누가 말했는지는 중요하지 않아. 중요한 건, 네가 그런 말을 했다는 것이지. 나랑 일하는 것에 대해서 진심으로 그렇게 생각하는 거야?"

비키는 잡아뗐다.

"아니야. 난 정말 그런 말 한 적 없어. 그런 말을 했다면 그냥 농담이었을 거야."

● 3단계: 문제 정의하기

"그러니까 나에 대해서 그런 농담을 한 적은 있다는 말이네?"

아만다가 물었다.

"그럴 수도 있겠지만… 그런 말을 했는지 전혀 기억이 나지 않아."

"그래, 농담으로 말했을 수도 있겠지. **하지만 농담이었다고 해도 나는 속상해. 그 말을 들은 사람은 그걸 농담으로 받아들이지 않았거든.('나'를 주어로 하는 표현) 네가 일 잘하고 똑똑하다는 건 나도 알아.(이해)** 하지만 나도 뒤처지지 않아. 앞으로 나랑 계속 일할 생각이라면, 나에 대해 농담 같은 거 하지 말아줬으면 좋겠어. 어쨌든 프로젝트에 우리가 동등하게 기여하고 있다는 거 잘 알잖아."

아만다는, 대화 주제를 엉뚱한 곳으로 돌리려고 하는 비키에게 휘둘리지 않고 대화를 주도적으로 이끌어나가는 자신의 모습이 자랑스럽게 느껴졌다.

"그 이야기를 듣고 내가 왜 속이 상했는지 이해하겠지?"

비키가 대답했다.

"알았어. 내가 그런 말을 했다면, 정말 미안해."

● 4단계: 최선의 해법 제안하기

"어쨌든 사과를 하니 고마워. 그리고 앞으로는 **나에게 불만이 있거나 하고 싶은 이야기가 있으면 남들 앞에서 농담하지 말고 나에게 직접 이야기해 주면 고맙겠어.(타협)**"

아만다는 물러서지 않고 해법을 분명하게 전달했다. 비키는 한결 안심하는 것 같았다.

"알았어. 앞으로는 그렇게 할게."

● 5단계: 합의 이끌어내기

아만다는 마지막으로 이렇게 말했다.

"좋아.(최종 확인) 나는 너랑 함께 일할 수 있어서 좋아. 좋은 동료로서 우리 관계가 계속 유지될 수 있으면 좋겠어."(관계 회복)

● 이러한 접근 방식이 효과가 있는 이유

감정이 정리되지 않은 상태에서 비키를 만났다면 대화가 순조롭게 진행되지 않았을 것이다. 아만다는 마음을 진정시키고 난 뒤, 상황을 좀 더 객관적으로 바라볼 수 있었다. 그녀는 자신이 들은 내용을 그대로 이야기한 뒤, 비키에게 해명할 수 있는 시간을 주었다. 비키는 누구한테 그런 말을 들었는지 물음으로써 대화의 초점을 바꾸려고 시도했으나, 아만다는 거기에 끌려들지 않았다. 아만다는 대화를 진행하는 동안 단호하면서도 차분한 태도를 잃지 않았으며, 결국 문제를 만족스럽게 해결할 수 있었다.

아만다는 이번 사건을 통해 남에 대해 험담을 하는 사람들에 대한 귀중한 교훈을 얻었다. 지금까지는 비키가 남들 뒷담화를 할 때 맞장구를 쳐주었지만, 앞으로는 단호하게 그런 이야기는 듣고 싶지 않다고 거절하기로 마음먹었다.

누군가 남에 대한 험담을 늘어놓는다면, 조심해야 한다. 그 사람 말에 맞장구를 쳐주는 것만으로도, 뒷담화하는 사람이라는 소문이 퍼질 수 있다. 그럴 때 가장 좋은 선택은, 아무 말도 하지 않는 것이다. 누군가 험담을 늘어놓는다면, 절대 동조해서는 안 된다. 험담의 대상이 되는 사람을 옹호하는 말을 하고 싶지 않다면, 무조건 중립을 지켜라.

● 기본적인 원칙

뒷담화하는 사람을 상대할 때는 다음과 같이 행동하라.

- 험담하는 말에 동조하는 순간, 함정에 빠질 수 있다. 절대 동조하지 마라.
- 누군가 나를 험담했다는 사실을 알게 되었을 때, 화가 나고 분노하기 마련이다. 하지만 절대 감정적인 상태에서 그 사람을 대면해서는 안 된다.
- 대신 그 사람과 만나 어떻게 대화할지 계획을 세운다.
- 마음이 가라앉을 때까지 최대한 시간을 갖고 나서 무슨 대화를 할 것인지 계획한다.
- 상대방과 대화할 때 자신이 들은 이야기를 그대로 전해준 뒤, 그로 인해 자신이 어떤 감정을 느꼈는지 말하는 것으로 시작한다.
- 그다음으로 상대방에게 해명을 요청한다.
- 상대방이 문제를 잘 이해했는지 확인한다. 이런 상황에서 유일한 타협안은,

나에 대해 불만이 있다면 남들과 뒤에서 이야기하지 말고 나에게 직접 이야

기하기로 약속하는 것이다.

– 합의한 사실을 확인하고 관계를 회복하는 말로 대화를 마무리한다.

– 이런 사람은 가까이하지 않는 것이 최선의 방책이다. 일정한 거리를 두어

라. 그와 함께 있어야 할 때는 특히 말과 행동을 조심하라.

아첨꾼을 대하는 법

작은 회사에서 함께 일하는 동료들이 메리의 끊임없는 아첨에 화가 나

기 시작했다. 메리가 사장에게 다가갈 때마다 동료들은 그녀에게 비꼬는

말을 속삭이거나 창피를 주는 방식으로 계속 압박했지만 아무 소용이 없었

다. 문제는, 그러한 메리의 아첨에 사장이 반응하여, 그녀를 편애하기 시작

했다는 것이다. 결국 메리는 지난주부터 매일 30분씩 늦게 출근할 수 있는

특권을 얻어냈다. 늦게 출근하는 이유를 묻자 메리는 이렇게 대답했다.

"아이를 어린이집에 데려다주고 와야 해서 일찍 출근하는 게 힘들다고

말했더니 사장님이 늦게 출근해도 괜찮다고 허락하셨어요. 대신 점심시간

에 그만큼 더 일을 하기로 했어요."

하지만 다른 직원들은 이러한 조치를 납득하기 어려웠다. 아침은 하루

중 가장 바쁜 시간대고, 이른 시간에 몰려오는 전화를 받을 사람이 필요한

상황이었기 때문이다.

아첨꾼이 문제가 되는 것은 자기 이익만 관철시키기 때문이다. 상사에게 아첨하여 남들보다 유리한 혜택과 이익을 누린다. 윗사람의 비위를 맞춰주고 띄워주면서 관심을 끈다. 자신에게 성공의 길을 열어줄 수 있는 사람에게 아양을 떤다. 결국 모든 아첨은 개인적인 이익, 특혜, 승진을 얻고자 하는 이기적인 이유에서 비롯되는 것이다.

아첨꾼을 제압하기 위해 동료들은 다양한 방법으로 압박한다. 아첨하는 동료를 농담거리로 만들어 조롱하기도 하고, 아첨하는 흉내를 내어 놀림거리로 만들기도 한다. 하지만 이러한 동료 압박은 아첨꾼을 당황스럽게 만들 수는 있으나, 그가 동료들과의 관계를 중요하게 생각하지 않는다면 그다지 효과를 발휘하지 못한다. 더욱이 승진이나 특별한 혜택을 얻고자 하는 목표가 분명한 경우에는 동료 압박으로 그의 행동을 막을 수 없다.

이럴 때 가장 좋은 해법은, 아첨꾼에게는 신경 쓰지 말고 일에 집중하여 성과로 상사에게 인정받는 것이다. 하지만 상사가 아첨에 넘어가 그를 편애하기 시작했다면 더 이상 방치해서는 안 된다. 상사를 찾아가 이야기해야 한다. 상사가 반응하는 한 아첨꾼은 계속 그렇게 행동할 것이기 때문이다. 아첨으로 인해 발생한 갈등에서 담판을 지어야 할 상대는 아첨꾼이 아니라, 그에 반응하는 상사다.

직원들은 메리에게만 주는 특혜로 인해 다른 사람들의 업무 생산성이 급격히 떨어졌다는 것을 알려주기 위해 사장과 면담하기로 했다. 면담할 대표로 로렌이 뽑혔다.

● 1단계: 먼저 생각하기

로렌은 사장실에 찾아가기 전에 가볍게 접근하는 것이 좋겠다고 생각했다. 자칫 불평하거나 징징대는 것처럼 보일 수 있기 때문이다. 분명한 사실을 기반으로, 메리의 늦은 출근이 팀 전체에 어떤 영향을 미치는지 최대한 객관적인 관점에서 설명하기로 마음먹었다. 로렌은 마음의 준비를 하고 사장실에 들어갔다.

● 2단계: 좀 더 깊이 이해하기

"업무에 전반적으로 영향을 미치는 문제에 대해 말씀드리고 싶습니다. 지금 메리가 30분씩 늦게 출근하고 있는데, 사장님께서는 승낙을 받았다고 하지만 나머지 직원들에게는 상당히 문제가 되고 있습니다. **우리는 아침에 메리가 받아야 할 전화까지 처리하고 있는데, 그로 인해 업무량이 지나치게 늘어나 영향을 받고 있습니다.**"('나'로 시작하는 표현)

로렌은 평정심을 유지하며 단호한 태도로 사장을 똑바로 바라보면서 말했다.

"아기를 맡기고 8시 30분까지 출근하기 어렵다고 해서 9시에 출근해도 좋다고 허락했을 뿐입니다. 대신 점심시간에 30분을 보충하기로 했어요."

사장도 로렌을 똑바로 바라보며 말했다. 전혀 물러설 마음이 없다는 것을 알 수 있었다.

"회사 다니면서 아기를 키우는 것이 어렵다는 것은 잘 알고 있습니다.(이해) 저도 아이가 어릴 때 힘들긴 했지만 그래도 잘 극복했습니다. 사실 지금도 저 역시 아침마다 딸아이를 유치원에 데려다주고 오는데도, 제시간에 출근합니다."

● 3단계: 문제 정의하기

사장은 아무 말도 하지 않았다. 로렌이 말을 이어갔다.

"사장님은 직원 중 한 명이 좀 늦게 출근해도 상관없다고 생각하고 계시군요. 그럼 다른 직원들이 그 부분에 대해 어떻게 생각할지는 고려해보신 적 없나요?"

사장이 대답했다.

"글쎄. 그런 생각은 한 적이 없네요. 그냥 사장으로서 그 정도 융통성은 발휘할 수 있다고 생각합니다."

"그렇군요. 그런데 메리에게만 특별히 융통성이 발휘되는 거군요."

사장은 아무 말 없이 고개를 끄덕였다. 로렌은 그 행동이 자신이 제시한 문제에 동의하는 것이라고 느꼈다.

● 4단계: 최선의 해법 제안하기

로렌은 해법을 제안할 단계로 넘어갔다.

"저는 이번 조치에 대해 직원들의 의견을 들어주셨으면 합니다. 사실 메리 말고 다른 직원들에게는 융통성 있는 일정이 전혀 적용되고 있지 않잖아요. **그러니 모두 동의할 수 있는 해법을 찾아주셨으면 합니다.**(타협)"

이에 대해 사장이 반박했다.

"이 문제에 대해서 우리가 이야기할 필요가 있는지 모르겠군요. 어쨌든 점심시간에 그 시간을 보충해서 일한다잖아요."

로렌은 굽히지 않고 대응했다.

"직원들이 겪는 문제는 다름이 아니라, 출근하자마자 8시 30분부터 전화가 폭주한다는 것입니다. 하루 중 이때가 가장 바쁜 시간입니다. 메리가 빠지면 그걸 다른 직원들이 모두 처리해야 합니다. 그로 인해 업무에 차질을 빚고 있습니다. 메리가 출근해서 전화를 받기 시작할 때, 다른 직원들은 이미 처리해야 할 업무를 4~5개 할당받은 상태입니다. 이로 인해 업무 부담이 더 늘어나 우리 직원들이 힘들어합니다. 물론 아기를 어린이집에 데려다주고 출근하는 것이 어렵기는 하겠지만, 저도 똑같이 아기를 어린이집에 데려다주고 제시간에 출근합니다. **메리가 시간에 맞춰 출근하면 좋겠습니다.**"('나'를 주어로 하는 표현, 최종 확인)

사장은 불편한 기색을 하며 몸을 비틀었다. 로렌은 차분함을 잃지 않고 사장의 눈을 계속 바라보며 꼿꼿하게 앉아 염려하는 표정을 유지했다.

"음, 이게 직원들에게 영향을 미칠 거라고는 전혀 생각하지 못했네요. 무슨 말씀인지 알겠어요. 메리에게 내일부터 8시 30분에 출근하라고 할게요. 로렌도 아이를 맡기고 출근하는지 몰랐는데, 어쨌든 그렇다면 메리도 제시간에 출근하는 일이 불가능하지는 않겠죠."

● 5단계: 합의 이끌어내기

"이해해주셔서 감사합니다. **가끔씩 곤란을 겪는 직원이 있다고 하더라도 모두 출근 시간을 지킬 수만 있다면 하루 업무량을 골고루 분산하는 데 큰 도움이 될 겁니다.**(최종 확인) 어쨌든 이 문제에 대해서 이렇게 이야기할 수 있어 다행입니다. **오래도록 서로 도와가면서 함께 일해온 우리 직원들은, 이런 일로 인해 문제가 생기는 건 원치 않습니다.**"(화해)

사장이 대답했다.

"저야말로 감사합니다. 이런 식으로 일을 처리해서 미안합니다. 오늘 메리에게 이야기하겠습니다."

● 이러한 접근 방식이 효과가 있는 이유

직원들은 아첨꾼에 대해 불만만 늘어놓지 않고 적극적으로 조치를 취하기로 했다. 사장이 아첨에 넘어가 자신의 요구를 들어주기 시작하자, 메리는 다른 직원들의 압박을 손쉽게 무시할 수 있었다. 어쨌든 자신에게 유리하게 돌아가는 상황에서 메리는 자신의 전략을 바꿀 이유가 없었다.

직원들은 결국 사장에게 직접 담판을 짓기로 했다. 로렌이 총대를 메고 사장과 면담하기로 했다. 로렌은 메리의 행동에 초점을 맞추기보다는 사장의 행동이 업무에 미치는 영향을 객관적으로 설명함으로써 직접 접근하기로 결정했다. 로렌은 메리가 늦게 출근함으로써 다른 직원들이 더 많은 업무량을 처리해야 한다는 사실을 효과적으로 설명했다. 대화 내내 자세를 흐트리지 않고 시선을 마주하고 진심으로 염려하는 표정을 유지함으로써, 주장에 단호함을 더했다.

결국 사장은 로렌의 주장을 이해했고 메리의 출근 시간을 원래대로 돌려놓기로 했다. 메리는 마음에 들지 않겠지만, 직원들은 사장이 조치를 취한 다음, 메리에게도 직접 상황을 설명하고 모두 한 팀으로서 일해야 한다는 것을 이해시키기로 했다.

● **기본적인 원칙**

아첨꾼을 상대할 때는 다음과 같이 행동하라.

- 팀 안에 아첨꾼이 있을 때는 동료 압박을 적극적으로 활용하라. 많은 경우 효과를 발휘한다.
- 농담이나 유머를 활용해 창피를 주거나 가볍게 비난함으로써 아첨이 동료들 사이에서 용납되지 않는다는 것을 일깨운다.
- 하지만 아첨에 상사(아첨의 대상)가 반응하고 이로 인해 불공평한 혜택을 주

기 시작하면 행동에 나서야 한다.

- 이제부터 문제의 상대는 아첨꾼이 아니라 아첨에 반응하는 상사라는 것을 명심하라. 문제 해결 상대는 상사다.

- 대화에 나서기 전 계획을 짠다. 아첨꾼을 비난하는 것은 아무 소용없다. 상사의 행동이 다른 팀원들에게 어떤 영향을 미치는지에 초점을 맞춘다.

- 팀원들과 머리를 맞대고 문제를 찾아내라. 그렇게 정의한 문제는, 상사를 납득시킬 수 있어야 한다.

- 문제를 해결할 수 있는 최선의 해법을 준비한다.

- 이 해법에 상사가 동의하지 않는다면, 이 문제를 해결할 수 있는 방법은 거의 없다. 아무리 설득하기 위해 노력해도 상사는 귀를 막아버릴 것이고 아첨꾼은 계속 승리할 것이다.

- 이 경우 아첨꾼을 제압할 수 있는 유일한 방법은, 더 큰 성과로 상사의 관심을 빼앗아오는 것이다. 최선을 다하여 성과를 내고 입증하라.

괴롭힘에 대처하는 법

노골적으로 자신을 비난하고, 무시하고, 모욕하는 다이앤의 행동 때문에 신디는 회사에 출근하는 것이 두렵다. 신디가 하는 일 중 하나가 고객에게 보낼 송장을 작성하여 다이앤에게 전달하는 것이다. 다이앤은 신디가 제시간에 송장을 작성해서 넘겨주지 않는다고 질책했는데, 이는 아무 근거 없는 주장이었다. 어떤 이유를 대서라도 다이앤은 신디를 찍어 지속적으로 괴롭혔다.

신디는 일을 잘하기는 했지만 자기 주장을 펼치거나 자기를 옹호하는 데 익숙하지 않았다. 다이앤이 자신을 괴롭히는 일을 멈춰주기만 바라면서 신디는 그저 참고 견뎠다. 이런 상황이 계속되면, 신디는 자신도 다이앤에게 똑같이 못되게 굴겠다고 마음먹었지만, 남을 그런 식으로 대하는 것은 신디의 천성이 아니었다. 결국 계속 참을 수밖에 없었다.

상대를 막론하고 엄격하게 판단해야 한다고 생각하는 모두까기 비판자와 달리, 괴롭힘은 한 사람을 골라 '먹잇감'으로 삼는다. 괴롭힘 가해자는 상대방을 위협하고, 멸시하고, 무례하게 행동하고, 노골적으로 무시하는 표정을 지으며 장난감 삼아 조롱한다. 또한 피해자가 업무를 수행하고 나면 그 방식에 대해 불평한다. 또한 피해자의 업무공간을 함부로 침범하여 허락 없이 책상 서랍을 뒤지거나 서류를 들춰본다.

괴롭힘을 당해도 좋은 사람은 없다. 그러한 괴롭힘을 묵묵히 견뎌서는 안 된다. 괴롭힘이 발생했을 때 기억해야 할 가장 중요한 규칙은, 그런 행동을 멈추게 해야 한다는 것이다. 괴롭히는 사람과 맞설 때는 침착함을 잃지 말고 그 행동을 중단하라고 말하라. 그런 다음 업무 영역의 경계를 분명하게 설정해야 한다.

그럼에도 괴롭힘이 계속된다면 괴롭힘 사건을 낱낱이 문서로 기록한다. 가능하다면 그러한 행동을 목격하고 증언해줄 수 있는 믿을 만한 동료를 곁에 두면 좋다. 그렇게 기록한 문서를 들고 상사 또는 인사관리자에게 가서 논의한다. 괴롭히는 행동을 멈춰달라고 이미 항의했음에도 그러한 행동을 멈추지 않는다는 사실을 관리자에게 분명하게 알린다. 관리자에게 문서를 검토한 뒤 적절한 조치를 취해달라고 요청해야 한다.

동료 직원이 다이앤의 괴롭힘을 알아채고 신디에게 맞서라고 제안했다. 신디는 겁이 났지만 그렇게 해야 한다는 것을 알고 있었다. 그동안 참아온 괴롭힘을 더 이상 견디기 힘들었기 때문이다. 참고 있었던 분노가 끓어오르기 시작했기에, 신디는 이성을 잃고 상황을 악화시킬 수 있는 말이 튀어나오기 전에 먼저 다이앤에게 다가가는 것이 최선이라고 생각했다.

● 1단계: 먼저 생각하기

신디는 괴롭힘에 가만히 있어서는 안 된다고 말한 동료와 이야기를 나눴다. 두 사람은 함께 상황에 대해 논의하며 긴 시간 대화를 나눴고, 마침내 신디는 자신이 하고 싶은 말을 편안하게 할 수 있게 되었다. 신디는 다이앤이 자신을 괴롭히는 이유를 알아낼 필요도 없다고 생각했다. 자신을 괴롭히는 행동을 정당화할 만한 여지가 없었기 때문이다. 그래서 또다시 자신을 괴롭히면 가만히 있지 않고 바로 맞서, 문제를 명확하게 규정하고,

해법을 제시하는 단계로 넘어가는 것이 최선의 전략이라고 판단했다. 그 순간은 오래 기다릴 필요가 없었다.

● 2단계: 좀 더 깊이 이해하기

앞에서 설명한 대로 이 경우에는 깊이 이해할 필요가 없다.

● 3단계: 문제 정의하기

다이앤이 책상 옆을 지나가며 말했다.

"오늘 송장 아직 작성 안 됐어? 무슨 문제가 있나? 정신박약이야, 아니면 그냥 굼뜬 거야?"

신디는 자리에서 일어나 다이앤을 똑바로 바라보며 대답했다.

"지금 더 급한 업무가 있어서. 이거부터 다하고 나면 송장을 만들어서 보내줄게."

다이앤은 당황스러워하는 표정을 지으며 말했다.

"지금 당장 송장이 필요하니 다른 일은 미뤄두고 그거부터 해줘."

"안 돼. 지금 하는 일을 먼저 끝내고 나서 송장을 만들어줄게. 오늘 오후에 시간이 날 거 같으니 오늘 안에는 꼭 작성할 거야."

신디는 다이앤의 눈을 똑바로 바라보며 최대한 단호하게 말했다. 다이앤은 신디를 노려보았다. 신디는 다리가 후들거릴 정도로 떨고 있었지만 최대한 담담한 목소리로 말했다.

"어쨌든 업무에 차질을 빚지 않도록 늦지 않게 작성해서 줄게."

다이앤은 아무 말도 하지 않았고 가만히 째려보기만 했다. 신디는 말을 이어나갔다.

"왜 당신이 나를 함부로 대할 권리가 있다고 생각하는지 모르겠지만, 사실 난 궁금하지도 않아. 어쨌든 지금까지는 충분히 참아왔지만, 더 이상 이런 식으로 나를 대하지 말아줬으면 좋겠어."('나'로 시작하는 표현)

"지금 무슨 말을 하는 건지 모르겠네."

다이앤은 신디를 노려보며 스스로 물러서 몸을 굽히기를 기다렸다.

"내가 무슨 말을 하고 있는지 잘 알 텐데. 날 무시하고 비하하는 말을 오랫동안 참아왔어. 나를 골탕 먹이려고 송장을 재촉하는 걸 알면서도, 나는 다른 일은 제쳐두고 송장부터 만들어줬지. 어쨌든 난 급한 업무가 있으니 앞으로는 매일 오후에 송장을 보내줄게."

다이앤은 자신이 신디를 괴롭힌다는 것에 동의하지 않았지만, 신디는 다이앤의 행동이 자신에게 어떤 영향을 미치는지 명확하게 진술했다. 주눅 들지 않고 그렇게 말할 수 있었던 것에 신디는 스스로 뿌듯함을 느꼈다.

● **4단계: 최선의 해법 제안하기**

신디는 좀 더 자신을 북돋아 해법까지 제시했다.

"앞으로는 예의를 갖춰서 대해주길 바라. 그럴 생각이 없다면, 나한테 아무 말도 하지 마.(타협과 절충) 나는 그런 대우를 받아야 할 사람이 아니

야. 더 이상은 참지 않을 거야."('나'로 시작하는 말)

● 5단계: 합의 이끌어내기

다이앤은 몹시 못마땅한 표정을 지었지만, 아무 말도 하지 못하고 자리를 떴다. 신디는 마침내 자신의 생각을 떳떳하게 말할 수 있었다는 사실에 자신감이 솟아났다. 물론 다이앤은 동의하지 않았으나, 자신이 제시한 해법을 분명하게 이해할 것이라고 생각했다. 이제 다이앤의 행동이 개선될지 지켜보는 일만 남았다. 다시 이전 행동으로 되돌아가지 않을 것이 분명해지면, 관계를 복원하는 화해의 말을 건넬 것이다.

● 이러한 접근 방식이 효과가 있는 이유

괴롭힘에 제대로 맞서고자 한다면, 침착하고 단호한 태도를 유지하면서 자신감 있고 솔직하게 말해야 한다. 신디는 동료의 도움을 받아 연습한 덕분에, 다이앤 앞에서 자신의 생각을 말할 수 있었다. 신디는 장황하게 에둘러 말하지 않고 핵심을 바로 파고들었다. 문제를 명확하게 규명하고, 더 이상 괴롭힘을 참지 않겠다고 말했다. 다이앤에게 자신을 괴롭히는 행동을 중단해달라고 요청했고, 앞으로 송장을 오후에 주겠다고 알렸다.

또한 신디는 다이앤에게 맞서겠다고 마음먹은 시점부터 자신이 당한 괴롭힘을 모두 기록하기 시작했다. 이렇게 맞선 이후에도 괴롭힘이 멈추지 않는다면, 다음 단계로 넘어가야 하기 때문이다. 이 문서를 들고 상사나 인사관리자를 찾아가는 것이다.

● **기본적인 원칙**

괴롭힘에 맞설 때는 다음과 같이 행동하라.

- 누군가 나를 괴롭힌다면 일단은 무시하라. 아무 반응을 하지 않으면 흥미를 잃고 그만둘 수도 있다.
- 그래도 괴롭힘이 계속되면, 나는 이런 대우를 받을 만한 사람이 아니라는 사실을 끊임없이 스스로 자각하라.
- 직장 내 괴롭힘에 대응하는 절차가 있다면, 나를 괴롭히는 사람과 직접 대면할 필요 없이 상사나 인사처를 찾아가 문제 해결을 의뢰할 수 있다.
- 괴롭히는 사람과 직접 맞서야 할 경우에는, 사실 확인이나 행동 분석 같은 절차는 생략해도 된다.
- 괴롭히는 사람과 직접 대화할 때는 흥분하면 안 된다. 침착함을 유지할 수 있도록 미리 연습하라.
- "그런 행동은 멈춰주세요." 괴롭히는 사람과 직접 대화할 때 가장 강력한 힘을 발휘하는 말이다. 반드시 기억하라.
- 가해자가 발뺌할 때를 대비하여, 사례를 미리 정리해서 준비하라. 적절하게 괴롭힘의 사례를 제시하라.
- 가해자가 물러서지 않을 수도 있고, 자신의 행동은 괴롭힘이 아니라고 변명

할 수도 있다는 점을 미리 알아두어라.

- 결론적으로 자신이 어떻게 대우받기를 원하는지 구체적으로 진술해야 한다. 미리 준비하라.

- 괴롭힘이 계속될 수 있으니 관련 행동을 모두 기록하라. 시간과 장소, 구체적인 상대방의 말과 행동, 목격자 여부 등이 반드시 포함되어야 한다.

- 괴롭힘이 계속되면 기록을 가지고 상사나 인사관리자를 찾아가 상담하라.

공을 가로채는 사람을 대하는 법

아침 일찍 부사장이 현장사무실을 방문했다. 수진과 동료들은 각자 맡은 업무를 처리하느라 바쁘게 일하고 있는 동안, 팀에서 가장 외향적인 줄리가 부사장을 맞이했다.

줄리가 부사장 앞에서 현재 진행하는 프로젝트에 대해 프레젠테이션을 했는데, 그 내용을 들으며 동료 직원들은 입을 다물지 못했다. 모든 직원들이 함께 노력하여 진행한 프로젝트를 마치 자기 혼자 진행한 것처럼 이야기했기 때문이다. 더욱이 그 프로젝트를 기획한 사람은 줄리가 아니었다. 에밀리는 프레젠테이션에 끼어들어 줄리의 폭주를 막고 업무의 공을 공정하게 나누고 싶었지만, 나서지 못했다. 동료들도 침묵을 지켰다.

공을 가로채는 행동은 직장생활을 하면서 경험하는 가장 화나는 일일 것이다. 그런 일은 자주 벌어진다. 상사나 고위 임원진이 사무실을 방문했을 때, 남이 일궈낸 성과 또는 여럿이 함께 기여한 업적을 오롯이 자기 혼자 해낸 것처럼 포장하며 이목을 독차지한다. 이런 광경을 목격하면서도 사람들은 뒷통수를 맞은 듯 멍하니 그저 바라보는 경우가 많다.

공을 가로채는 행동은 다양한 방식으로 나타난다. 도와달라고 해서 힘들게 도와줬더니 도움을 받았다는 사실을 인정하지 않거나, 팀이 함께 참여해서 일궈낸 프로젝트를 오롯이 자기 혼자 해냈다고 주장하거나, 현란한 말솜씨로 프로젝트에 참여한 다른 사람들의 비중은 교묘하게 낮추고 자신의 유능함만 돋보이게 만들기도 한다.

공을 가로채는 사람은 어디서나 쉽게 만날 수 있다. 그들은 사람들에게 좌절감을 안겨준다. 실제로 많은 사람들이 방심하고 있다가 그들에게 공을 빼앗긴다. 공을 가로채려고 하는 행동에 맞서는 가장 효과적인 방법은, 공을 가로채기 위한 수작을 부릴 때 지체하지 말고 개입하는 것이다. 그런 일이 일어날 것을 미리 예상하고 준비해두면 더욱 좋다.

수진은 방심하고 있다가 공을 가로채려는 행동에 바로 개입하지 못했다. 어쨌든 줄리는 팀 전체의 공을 가로채 자기만 돋보이고자 했기 때문에 올바른 행동이라 할 수 없다. 줄리가 자리에 없을 때, 직원들은 그녀의 행동에 대해 분통을 터뜨렸다. 직원들은 수진에게 총대를 메고 줄리와 1대1

로 맞서 문제를 해결할 임무를 맡겼다.

● 1단계: 먼저 생각하기

수진은 줄리에게 다가가기 전에 상황에 대해 생각해보았다. 줄리가 어떤 생각으로 그런 행동을 했을지 이해하려고 노력했으나 도무지 이해할 수 없었다. 그래서 줄리에게 직원들이 어떻게 생각하는지 먼저 알려주고, 자신의 행동에 대해 해명해달라고 부탁한 다음 그 해명을 듣고 나서 이야기를 시작하는 것이 좋겠다고 판단했다. 어쨌든 다시는 그러한 행동을 하지 않겠다는 동의를 얻는 것을 목표로 삼았다.

● 2단계: 좀 더 깊이 이해하기

줄리 앞에 다가가기 전에 수진은 심호흡을 했다.

"오늘 부사장님이 방문했을 때 있었던 일에 대해 이야기하고 싶은데, 지금 시간 괜찮아요?"

줄리는 고개를 끄덕였다.

"회의실에 들어가서 조용히 얘기해요."

문을 닫고서 수진은 말을 이어나갔다.

"우리 직원들이 모두 힘을 모아 진행한 프로젝트를 자기 혼자 해낸 것처럼 말하는 걸 듣고, **나는 물론 다른 직원들도 정말 깜짝 놀랐어요. 그런 행동에 우리는 모두 배신감을 느꼈거든요.**"('나'로 시작하는 표현)

수진은 침착하면서도 단호하게 말을 했고, 중립적인 표정을 지었다.

"아 그리고 이건, 나 개인적으로 말하는 것이 아니라 직원들 대표로 내가 말하는 거예요."

"그랬군요. 그런 줄 몰랐네요."

이렇게 대답은 했지만, 심각하게 받아들이는 것 같지는 않았다.

"그런 줄 몰랐다고 하는데, **물론 몰랐을 수도 있겠지만(이해)** 왜 공동 프로젝트에 대한 공을 독차지하려 했는지 이해가 안 돼요. 왜 그런 거죠?"

"그냥 별거 아니예요. 부사장님도 이게 공동 프로젝트라는 사실을 알고 계실 거고, 그걸 프레젠테이션한 사람이 우연히 저였을 뿐인 거죠."

● **3단계: 문제 정의하기**

"알았어요. 그러니까 공을 가로채려고 한 의도는 아니었고, 프레젠테이션을 하면서 직원들을 대변하려고 했을 뿐이라는 거죠?"

줄리는 어깨를 으쓱하며 고개를 끄덕였다. 불편한 표정이었다. 수진은 밀어붙였다.

"내가 한 말에 동의하는 것은 맞아요?"

"네, 그런 것 같아요. 팀에 해를 끼치려는 의도는 아니었어요. 부사장님이 방문했을 때 제가 시간이 났을 뿐이에요."

● 4단계: 최선의 해법 제안하기

"줄리, 이런 일이 다시 일어나지 않도록 우리는 해법을 찾고 싶어요.(타협) 특히 우리 직원들 모두, 공동의 성과가 아니라 줄리 본인이 혼자 이룬 성과처럼 이야기한 것에 대해 분노와 배신감을 느끼고 있어요."('나'를 주어로 하는 말)

"미안해요. 제가 더 이상 무슨 말을 할 수 있겠어요?"

"앞으로 팀을 대표해서 말할 때는 전체 직원들의 공을 분명하게 표현해주면 좋겠어요. '나'라고 말하지 말고 '우리'라고 말해주세요.(타협) 이번에 그렇게 했으면 우리가 화나지 않았을 거예요. 동의하죠?"

● 5단계: 합의 이끌어내기

줄리는 고개를 끄덕였다.

"제가 한 행동이 사람들을 얼마나 화나게 했는지 이제 알겠네요. 앞으로는 더 신중하게 말할게요. 모두의 공이라는 걸 드러내도록 노력할게요."

"좋아요. 이 문제에 대해 이렇게 이야기할 수 있고, 우리의 생각을 이해해줘서 기분이 좋습니다.(최종 확인) 우리는 원래도 팀워크가 좋았지만, 이렇게 문제를 해결하고 나니 더 좋아질 거 같네요."(화해)

줄리는 대답했다.

"지금 당장 사람들에게 사과할게요."

● 이러한 접근 방식이 효과가 있는 이유

수진 혼자서 대면하여 직원들이 몰아붙이는 느낌을 주지 않았고, 그 덕분에 줄리는 방어적으로 맞서지 않았다. 수진은 단호한 어조로 말하고 침착함을 유지했다. 의도적으로 그렇게 한 것이 아니라는 대답을 듣고 난 다음, 그러한 행동으로 인해 다른 사람들이 어떤 기분을 느끼는지 아느냐고 물었다. 수진은 여기서 멈추지 않고 앞으로는 자신만 내세우지 말고 전체의 노력을 강조할 것을 제안했다. 줄리는 이에 동의했고 수진은 합의한 내용을 다시 한번 확인하고 관계를 복원하는 말로 면담을 기분 좋게 마무리했다. 직원들에게 사과하겠다고 했기 때문에 줄리는 앞으로 남의 공을 가로채는 행동은 더 이상 하지 않을 것이라고 예상할 수 있다.

❶ 생각해보자

공을 가로채는 사람은 자기만을 위해 일하며, 남은 별로 신경 쓰지 않는다. 공을 가로채는 사람들은 이를 지적하면 대개, 줄리처럼 별거 아닌 척 무시하거나 방어적인 태도를 보인다. 이러한 반응을 예상하고, 단호하고 자신감 있는 태도로 대화를 이끌어나갈 준비를 해야 한다.

● 기본적인 원칙

공을 가로채려는 사람과 맞설 때는 다음과 같이 행동하라.

- 공에 대해서 말할 때는 늘 조심하라. 자신의 공만 내세우지 말고 다른 사람들도 기여한 만큼 적절하게 추켜올려라. 논란이 생기지 않도록 말하라.

- 공을 가로채는 사람은 대개 집단 내에서 사교성이 좋은 사람으로, 이들은 다른 사람의 주목을 자신에게 끌어오는 법을 본능적으로 잘 안다.

- 남의 공을 가로채지 않고도, 자신의 업적을 자랑할 줄 알아야 한다. 잘난 체하지 않고도 자연스럽게 자신의 업적이 드러날 수 있도록 몇 가지 시나리오를 미리 짜두자. 겸손하다는 인상을 주면서도 충분히 자랑할 수 있다.

- 누군가 공을 가로채는 행동을 하고도 모른 척한다면, 대화를 통해 문제를 해결해야 한다. 그런 행동으로 인해 나 또는 여러 사람들이 어떤 기분을 느끼는지 설명하고, 갈등 해결 5단계 프로세스에 따라 성공적인 합의를 이끌어낸다.

- 여러 사람들이 피해를 입었을 경우에는 한 사람이 대표로 이야기하는 것이 좋다.

- 갈등 해결 5단계 프로세스에 따라 면담을 하고 난 뒤에도 그런 행동이 멈추지 않는다면 경계해야 한다. 또다시 공을 가로채려는 수작을 부리면 지체하지 말고 끼어들어 그런 행동을 막아야 한다.

- 결론적으로 말하자면, 가만히 당하고만 있으면 안 된다. 자신의 공을 당당하게 말하고 주장해야 한다. 상급관리자들은 그렇게 행동하는 부하직원들의 업적만 알아준다.

비판만 하는 사람을 대하는 법

마크가 신입사원 민수를 처음 질책했을 때, 민수는 아무 대답도 하지 않았다. 기분이 안 좋아서 그런 것인지, 민수가 신입이라는 사실을 몰라서 그러는 것인지 알 수 없었다. 그러다 마크가 민수를 또 질책했다. 민수는 사과하고 빨리 업무에 익숙해지기 위해 노력하겠다고 말했다. 오늘 아침 마크는 직원들 앞에서 민수가 한 일을 두고 또다시 질책했다.

"도대체 왜 그러는 거야?"

이 말은 도저히 업무적인 질문이라고 보기 어려웠다. 아무리 생각해도 감정이 담긴, 지나친 발언이었다. 그동안 자신에 대한 마크의 질책을 돌아보며 민수는 생각했다. 경험이 부족하다는 이유만으로 나를 계속해서 비판하고 폄하한 걸까?

남의 흠을 잡는 것에 익숙한 사람이 있기 마련이다. 뒷담화를 하는 사람들과는 달리 이들은 상대방을 앞에 두고 비판을 퍼붓는다. 거침없이 직격탄을 퍼붓기도 하고, 비꼬는 말이나 무시하는 말을 서슴없이 한다. 상대방을 향해 직접 이야기하지 않는다고 하더라도, 상대방이 들을 수 있을 만큼 큰 소리로 떠든다.

민수와 같은 신입사원은 손쉬운 표적이기에 더 마음 놓고 괴롭힐 수 있다. 물론 경력이 아닌 다른 것을 따지는 경우도 있다. 어쨌든 비판만 하는 사람은 지속적으로 꾸짖고, 문제 삼고, 비방할 대상을 찾는다. 때로는 '도움'이 필요해 보이는 사람들을 비판하기도 한다. 또 남을 비판함으로써 자신의 우월감을 느끼는 사람도 있다. 남의 약점이나 단점을 지적하는 것을 자신의 '임무'라고 생각하는 사람도 있다.

남을 비판하는 이유가 무엇이든, 그의 대상이 된 사람은 피곤할 수밖에 없다. 아직 업무에 익숙하지 않은 신입사원이든, 익숙한 경력사원이든 마찬가지다. 누군가 나를 비판할 때, 처음에는 반응하지 않는 것이 최선의 대응일 수 있다. 답을 할 필요가 있다고 생각되면 이렇게 말하면 된다.

"지적해주셔서 감사합니다."

이렇게 말하면 상대방은 할 말을 잃고 자리를 뜰 가능성이 높다. 그다음에 그의 비판이 타당한지 생각해본다. 비판이 타당하다고 생각한다면 어떻게 행동할지 결정해야 한다. 마크처럼 끊임없이 비판하는 사람을 계속 무시할 수도 있고, 지적해준 것에 대해 감사하다고 말할 수도 있다. 또는 그와 나 사이에 존재하는 또 다른 갈등이 표출되는 것일 수도 있으니 문제 해결에 나서야 할 수도 있다.

민수는 매일 계속되는 마크의 비판에 지쳐갔다. 마크가 다른 직원들 앞에서 그를 난처하게 만들었을 때, 더 이상 참아서는 안 된다고 판단했다. 특히 자신이 아무리 신입사원이라고 해도, 매일 비판을 하는 것은 아무런 도움도 되지 않는다는 것을 알려주어야 한다고 생각했다.

● 1단계: 먼저 생각하기

어쨌든 마크는 업무에 도움을 줄 수 있는 경험이 많은 직원이기에, 굳이 관계를 악화시키고 싶지는 않았다. 민수는 끊임없는 비판과 질책으로 인해 자신이 얼마나 괴로운지 설명하면서도, 자신이 마크의 경험과 지식을 존중한다는 사실도 알려주고 싶었다. 자신을 앞으로 어떻게 대우해주길 바라는지, 또 그것을 어떻게 말할지 고민했다. 머릿속에서 무수히 리허설을 했고, 어느 정도 편안하게 말할 수 있게 되었을 때 마크에게 말을 걸었다.

● 2단계: 좀 더 깊이 이해하기

"선배님. 잠시 시간 내주실 수 있나요? 이야기하고 싶은 게 있는데요."

"물론이지, 무슨 일이야?"

"제가 이 회사에서 일하기 시작한 뒤, 제가 한 일에 대해 여러 번 질책하셨잖아요. 하지만 오늘 아침에 다른 사람들 앞에서 저를 나무란 것은 지나친 행동 같아요. **입사한 지 몇 주밖에 되지 않은 저한테 그렇게 말씀하시니 정말 몸둘 바를 모르겠습니다.**"('나'에 초점을 맞춘 말)

민수는 바른 자세를 유지하고 눈을 바라보면서 진심으로 염려하는 표정을 유지하기 위해 최선을 다했다.

"이봐, 그건 그냥 농담이었어."

아무 일 아니었다는 듯 그냥 넘어가려고 하는 것 같았다. 민수는 물러서지 않고 대답했다.

"전 하나도 재미없었어요."

"기분 풀어. 그냥 농담이었을 뿐이야."

● 3단계: 문제 정의하기

"농담으로 그렇게 말씀하신 거라면, 이제야 무슨 뜻이었는지 이해가 되네요.(이해) 그걸 농담이라고 생각하신다는 건, 남들 앞에서 무안을 주는 걸 장난으로 하신다는 뜻인가요?"

민수가 물러서지 않자, 마크는 어깨를 으쓱하며 불편한 웃음을 지었다.

● 4단계: 최선의 해법 제안하기

미리 연습했던 말을 할 수 있는 기회가 왔다. 민수는 편안하고 자신 있게 말을 이어나갔다.

"저는 아직 아는 것이 많지 않은 신입사원이라 이미 불리한 입장입니다. 하지만 농담이든 아니든 선배님이 했던 것처럼 저를 비판할 권리는 없습니다. **앞으로는 소통하는 방식을 선택할 때 제 입장도 고려해주시면 좋겠습니다."(타협)**

"좋아. 알겠어. 농담이 너무 심했다면 미안하네. 다시는 그러지 않을게."

"저는 선배님의 풍부한 지식을 존중합니다. 제가 잘 모르는 것이 있을 때 도움을 요청하고 싶습니다. **그럴 때마다 좀 더 건설적인 방식으로 저를 대해주실 수 있나요?"(타협)**

민수는 자신감을 잃지 않고 단호한 태도로 이야기할 수 있었던 것이 만족스러웠다.

● 5단계: 합의 이끌어내기

"물론이지. 다시 한번, 너무 심한 농담을 해서 미안하네."

"이 문제에 대해 이렇게 이야기할 수 있어 감사합니다.(최종 확인) 그리고 앞으로 선배님이 도와주신다니 힘이 납니다."(관계 회복)

● 이러한 접근 방식이 효과가 있는 이유

자신에 대한 비판이 일회적이거나 무작위적인 것이라면 무시할 수도 있다. 하지만 마크가 다른 직원들 앞에서 창피를 주는 행동을 했을 때, 민수는 이것을 인신공격이라고 느꼈으며, 앞으로도 이런 행동이 계속될 것이라고 느꼈다. 물론 아직은 미숙한 신입사원이기 때문에 질책을 받는다고 생각했지만, 그럼에도 그런 식으로 대하는 것은 지나치다고 생각했다.

민수는 자신이 하고 싶은 말을 미리 준비하고 연습했으며, 마크가 자신의 행동을 농담일 뿐이라고 변명하면서 빠져나가려고 할 때 어떻게 대처할지도 준비했다. 마크의 행동에 자신이 어떤 느낌을 받았는지 이야기하고, 무엇이 문제인지 납득시켰으며, 앞으로는 더 정중하게 대해달라고 단호하게 말했다. 그러면서도 그가 가진 업무에 대한 지식을 존중하고 또 마크를 소중한 선배라고 여긴다는 사실을 알려줌으로써 화해할 구실을 만들었다.

● 기본적인 원칙

지나치게 비판하는 사람과 맞설 때는 다음과 같이 행동하라.

- 누군가 나를 비판한다면, 먼저 그 발언을 무시할 것인지 대응할 것인지 선택한다.

- 대응하기로 했다면 '의견 주셔서 감사합니다'라고 말한다. 이렇게 말하면 비판은 대부분 끝난다.

- 누군가 나에 대해 비판을 하면, 그것을 성장의 기회라고 생각하라. 비판을 이성적으로 분석하고, 타당한 비판이라면 자신의 행동을 개선하기 위해 노력하라.

- 혼자서 행동을 개선하는 것이 어렵다면, 필요한 교육이나 훈련을 받아라.

- 하지만 타당하지도 않은 비판이 지속된다면, 계속 무시하거나, '의견을 주셔서 감사하다'라고 말하고 넘어가거나, 또는 맞설 수 있다.

- 갈등을 해결하기 위한 대화에 나서기 전에 어떤 이야기가 펼쳐질지 먼저 상상해보자.

- 상대방은 마크가 그랬던 것처럼 대부분 농담이었을 뿐이라고 둘러대며 빠져나가려고 할 것이다. 빠져나가는 데 성공하면 그 사람은 그 행동을 다시 반복할 것이다.

- 상대의 비판이 내게 어떤 문제를 유발하는지 분명하게 이해시켜야 한다.

- 어떻게 대우받고 싶은지 구체적으로 말한다.

- 해법을 제시하여 동의를 구하고 관계를 회복하는 말을 한다.
- 과잉반응하는 상사는 자신의 성향을 수긍할 가능성이 높다. 최선의 해법을 찾기 위해 함께 노력하자는 제안을 받아들일 수도 있다.

윤리를 위반하는 행동에 대처하는 법

멜라니는 고객과 통화를 하던 중, 옆자리에 앉은 토니가 통화하는 소리를 우연히 들었다.

"오늘 이 제품을 구매하시면 설치비를 면제해드리겠습니다."

이 말을 듣고 너무 어이가 없었다. 설치비를 받지 않는 것은 회사의 정책이 아니었기 때문이다. 그녀는 토니가 전화를 끊을 때까지 기다렸다가 말했다.

"토니. 무료로 설치해준다는 이야기를 들은 거 같은데. 정말이야?"

토니는 윙크를 하며 말했다.

"에이, 물건을 팔 수만 있다면 안 될 게 뭐 있어? 어차피 구매할 준비가 되어 있는 사람이야. 나는 그저 빨리 결정할 수 있도록 도와준 것뿐이고. 까다로운 고객이라서 그런 인센티브를 제공할 수밖에 없었다고 기록해두면 문제없어."

이로써 대화는 끝났다. 하지만 아무리 생각해도, 토니의 행동은 윤리적

경계를 넘은 것이라는 생각을 지울 수 없었다. 또한 그것을 기록해두면 문제없다고 말한 것은, 윤리규정을 위반했다는 사실을 자신도 알고 있다는 뜻이었다.

업무 수칙이나 직업윤리를 대수롭지 않게 생각하는 사람들이 있다. 그런 것을 지키는 것은 바보일 뿐이라고 생각하는 사람도 있다. 또는 옳고 그름을 가르는 미세한 경계가 존재한다는 것을 모르는 사람도 있다. 함께 일하는 동료가 윤리적 선을 넘는다면, 그것을 막아야 할 책임은 당신에게 있다. 토니처럼 실적을 올리기 위해 특별한 인센티브를 제안하거나 규칙을 억지로 끼워 맞추는 행위는 물론, 윤리적 선을 넘는 행위는 심각한 문제가 될 수 있다. 경찰, 판사, 배심원이 아니더라도 누군가 윤리적으로 잘못된 행동을 하고 있다는 사실을 알게 된다면, 당신은 그것을 해결하기 위해 노력해야 한다.

심각한 위반이 아니라면, 먼저 위반한 사람과 직접 이야기하여 문제를 해결한다. 자신의 행동이 윤리적으로 문제가 있다는 사실을 인식하지 못할 수도 있다. 또는 자신의 행동이 회사 업무 수칙에서 벗어나지 않는다고 착각하고 있을 수도 있다. 어쨌든 그 사람을 따로 불러서 위반한 이유가 무엇인지 파악한다. 그다음 그런 행동이 다른 고객과 동료들에게 어떤 영향을 미칠지 설명한다. 그런 뒤에 갈등 해결 프로세스를 따른다.

이렇게 이야기를 했는데도 위반행위를 멈추지 않는다면 상사에게 찾아가 문제 해결을 요청한다. 나중에 엉뚱한 오해를 사거나 피해를 보지 않으려면 이 모든 과정과 대화 내용을 문서로 기록해야 한다.

멜라니는 토니에게 처음 이의를 제기하고 나서 잠시 시간을 가진 것이 오히려 좋은 선택이었다는 것을 깨달았다. 어떻게 대처하는 것이 좋을지 준비할 수 있었기 때문이다. 그날 오후 멜라니는 이 문제에 대해 다시 이야기하기로 했다.

● 1단계: 먼저 생각하기

멜라니는 토니가 왜 그런 행동을 했는지 이해하고 싶었고, 회사 정책 위반에 대한 책임을 져야 한다는 것을 분명히 알려주고 싶었다. 대화의 흐름을 그려보면서 어떻게 문제를 진술할지 마음속으로 리허설했다.

● 2단계: 좀 더 깊이 이해하기

"오늘 아침 나눈 대화에 대해 생각해봤는데 계속 신경이 쓰이네요.('나'로 시작하는 말) 거래를 성사시키기 위해 설치비를 면제해주는 건 이해할 수 있지만(이해) 제가 신경 쓰이는 건, 다른 사람들과 다른 혜택을 제공함으로써 판매 실적이 부풀려질 수 있다는 거예요.('나'로 표현하는 말) 왜 그러시는지 궁금해요."

"사실 매출 압박이 이렇게 거센 상황에서, 하나라도 더 파는 데에 도움이 된다면 이 정도 규칙을 어기는 것이 잘못은 아니라고 생각합니다. 그리고 장기적으로 볼 때 왜 그렇게 하면 안 되는지 도무지 이해가 되지 않아요. 어쨌든 고객이 경쟁사로 넘어가지 않고 우리 제품을 구매하도록 잡아둘 수 있다면, 설치비 정도는 회사가 충당해도 손해가 아니잖아요."

● 3단계: 문제 정의하기

멜라니는 토니를 똑바로 바라보며 말을 이어갔다.

"알겠어요. 남들은 어떻게 하든, 자기는 규칙을 어겨도 아무 문제가 되지 않는다고 생각하시는군요."

토니는 아무 말 없이 미간을 찌푸렸다. 어깨를 으쓱하며 대답했다.

"오늘 한 번 그랬을 뿐이에요."

"어쨌든, 한 번 정도는 그렇게 해도 괜찮다고 생각하는 거죠?"

토니는 아래를 내려다보며 말했다.

"무슨 말인지 알겠어요."

● 4단계: 최선의 해법 제안하기

"한 번 했을 뿐이라고 해서, 해도 되는 건 아니잖아요. 그렇게 혜택을 주면, 그런 혜택을 받지 못한 다른 고객들은 불평할 거 아닙니까? **또 회사의 정책을 따르는, 나를 포함한 다른 직원들 역시 공정하게 평가받을 수 없잖아요.**('나'를 주어로 하는 말) 이 문제는 반드시 바로잡아야 합니다. 제 생각

에 유일한 해법은 이런 일이 다시 일어나지 않도록 하는 것입니다."(타협)

멜라니는 이제 그런 행동을 계속하면 상사에게 이 문제를 보고하겠다고 말하려고 했지만, 그 전에 토니에게 먼저 해법을 제시할 기회를 주고자 잠시 멈췄다.

● 5단계: 합의 이끌어내기

"그런 것까지 생각해보지는 못했어요. 정말 그러네요. 다시는 그러지 않겠습니다."

멜라니는 미소를 지으며 말했다.

"**좋아요. 이런 일이 얼마나 큰 피해를 주는지 이해하신다니 다행이라 생각해요.**(최종 확인) 상사에게 의논하기 전에 먼저 어떤 생각인지 이야기를 듣고 싶었어요. **어쨌든 지금까지 그랬던 것처럼 긴밀하게 협력하면서 함께 일하면 좋겠어요.**"(관계 회복)

"정말 고맙습니다."

"천만에요. 그런데 상황을 좀 더 깨끗하게 정리하면 좋을 것 같아요. 팀장님을 찾아가서 지금까지 있었던 일을 이야기하고 다시는 그러지 않겠다고 이야기하는 게 좋을 것 같네요."

"네. 그렇게 하죠. 지금 가서 이야기할게요."

멜라니는 토니가 자신의 잘못을 뉘우치고 상사에게 보고하겠다고 동의한 것에 만족했다.

● 이러한 접근 방식이 효과가 있는 이유

토니가 윤리적 경계를 넘는 것을 우연히 발견한 뒤, 멜라니는 자신이 이 문제를 해결해야 한다고 생각했다. 상사를 찾아가 고자질하고 끝내기보다는 직접 해결하기로 결정했다. 토니에게 해명할 기회를 주고, 문제를 정의한 다음, 그 행동이 왜 잘못되었는지 일깨워주는 데 성공했다. 그리고 마지막으로 강력한 타협안을 제시했다. 어쨌든 토니는 자신이 제시한 해법에 동의했지만, 그러한 다짐을 돌이키지 못하도록 못박기 위해 추가적인 조치가 필요하다고 판단하여 상사를 찾아가 다시 보고하라고 했다.

● 기본적인 원칙

윤리를 위반하는 사람과 맞설 때는 다음과 같이 행동하라.

- 윤리 위반 사실을 알고 있으면서 모른 척하는 것은 자신에게 부정적인 영향을 미칠 수 있다.
- 윤리 위반 행위를 인지했다면, 그 순간 그 문제를 해결하거나 신고할 책임이 자신에게 있다는 것을 명심하라.
- 가끔은 자신의 행동이 부적절하다는 사실을 모르고 하는 사람도 있다. 그럴 때는 곧바로 바로잡아 주는 것이 좋다. 상대방도 금방 받아들일 것이다. 이럴 경우 관망하는 태도는 바람직하지 않다. 어쨌든 마음속으로 어떻게 대화가 펼쳐질지 리허설을 해보는 것이 좋다. 이렇게 준비한 뒤에 다가가면 단

호하게, 자신감 있게 말할 수 있다.

- 상대방에게 자신의 행동에 대해 해명할 수 있는 기회를 줘라. 왜 그런 행동을 했는지 좀 더 깊이 이해할 수 있다.

- 문제를 제대로 정의하려면 윤리 위반 행위가 회사, 다른 직원, 고객에게 어떤 영향을 미치는지 따져보라.

- 윤리 위반 행위에 대해 제시할 수 있는 해법은 강력하게 주의를 주는 것뿐이다. 이 경우 해법은 상대와 타협할 수 있는 성질의 것이 아니다. 어쨌든 그런 행동은 다시 일어나서는 안 된다.

- 이야기가 순조롭게 끝났다고 하더라도, 상대방에게 상사를 찾아가 직접 보고하라고 명확하게 요구하라. 이렇게 해야만 앞으로 다시 발생할지 모르는 윤리 위반 행위의 책임을 상사가 지게 된다.

- 윤리 위반 사항이 매우 심각하거나 동료와 직접 대면하기 곤란한 상황에서는 상사에게 먼저 보고하는 것이 좋다.

- 혹시라도 고소, 고발이 뒤따를 수 있으니 모든 절차와 대화 내용을 문서화하여 기록을 남긴다.

이메일을 남발하는 행동에 대처하는 법

레아는 아침 출근하여 이메일을 열었는데, 리처드에게 이메일이 24통이

나 와 있는 것을 보고는 한숨을 쉬었다. 이메일 에티켓에 대한 이해가 전혀 없는 것 같았다. 그는 자신이 받은 이메일에 답장할 때 공유할 필요가 전혀 없는 내용에도 '전체 답장' 기능을 활용하여 이메일을 뿌렸다. 가끔은 누군가와 나누는 하찮은 농담이 전부인 이메일도 있었다. 1분 1초가 아까운데 쓸데없는 이메일을 열어보고 있는 자신의 모습이 너무 한심했다.

이메일을 보내거나 전달할 때 신중해야 한다는 것은 누구나 알고 있지만, 가장 기본적인 원칙을 이해하지 못하는 사람들이 많다. 그런 사람들은 이메일을 보낼 때마다 모두 공유해야 한다고 생각한다. 이 메일을 수신자가 꼭 읽어야 하는지 생각하지도 않고 무작정 공유한다. 제목도 모호하고 헷갈리게 작성하여 수신자가 일일이 열어서 내용을 확인하게 만든다. 몇 단어만으로 전달할 수 있는 내용을 쓸데없이 장황하게 작성하여 시간을 뺏기도 한다. 특정한 사람에게만 보내도 되는 것을 '전체 답장'으로 모든 사람들에게 뿌린다. 개인적인 농담이나 헛소리를 쓸데없이 공유한다. 두세 사람이 주고받는 긴 이메일 스레드를 계속 전체 공유하며 받은 편지함을 가득 채우기도 한다.

회사에서 일하다 보면 이런 경험을 한 번쯤은 했을 것이다. 이처럼 이메일을 폭격하는 사람과 함께 일하고 있다면, 방법이 있다. 그런 사람이 보낸 이메일은 읽지 않고 삭제하거나 스팸 필터를 사용하여 걸러낸다. 이메일을 모두 열어 빠르게 훑어본다고 하더라도 시간이 꽤 걸리기 때문이다. 그중에 꼭 필요한 이메일이 있다면, 확인해달라는 메시지가 별도로 올 것이다. 그때 찾아서 읽으면 된다. 아니면, 그런 사람에게 직접 이메일 에티켓을 알려줄 수도 있다.

레아는 리처드가 보내는 이메일은 모조리 삭제하기 시작했다. 그러던 중 지난주, 리처드가 보낸 중요한 이메일을 놓쳤다. 이메일을 보지 못했기 때문에 아무 준비 없이 회의에 참석하여 낭패를 보았다. 다시는 그런 실수를 저지르지 않기 위해 그날 이후 모든 이메일을 열어서 읽기 시작했다. 하지만 거의 모든 이메일이 쓸데없는 농담과 헛소리로 가득 차 있었다. 소중한 시간만 계속 잡아먹었다.

● 1단계: 먼저 생각하기

레아는 어떻게 대처하면 좋을지 고민했다. 문제를 회피하는 것은 바람직하지 않았다. 리처드에게 이메일을 남발하는 것이 왜 문제가 되는지 설명한 다음, 꼭 필요한 이메일만 보내라고 알려주기로 했다.

● 2단계: 좀 더 깊이 이해하기

업무가 끝날 무렵 리처드에게 갔다.

"잠깐 시간 있어요? 이야기할 게 있는데."

"네, 하지만 잠깐밖에 안 돼요. 검토해야 할 이메일이 많거든요."

"아, 내가 이야기하고 싶은 게 바로 그거예요. **업무를 처리할 시간도 부족한데 당신이 보내는 이메일 때문에 시간을 너무 많이 잡아먹고 있어요. 그것 때문에 업무도 제대로 처리하지 못하고 스트레스를 받고 있어요.**"('나'를 주어로 하는 말)

"맞아요! 이메일을 보내기 전에 일일이 읽는 데에도 시간이 꽤 걸리죠."

리처드가 웃으며 말했다. 그는 레아의 말을 진지하게 받아들이지 않는 것 같았다.

● 3단계: 문제 정의하기

"지금 웃을 기분이 아니에요. 이메일이 너무 많이 쏟아져 들어온다고요. 사실 그전에는 당신이 보내는 이메일은 거의 읽지도 않고 삭제했는데, 지난주 회의 준비 사항에 관한 이메일을 읽지 않고 회의에 참석했다가, 난처한 상황을 겪었어요. 그래서 다시 이메일을 꼼꼼하게 검토해야겠다고 생각했는데, 당신이 보내는 그 많은 이메일을 다 읽으려니 시간도 없고, 이렇게 매일 퇴근 시간도 늦어지고 있어요."

"그렇군요. 그렇게 생각한 적은 없지만 무슨 말인지는 알 거 같아요. 저도 이메일을 엄청 받아요. 너무 많죠. 하지만 제가 보내는 이메일 농담을 읽는 것을 좋아할 거라 생각했어요."

● 4단계: 최선의 해법 제안하기

"그렇군요. 무슨 생각이었는지는 알겠습니다.(이해) 물론 저도 농담하는 걸 좋아하지만, 그런 농담으로 메일함이 한가득 차는 건 좋아하지 않습니다. 이 문제에 대해 무언가 규칙 같은 걸 정해야 할 것 같아요. **앞으로는 꼭 읽어야 하는 업무와 관련된 이메일만 수신하고 싶습니다."(타협)**

레아는 리처드가 자신의 생각을 이해하길 바라며 자신감 있는 어조로 말을 이어갔다.

"어, 알겠습니다. 그런데 꼭 읽어야 하는 이메일인지 그렇지 않은 이메일인지 어떻게 구분하죠?"

"업무와 관련된 것이라면 그냥 괜찮습니다. 하지만 이메일에 답장할 때 꼭 모두 보게 할 필요 없잖아요. 제가 꼭 읽어야 하는 이메일이라면 최대한 짧고 간결하게 작성해주세요. 그리고 앞서 말했듯이 편지함이 농담으로 가득 차는 것은 좋아하지 않으니 농담은 모두 **빼주세요."(타협)**

● 5단계: 합의 이끌어내기

"제 말에 동의하시는 거죠?"(최종 확인)

"물론이죠. 먼저 생각을 하고 전달했어야 하는데, 제 편한 대로만 생각했던 것 같네요. 앞으로 농담은 보내지 않겠습니다. 이메일을 보내기 전 반드시 필터링할게요."

"고마워요. 이렇게 이야기를 하고 나니 후련하네요. 그렇게 하면 리처드가 이메일을 처리하는 시간도 절약될 거예요. 그리고 재미있는 농담거리가 있으면 휴식 시간에 공유해주세요, 알겠죠?"(화해)

"좋습니다."

● 이러한 접근 방식이 효과가 있는 이유

리처드가 보낸 이메일은 무조건 삭제하던 레아는 사전공지를 확인하지 못한 채 회의에 참석하여 곤란을 겪은 뒤, 새로운 방법을 찾아야겠다고 생각했다. 이후 그녀는 이메일을 일일이 훑어보며 중요한 내용이 있는지 확인했다. 하지만 이런 방법 역시 시간을 너무 많이 잡아먹었고, 올바른 해법이 되지 못했다. 레아는 자신이 겪는 문제를 구체적으로 리처드에게 설명했고 결국 동의를 얻어냈다.

어떤 유형의 이메일만 보내달라고 할 것인지 미리 준비했기에, 어렵지 않게 동의를 끌어낼 수 있었다. 휴식 시간에 농담을 공유하자는 말로 대화를 끝냄으로써 리처드의 기분이 상하지 않도록 배려하며 유쾌하게 대화를 마무리하는 모습을 눈여겨보라.

● 기본적인 원칙

이메일을 쏟아붓는 사람과 맞설 때는 다음과 같이 행동하라.

- 일과 관련된 상황에서는 이메일을 남발하는 사람이 보낸 메일이라고 해도

무조건 삭제해서는 안 된다. 중요한 이메일이 섞여 있을 수 있다.

- 너무나 많은 이메일을 보내 일일이 검토할 시간이 없다면 그 사람을 찾아가 대화한다.

- 업무와 관련이 없어 중요하지 않은 이메일은 읽을 시간이 없다고 솔직하게 말하라. 왜 그것이 문제가 되는지 설명하고 상대방의 이해를 구해야 한다.

- 어떤 이메일만 보내달라고 구체적으로 설명하여 타협을 이끌어내라.

- 이메일에 답장할 때 전체 참조로 보내지 말라고 이야기하라.

- 언제든 조심하는 편이 좋다. 대화를 마무리하기 전에 상대방이 내 말뜻을 정확하게 이해했는지 반드시 확인하라. 그리고 관계를 회복하는 말로 대화를 기분 좋게 끝내자.

가십꾼을 대하는 법

니키는 100여 명이 일하는 사무실에서 근무하고 있다. 그는 자신이 하는 일만 신경 쓰고 남의 이야기를 하는 데에는 휘말리지 않으려고 노력한다. 모든 동료들과 사이좋게 지내고 싶었지만, 옆자리 라이언 때문에 모든 일이 틀어졌다. 라이언은 사무실 안팎에서 일어나는 자잘한 일에 대한 이야기를 쉴 새 없이 퍼트렸다. 칸막이 너머로 고개가 올라올 때마다 니키는 몸서리를 쳤다. 통화 중인 척 연기하며 무시하려고도 했지만 라이언은 어떻게든 최신 소식을 퍼부었다. 하루는 어떤 직원이 중요한 보고서를 엉망으로 만들어 정직 처분을 받을 수 있다는 말을 전했는데, 그 이야기를 듣고 니키의 짜증은 분노로 돌변했다. 자잘한 소문에 귀 기울이고 싶지 않았을 뿐만 아니라, 자신이 좋아하고 존경하는 동료에 대한 악의적인 소문이었기 때문이다. 니키는 그의 이야기가 듣기 싫어 자리를 떴지만, 그런다고 해서 라이언이 가십을 퍼트리는 것을 멈출 리 없었다.

남의 이야기를 퍼뜨리기 좋아하는 사람들이 있다. 이들은 정확하지 않을 수도 있는 소문을 듣고는 한시라도 빠르게 퍼나르고 싶어 한다. 좋은 내용이든 나쁜 내용이든 최신 뉴스를 퍼뜨리고 전달하는 역할을 한다는 데 스스로 자부심을 느끼는 것처럼 보인다.

그런 소문을 듣는 것을 좋아하거나 사무실에서 떠도는 소문에 관심이 있다고 하더라도 장기적으로는, 쓸데없는 소문에 휘말리지 않도록 조심해야 한다. 무엇보다도 자신이 들은 소문을 다른 사람에게 전달하지 않는 것이 좋다. 그런 말을 전달하다가 불쾌한 소문을 퍼뜨리는 주범으로 몰릴 수도 있고, 누군가 내가 한 말 중에서 일부를 문맥에서 빼내 곡해하여 퍼뜨릴 수도 있다. 최악의 경우, 동료와 상사의 신뢰를 잃을 수 있다.

그렇다면 가십에 휘말리지 않기 위해서는 어떻게 해야 할까? 그냥 무시하면 된다. 누군가 그런 말을 하면 반응하지 않고 가만히 있으면 된다. 아무 말도 하지 말고, 또 감정을 표현하는 얼굴 표정도 짓지 마라. 흥분하지 말고 차분함을 유지하며 표정도 최대한 짓지 않는다. 누군가 의견을 묻거나 동의를 유도한다면 이렇게 말한다.

"그 상황에 대해 충분히 알지 못해서 뭐라 말씀드리기 어렵군요."

중립적인 태도를 유지하는 것만으로도 가십에 관심이 없다는 것을 충분히 알릴 수 있다. 라이언처럼 계속해서 가십을 늘어놓는 사람이 곁에 있다면, 무시하는 것이 최선이다. 가십을 퍼뜨리는 사람은 상대방이 응답하길 원한다. 하지만 반응하면 안 된다. 눈썹을 치켜뜨지도 말고 충격을 받은 표정을 지어서도 안 된다. 반응하지 않으면 가십꾼은 금방 눈치를 채고 다른 곳으로 자리를 옮길 것이다.

니키는 끊임없이 가십을 전달하는 라이언을 더 이상 참을 수 없었다. 동료에 대한 나쁜 이야기나 사소한 소문에 대해서는 더 이상 듣고 싶지 않고, 직접 말을 하기로 했다.

● 1단계: 먼저 생각하기

니키는 어떤 말을 하든 라이언의 행동은 바뀌지 않을 것이라고 생각했다. 그래서 현실적인 목표를 두 가지로 잡았다. 지금 곤란에 처해 있다는 동료와 관련된 소문을 바로잡는 것과, 앞으로는 어떤 가십도 듣고 싶지 않다는 것을 분명하게 이해시키는 것이다. 니키는 지금까지 그가 전달한 소문이 자신에게 미친 영향을 어떻게 설명할지 곰곰이 생각했고, 또 라이언과 대화가 어떻게 펼쳐질지 마음속으로 그려보았다.

● 2단계: 좀 더 깊이 이해하기

그날 오후 라이언이 또 칸막이 너머로 불쑥 고개를 내밀었다.

"그거 알아? 믿기지 않겠지만…."

니키는 라이언의 말을 가로막았다.

"라이언, 잠깐만 이리 올래. 할 얘기가 있는데."

라이언은 흥분한 표정으로 옆에 앉았다. 소식을 본격적으로 털어놓을 준비를 하고 있었다. 하지만 니키가 먼저 이야기를 시작했다.

"아니 그런 시시껄렁한 이야기하라고 부른 건 아니고. **해리는 내가 좋아하는 사람인데, 그가 곤경에 처했다고 말하는 걸 듣고 마음이 아프더라고.**('나'로 시작하는 말) 사실 온갖 자질구레한 소문을 들어주는 거 이제는 지겨워. **난 여기 일을 하러 오는 거야. 그 사람에 대해 별것도 아닌 걸로 뒷이야기하는 걸 듣고는 신경이 쓰여서 일하는 데 집중이 되지 않았어.**"('나'로 시작하는 말)

"난 해리에 대해서 들은 말을 전해준 것뿐이야. 내가 지어낸 이야기가 아니야. 그냥 최신 정보를 알려주고 싶었을 뿐이야."

● 3단계: 문제 정의하기

니키는 고개를 끄덕이며 중립적인 표정을 유지한 채 말을 이어나갔다.

"그러니까 그 정보가 사실인지 아닌지는 모르겠고, 그저 들은 내용을 빠르게 전달하기 위해 이야기했다는 거잖아? 그래서 내가 진행하는 프로젝트가 어떻게 되어가는지도 남들한테 알려주는 거고."

"그거야… 내가 모든 소문이 진실인지 확인할 수는 없잖아. 누군가 말했으면 사실일 거라고 생각하는 거지. 그래도 나 때문에 마음이 상한 줄은 몰랐어."

"내 입장도 좀 이해해줘. 원치 않는 소문을 듣고 일이 손에 잡히지 않아서 얼마나 힘들었는데."

"그런 생각은 미처 하지 못했는데, 그랬구나."

● **4단계: 최선의 해법 제안하기**

니키는 앞으로 몸을 기울이며 말했다.

"새로운 정보를 계속 알려주려고 싶어 하는 마음은 이해해.(이해) 하지만 아까도 말했듯이 나는 다른 사람의 일에 대해 알고 싶지 않아. 사무실에 있는 다른 사람들 이야기는 이제 나한테 하지 마. 그 시간에 다른 얘기를 하든가. 난 그냥 여기서 혼자 조용히 일하고 싶어."(타협)

"어쨌든, 회사 소식이 궁금하지 않고, 또 일하는 게 너무 바쁘다면, 아예 말을 하지 않는 게 나을지도 모르겠네."

이러한 방어적인 답변이 나올 것이라고 니키는 미리 예상했고, 이에 대해서도 준비했다.

"오해는 하지 않았으면 좋겠어. 나는 라이언을 좋아해. 라이언과 함께 일하는 게 즐거워. 대화하는 것도 재미있고. 하지만 다른 사람에 대한 소문이나 험담을 듣고 싶지 않을 뿐이야. 다른 주제로 대화할 수 있다면 좋겠어. 업무에 집중하는 데에도 도움이 될 테니까.(타협)

● **5단계: 합의 이끌어내기**

"알겠어. 그 정도는 감수할 수 있어."

니키는 미소를 지으며 말했다.

"좋아.(최종 확인) 남들에 관한 이야기가 아니라면 훨씬 즐거운 대화를 나눌 수 있을 거야."(관계 회복)

"알았어."

● **이러한 접근 방식이 효과가 있는 이유**

니키는 라이언의 행동을 바꾸는 것을 목표로 삼지 않았다. 다만 남들 이야기가 아닌 다른 이야기를 하고 싶다고 알려주는 것이 목표였다. 먼저 동료에 대한 나쁜 소문을 듣고 기분이 어땠는지 분명히 말했다. 그러한 소문으로 인해 업무에 집중하기 힘들어지기 때문에, 그런 이야기는 더 이상 듣고 싶지 않다고 말했다. 이에 대해 라이언은 방어적인 태도를 보였지만, 이러한 반응에 대해서도 니키는 미리 할 말을 준비했다. 자신이 라이언을 싫어하는 것이 아니라는 것을 분명하게 반복해서 말했고, 이로써 대화의 분위기를 살려냈다.

니키는 남들에 대한 소문을 퍼트리는 것이 아니라면 즐겁게 대화할 수 있다고 여러 차례 강조하며 이야기를 마무리했다. 라이언이 자신의 의도를 제대로 이해했는지 타협안을 두 번이나 반복하여 확인한 다음, 이야기를 긍정적으로 마무리했다.

● **기본적인 원칙**

소문을 퍼트리는 사람과 맞설 때는 다음과 같이 행동하라.

- 가십에 대해 반응하지 마라. 중립적인 태도를 유지하며 의견을 제시하지 마라. 적극적으로 얼굴 표정을 표현하지 마라. 동의하거나 놀라는 듯한 몸짓도 하지 마라.
- 가십에 대해 의견을 물으면 대답하기 어렵다고 말한다.
- 가십으로 인해 업무적으로나 심리적으로나 영향을 받기 시작하면 행동에 나서야 한다.
- 그 사람에게 가십이 자신의 업무에 어떤 영향을 미치는지 설명하고, 가십을 듣고 싶지 않다고 말한다.
- 문제를 정의하고, 이에 대한 상대방의 동의를 이끌어낸다.
- 그런 다음 타협안을 제시한다.
- 이제 소문을 전하는 대상에서 나를 제외하겠다는 약속을 받는다.

- 자신이 속한 모임이나 그룹 안에서 가십이나 험담이 도는 것이 거슬린다면, 그런 집단에서 나오라.
- 명심하라. 가십을 공유하는 사람들과 어울리는 사람은 밖에서 보기에 모두 똑같은 일당으로 보일 뿐이다.

뭐든 아는 체하는 사람을 다루는 법

일한 지 3년째 되는 그레이는 다른 사람에게 도움을 요청할 필요가 없을 정도로 업무에 숙련된 상태다. 상사는 그녀에게 원래 업무 이외의 별도 프로젝트를 맡겼고 성공적으로 완료했다. 또한 상사가 휴가를 가면 상사 역할까지 무리 없이 해냈다. 업무 능력이 좋을 뿐만 아니라 다른 직원들과 관계도 좋았으며, 그들의 존경을 받았다. 하지만 단 한 사람 예외가 있었다. 카일은 자기가 뭐든지 가장 잘 안다고 생각한다. 남들을 무시하며 잘난 체했다. 동료들과 이야기해 보니, 모두들 그렇게 생각하고 있었다.

뭐든지 아는 척하는 사람들은 자신이 잘났다고 생각하며 남들의 의견은 무시한다. 다른 사람의 말을 듣지 않으려 하며, 어떻게 해야 하는지 가르치려 든다. 그들은 말하기를 좋아한다. 이러한 행동이 반복되다 보니 마치 성격의 일부처럼 자리 잡고, 다르게 행동하는 방법을 잊고 만다. 자기중심적이고 거만하다. 상대방이 자기보다 많이 알고 있다고 말하면 짜증을 낸다. 그래서 그가 말하면 이미 알고 있는 내용이라고 해도 그냥 참고 들어줘야 할 때가 많다. 상대방을 아무것도 모르는 사람 취급하여 화나게 만든다. 하지만 뭐든지 다 아는 것처럼 말하는 사람을 다루는 아주 효과적인 방법이 있다. 잘난 체하지 않고도 그들을 자연스럽게 눌러버릴 수 있다.

이런 사람들을 다루는 핵심 열쇠는 재치와 단호함이다. 잘 아는 척하는 사람이 무언가 가르쳐주면 큰 소리로 감사하다고 말한 다음, 도움이 필요하면 물어보겠다고 덧붙인다. 이렇게 하면 그의 행동을 멈출 수 있다. 이런 방법이 통하지 않으면 그 사람을 불러서 마음을 터놓고 이야기한다. 상대방에게 똑똑하다는 것을 칭찬함으로써 체면은 살려주되, 그 사람의 행동이 어떻게 느껴지는지 설명한다. 물론 그가 물러서지 않고 자신의 책임을 인정하지 않을 수도 있으니, 그럴 때를 대비해야 한다.

또한 사람을 대하는 태도나 습관은 바꾸기 힘들다는 것을 명심하라. 그런 행동을 나에게만큼은 하지 않도록 할 수 있다면 성공이다. 그러면 직장 동료로서 무리 없이 함께 일할 수 있을 것이다.

그레이는 카일이 잘난 체할 때마다 도움이 필요하면 물어보겠다고 이야기하며 그런 행동을 멈추길 바랐지만, 카일은 멈추지 않았다. 오늘 아침 회의에서 그레이는 자신이 맡았던 프로젝트를 완료했다고 보고했는데, 카일이 갑자기 끼어들더니 마치 자신이 도와주지 않으면 완료하지 못할 것이라는 투로 말했다. 실제로 카일은 어떠한 도움도 준 적이 없었다. 화가 난 그레이는 더 이상 참을 수 없었다. 당장 말할 때가 왔다고 판단했다.

● 1단계: 먼저 생각하기

그레이는 먼저 마음의 분노를 가라앉히고 진정시키기 위해 시간을 가졌다. 무슨 말을 어떻게 할 것인지, 카일이 어떻게 반응할지 생각해보았다. 상황을 그려보며 시나리오를 짜니 카일과 대면할 자신감이 생겼다.

● 2단계: 좀 더 깊이 이해하기

오후 휴식 시간에 그레이는 카일을 찾아갔다.

"이야기하고 싶은 게 있는데, 잠깐 밖에 나가서 이야기할 수 있을까요?"

카일은 고개를 끄덕였다.

"오늘 아침 회의 중에 내가 이미 프로젝트를 완료했다고 말했는데도 뭘 도와주면 좋겠냐고 말해서 정말 짜증이 났어요.('나'로 시작하는 말) **도와주고 싶어 하는 마음은 고맙지만,**(이해) **그런 말을 들으니 내 능력이 부족하다는 느낌이 들더군요."**('나'로 시작하는 말)

그레이는 눈을 마주치며 기분 나쁘지 않으면서도 단호하게 말했다. 곧은 자세로 서서 자연스럽게 손을 옆에 늘어뜨려 자신감 있는 모습을 보였다. 그리고 그레이는 조용하게 카일에게 대답할 시간을 주었다. 카일은 먼 곳을 바라보며 회의 상황을 머릿속으로 다시 그려보는 듯했다. 그러고는 이렇게 말했다.

"아, 그랬나요? 그 프로젝트하고 비슷한 걸 얼마 전에 완료한 적이 있어서, 그걸 어떻게 했는지 알려드리고 싶었을 뿐인데요."

● 3단계: 문제 정의하기

"그렇군요. 제가 따로 카일에게 도움을 요청하지도 않았는데도 도와주려고 한 것이군요."

"네. 제가 진행한 프로젝트를 보고 팀장님께서 매우 만족스러워하셨거든요."

"다시 말하지만, 제가 도움을 요청하지 않았잖아요. 그런데도 도움을 줘야 한다고 생각하셨나요?"

카일은 어깨를 으쓱하며 고개를 끄덕였다.

"깔보거나 무시하려는 의도는 아니었어요."

● 4단계: 최선의 해법 제안하기

그레이는 이쯤에서 논쟁을 끝내기로 했다.

"카일이 똑똑하고 일도 잘한다는 것은 잘 압니다. 하지만 저 역시 똑똑하고 일을 잘한다는 것도 알아주셨으면 좋겠어요. 저는 벌써 3년이나 이곳에서 일을 했고, 또 누구보다도 업무에 대해서 잘 압니다. 팀장님이 제게 그 프로젝트를 맡긴 것도 제가 잘할 수 있다고 생각했기 때문이에요. 사사건건 내가 하는 일에 그렇게 말을 얹으면, 내 가치를 폄하하는 느낌을 받습니다. 이런 문제가 더 이상 생기지 않으면 좋겠어요. 앞으로는 제 업무 지식을 존중해주시면 감사하겠습니다. 물론 도움이 필요할 때도 있겠지만, **제가 요청하지 않는 한 제가 하는 일에 조언 같은 건 하지 않았으면 좋겠어요.**"(타협)

카일은 아무 말도 하지 않았다. 다소 불쾌한 표정을 지었다.

"제가 하는 말에 동의하시나요?"(타협)

● 5단계: 합의 이끌어내기

그레이가 따뜻하게 미소를 지어 보이자 카일의 표정도 누그러졌다.

"아, 네, 물론 동의하죠. 그런 감정을 느꼈다니 미안합니다."

"고마워요. **이렇게 문제를 해결할 수 있어 다행이에요.**(최종 확인) **다시 말하지만 저는 카일을 존중합니다. 이런 이야기를 또다시 하게 되는 건 원하지 않습니다.**"(관계 회복)

● 이러한 접근 방식이 효과가 있는 이유

잘난 체하는 카일의 태도를 끝까지 참고 지낼 수도 있었지만, 그레이는 이제 참는 것이 능사가 아니라고 판단했다. 어떻게 대화를 펼쳐나갈지 생각한 다음, 정중하면서도 단호하게 말함으로써 건설적인 대화를 이끌었다. 먼저 카일이 자랑하고 싶어 하는 그의 지식을 칭찬함으로써, 좀 더 열린 마음으로 절충안에 동의하도록 유도했다. 그의 성격이나 습관을 바꾸는 것은 어렵겠지만, 어쨌든 자신에 대한 태도를 바꾸겠다는 동의를 끌어낸 것만으로도 만족스러웠다.

❗ 생각해보자

잘난 체하는 행동은 많은 경우 뿌리 깊은 불안감과 자신감 부족에서 나온다. 스스로 열등하다고 느끼기 때문에, 그러한 감정이 스며들지 않도록 반대로 우월한 척 행동하는 것이다. 이런 이유로 잘난 척한다고 여겨지는 사람에게는, 진지하게 분노할 필요가 없다. 오히려 진심으로 칭찬하고 자신감을 갖도록 도와주는 것이 좋다.

● 기본적인 원칙

뭐든 아는 척하는 사람과 맞설 때는 다음과 같이 행동하라.

- 크게 문제가 되지 않는다면 그냥 무시하는 것이 최선이다.
- 그 사람의 행동이 신경 쓰여 견딜 수 없다면, 이제 직접 대면하여 갈등을 해결해야 할 때가 온 것이다.
- 원치 않는 조언이나 도움은 필요하지 않다는 것을 단호하면서도 적절한 수준에서 알려줄 수 있는 시나리오를 짠다.
- 상대의 행동으로 인해 어떤 기분을 느끼는지 알려준다.

- 문제를 정의한 뒤, 이에 대한 동의를 이끌어낸다.
- 상대방이 호의적으로 나오지 않는 경우, 상대방이 인정받고 싶어 하는 점을 칭찬하면 태도가 바뀔 수 있다.
- 내가 하는 일에 대해 나도 잘 알고 있다는 사실을 반복해서 강조한다.
- 도움이 필요하면 꼭 먼저 도움을 요청하겠다고 말한다.
- 타협안에 동의하게 한 다음에는 합의안을 다시 확인하고 관계를 회복하는 말로 대화를 끝마친다.

지각대장을 다루는 법

홀리는 계속 지각하는 동료 사라 때문에 화가 났다. 오늘 아침에 홀리가 더욱 짜증난 이유는 사라가 고객과 아침에 약속을 해놓고 지각했기 때문이다. 사라가 출근하기도 전에 고객이 먼저 찾아왔고, 홀리는 고객을 대신 응대하며 달래야 했다. 고객은 화를 냈다. 하지만 사라는 오지 않았고, 결국 홀리는 사라 대신 고객의 클레임을 처리했다. 뒤늦게 헐레벌떡 출근한 사라는 홀리에게 사과조차 하지 않았다. 더 나아가 홀리가 하는 말을 농담으로 얼버무리며 넘기려고 했다. 사라는 업무 규칙을 우습게 여기는 것 같았다. 그녀의 지각으로 인해 자신의 업무까지 피해를 입는 상황에서 홀리는 더 이상 참을 수 없었다.

습관적으로 지각을 하는 사람이 있다. 이들은 사라처럼 시간 규율을 중요하게 여기지 않는다. 매일 아침 늦게 출근하고, 약속에도 늦게 나오고, 제시간에 오지 않는다. 이들은 다른 사람을 존중하지 않으며, 자기 시간만 소중하다고 여긴다. 이러한 행동이 습관화된 사람은 주변 사람에게 피해를 줄 수 있다. 그런 사람이 몇 번 늦게 오는 것을 경험하고 나면 화가 나기 마련이다. 말을 하지 않으면 그러한 행동은 멈추지 않을 것이고, 그 사람과 만날 때마다 화가 날 것이다.

습관적으로 지각하는 행동은 지적해야 한다. 특히 그의 지각으로 인해 피해를 보는 상황이라면, 당연히 지적해야 한다. 하지만 먼저 그 사람이 왜 지각을 하는지 파악하는 것이 좋다. 그러면 어떻게 대화를 펼쳐나갈지 좀 더 효과적으로 시나리오를 짤 수 있다. 해야 할 일이 너무 많아서? 스트레스가 극에 달해서? 규칙에 얽매이기 싫어서? 해야 할 일이 너무 많거나 스트레스를 많이 받는 사람이라면 단순히 규칙을 중시하지 않는 사람보다는 좀 더 세심하게 이야기를 풀어나가야 할 것이다.

사라는 여느 때처럼 자신이 충분히 일찍 집을 나섰다고 혼잣말하듯이 변명을 했다. 홀리가 보기에 사라는 시간 계산을 제대로 하지 못하고 있는 것 같았다. 하지만 그녀의 지각으로 인해 그녀의 고객을 대신 응대해준 것은 그냥 넘어갈 수 없는 일이었다. 이제 분명하게 이야기해야 할 때가 온 것이다.

● 1단계: 먼저 생각하기

지각한 것에 대한 사라의 변명을 또 듣는 것은 지겨웠기에, 홀리는 그녀의 지각으로 인해 자신이 어떤 피해를 입었는지 알려주는 것이 가장 효과적일 것이라고 판단했다. 또한 제시간에 맞춰 출근할 수 있는 방법을 제안을 하기로 마음먹었다.

● 2단계: 좀 더 깊이 이해하기

다음 날 아침, 사라는 또 헐레벌떡 출근을 하면서, 오늘도 일찍 출발했는데 늦었다고 습관적인 변명을 했다. 이 말을 듣고 홀리는 말했다.

"사라, 맨날 하는 말이 똑같네요. 그러면 나는 어떻게 매일 아침, 시간에 맞춰 출근할까요? 매일 지각하는 모습을 더 이상 못 봐주겠네요. 더욱이 어제는 내가 당신의 고객을 대신 응대해줬어요. **그건 공평하지 않다고 생각하는데.**" ('나'로 시작하는 말)

"미안해요, 충분히 일찍 나온다고 나왔는데… 우리 집 시계가 맞지 않나봐요."

● 3단계: 문제 정의하기

홀리는 고개를 끄덕이며 미소를 짓고, 이해한다는 듯 눈썹을 올렸다.

"**아, 시계가 맞지 않는다면 그게 문제일 수 있겠네요.**(이해) 하지만 어제 고객과 약속을 해놓고 지각하는 바람에 내 하루 일정이 엉망이 되었는데,

그건 저의 문제인가요?('나'에 초점을 맞춘 말) 내가 지금 무슨 말을 하는지 아시겠죠?"

"그런 일은 어제 한 번뿐이었잖아요. 그게 그렇게 큰 문제였나요?"

홀리가 정의한 문제에 사라는 동의하지 않았다.

"물론 그런 일은 한 번뿐이었지만 이렇게 계속 지각하면 그런 일이 또 생길 수 있다는 말 아닌가요? 제가 왜 이런 말을 하는지 이해해주셨으면 좋겠어요."

"이해하고 있습니다. 제 고객을 대신 응대하게 해서 죄송하다고 말씀드렸잖아요."

● **4단계: 최선의 해법 제안하기**

"제가 도움이 될 만한 제안을 하나 해도 될까요?"

미리 상상하며 준비했던 대로 대화가 흘러가는 것에 홀리는 뿌듯한 마음이 들었다. 사라가 대답했다.

"물론이죠."

"집의 시계를 15분 일찍 설정하면 어떨까요? 그러면 제시간에 도착하는 데 문제가 없을 거 같은데.(타협) 그리고 내 경험상, 출근 시간에 딱 맞춰 오는 것보다 조금 일찍 출근하면 하루를 훨씬 여유롭게 시작할 수 있더라고요.('나'로 시작하는 말)

"도움이 될 거 같아요. 집에 가서 시계를 다시 맞춰놓을게요. 내일은 꼭 제시간에 출근하는 모습을 보여드릴게요!"

"훌륭해요!(최종 확인) 제시간에 출근하면 하루를 더 차분하게 시작하는 데 도움이 될 거예요."(관계 복원)

● 이러한 접근 방식이 효과가 있는 이유

사라가 매일 지각하는 모습을 보며 혼자 분통을 터뜨릴 수도 있었지만, 홀리는 불만에 찬 고객을 대신 처리해준 뒤 가만히 두고 보기만 해서는 안 되겠다고 결정했다. 물론 상사에게 보고하는 것으로 끝낼 수도 있었지만 자신이 직접 이야기하고 해결하는 것이 낫다고 생각했다. 어쨌든 상사에게 지적을 받는 것보다는, 동료들끼리 해결할 수 있는 일은 동료들끼리 해결하는 것이 바람직하다고 생각했기 때문이다.

그녀와 어떻게 대화를 이어나갈 것인지 계획을 한 뒤 홀리는, 사라가 또 지각을 하면 이야기하기로 마음먹었다. 사라의 지각으로 인해 자신과 고객이 어떤 영향을 받았는지 이야기하고 이에 대한 이해를 이끌어냈다. 그리고 늦지 않게 출근하는 데 도움이 될 만한 제안을 했고, 사라는 이를 기쁘게 받아들였다. 홀리는 자신의 고민을 털어놓고 이에 대해 이해를 이끌어냈다는 사실에 기뻤다.

❶ 생각해보자

어느 한 사람으로 인해 회의나 업무를 제어 또는 시작하지 못하고 기다리는 상황이 반복된다면, 동료의 압박으로 그런 행동을 고쳐줄 수 있다. 그 사람이 도착했을 때 동료가 바로 지적해주는 것이다. 또는 회의를 주재하는 리더가 공식적으로 시간을 지키라고 지적할 수도 있다. 어쨌든 습관적으로 지각하는 사람의 행동을 바로잡는 것은 리더의 몫이다. 핵심은, 다른 참석자들을 존중하고, 다른 사람들의 시간도 소중하다는 것을 분명하게 일깨워줘야 한다는 점이다. 어쩔 수 없는 상황이 아닌 한, 지각하는 사람을 기다려주지 말고 정해진 시간에 회의를 시작하라.

● 기본적인 원칙

습관적인 지각에 대해서 지적할 때는 다음과 같이 행동하라.

- 모른 척 참지 마라. 그의 지각으로 인해 피해가 발생한다면 바로 지적해야 한다.
- 지각하는 원인이 될 수 있는 개인적인 문제가 있는지 살펴보라.
- 반복적인 지각으로 인해 다른 사람이 어떤 부정적인 영향을 받는지 충분히 설명해야 한다.
- 지각이 왜 문제가 되는지 이해시켜야 한다.

- 제시간에 출근할 수 있도록 도움이 되는 제안을 준비한다.
- 그래도 문제가 계속된다면, 아예 무시하거나 상사에게 보고하라.

너무 크게 말하는 사람을 다루는 법

베키는 어찌할 바를 몰랐다. 옆자리의 에릭이 쩌렁쩌렁 울리는 목소리로 전화 통화를 하는 바람에 귀가 아플 지경이었다. 한두 번이 아니었다. 고객의 불만을 처리하기 위한 전화 통화를 해야 하는데, 잘 들리지 않을 정도로 시끄러웠다. 오히려 전화선 너머 고객은 어떻게 그렇게 시끄러운 곳에서 일을 할 수 있냐고 물었고, 베키는 고객에게 하소연을 했다. 겨우 통화를 끝내고 에릭을 째려보았지만 아무 신경도 쓰지 않았다.

시끄러운 사람 옆에서 일을 해야 하는 것만큼 고역도 없을 것이다. 옆에서 너무 시끄럽게 떠들면 고객과 대화하는 것은 물론, 집중하는 것도 어려울 수 있다. 베키의 경우처럼 고객까지 시끄럽다고 인정할 정도면 심각한 상황이다. 큰 소리로 말하는 것뿐만 아니라 휘파람을 불거나, 쩝쩝거리거나, 몸을 쉴 새 없이 움직여 소리를 내거나, 거슬리는 숨소리로 인해 주변 사람들을 방해하는 사람도 있다. 핵심은, 계속 소리를 내어 곁에서 일하는 사람들의 신경을 자극하면서도 정작 자신의 그런 행동이 문제라는 점을 인지하지 못한다는 것이다.

직장에 따라 다르겠지만, 귀마개를 착용하거나 백색소음을 틀어놓는 방법도 시도할 수 있다. 물론 이것은 제한적인 해법에 불과하다. 특히 고객이나 동료와 대화해야 하는 경우라면 이러한 방법으로 해결할 수 없다. 여러 사람과 함께 일을 하려면 들어야 한다. 그렇다면 목소리가 큰 사람에게 어떻게 주의를 줘야 할까? 곤란한 표정을 짓거나 '쉿'이라는 말을 하며 조용히 하라는 제스처만으로도 충분할 수 있겠지만 그렇지 않을 때도 있다.

큰 목소리로 떠들거나 휘파람을 불거나, 쩝쩝거리거나, 몸을 쉴 새 없이 움직여 소리를 내거나, 거슬리는 숨소리로 신경을 거스르는 사람이 있다면 문제를 해결해야 한다. 어떤 면에서 업무수행에 방해가 되는지, 자기에게 어떤 곤란을 일으키는지 초점을 맞춰 문제를 정의하라. 고객이나 외부인도 시끄럽다고 인정했다면 이를 자신의 주장을 뒷받침하는 근거로 제시할 수 있다.

그날 오후, 에릭은 또다시 큰 소리로 통화를 했고, 베키는 통화하는 데 곤란을 겪었다. 베키는 벌떡 자리에서 일어나 에릭을 향해 이를 악무는 표정을 지으며 속삭였다. "좀 조용히 해주시겠어요?" 에릭은 그녀를 쳐다보더니 짜증을 내는 표정을 지었고, 손을 저으며 방해하지 마라는 신호를 보냈다. 베키는 에릭을 따로 불러서 문제에 대해 논의해야겠다고 결심했다.

● 1단계: 먼저 생각하기

동료로서 좋은 관계를 깨고 싶지 않았기에 웬만하면 참고 넘어가려고 했지만, 아무래도 에릭이 자신의 큰 목소리가 얼마나 방해가 되는지 알지 못하는 것 같아 베키는 말을 하기로 결심했다. 어떻게 말해야 에릭을 화나게 하지 않고, 또 방어적으로 행동하게 하지 않고, 문제를 해결할 수 있을지 고민했다. 마음속으로 여러 가지 시나리오를 짜며 대화를 준비했다.

● 2단계: 좀 더 깊이 이해하기

베키는 에릭이 전화를 끊을 때까지 기다렸다.

"잠깐 시간 있어요?"

"무슨 일이에요?"

에릭은 활짝 웃으며 맞이했다. 베키는 남들과 맞서는 것이 익숙하지 않았기에 마음이 가볍지 않았다.

"사실, 용기를 내서 하는 말인데, 에릭이 너무 큰 소리로 말해서, 고객의 목소리가 잘 들리지 않아요. 통화하는 것도 정말 힘들어요."('나'에게 초점을 맞춘 표현)

"그래요? 다른 사람은 아무 문제도 없는 것 같은데?"

에릭은 문제를 인정하지 않았다.

"아니, 제가 통화하는 고객들도 그렇게 말하더라고요. 오늘 아침에도 한 고객이 옆 사람 목소리가 너무 커서 무슨 말을 하는 건지 헷갈린다고요."

에릭은 방어적인 태도를 취했다.

"그러면 제 고객들도 베키의 목소리를 들었을 겁니다. 다른 사람들은 누구도 그런 말을 한 적이 없는데."

베키는 살짝 미소를 지었지만 진지한 표정을 지었다.

"나도 다른 사람에게 이런 얘기를 한 적 없어요. **그런데 에릭은 자기가 얼마나 큰 목소리로 말하는지 모르겠지만(이해) 너무 크게 이야기해서 고객과 통화할 때 말소리가 잘 안 들릴 때가 많아요.('나'를 주어로 하는 말)** 그리고 이건 내가 예민한 게 아니라, 나랑 통화하는 고객들도 옆이 너무 시끄러워서 내 목소리에 집중하기 힘들다고 말한다고요."

"제 목소리가 그렇게 큰지 몰랐어요."

● 3단계: 문제 정의하기

에릭이 방어적인 태도를 풀고 수긍하자 베키는 다소 안도할 수 있었다.

"**나를 방해하려고 일부러 크게 말하는 건 아니겠지만(이해)** 제가 고객과 통화하기 어려울 만큼 곤란을 겪고 있다는 걸 이해해주셨으면 합니다."

에릭은 고개를 끄덕이며 미소를 지었다.

"알겠습니다. 그것이 어떤 문제를 일으키는지 이해했어요."

● 4단계: 최선의 해법 제안하기

베키는 해법을 제시했다.

"우리가 함께 공존할 수 있는 해법을 찾고 싶어요. 우리 둘 다 좀 더 목소리를 낮춰서 이야기하면 고객과 통화하는 데 문제가 없을 것 같은데, 어떻게 생각하세요?"(타협)

● 5단계: 합의 이끌어내기

"그러면 서로 평화 협정을 체결하죠."

에릭이 던진 농담에 웃음이 터져 나왔다.

"약속할게요.(최종 확인) 나쁜 감정은 없다는 거 아시죠? 에릭과 일하는 건 너무 재미있어서 자리는 바꾸고 싶지 않아요."(관계 회복)

"그럼요. 저도 똑같은 생각이에요!"

● 이러한 접근 방식이 효과가 있는 이유

자리에서 일어나 조용히 하라고 몸짓했지만 에릭이 무시하는 것을 보면서 베키는 그가 옆사람을 방해할 정도로 너무 큰 목소리로 말하고 있다는 사실을 모르고 있다고 확신할 수 있었다. 베키는 어떻게 대화를 펼쳐나갈지 생각했고, 정리가 된 다음 에릭에게 다가갔다. 먼저 이렇게 문제를 제기하는 것 자체가 큰 용기가 필요했다고 말한 다음, 자신이 어떤 곤란을 겪고 있는지 명확하게 설명했다. 고객들도 옆 사람 소리가 너무 커서 통화가 어렵다고 했다는 말을 전하여 이것이 문제라는 것을 이해시킬 수 있었다.

베키는 물론 큰 소리로 말하는 사람이 아니었지만, 타협을 이끌어내기 위해 두 사람 모두 좀 더 작게 말하자고 제안했고, 이에 에릭도 기분 상하지 않고 흔쾌히 동의했다. 끙끙 앓던 문제를 용기 내어 터놓고 이야기하고, 또 해결한 자신이 대견스럽게 여겨졌다.

❶ 생각해보자

큰 목소리로 말하는 사람 중에는 청각에 문제가 있는 경우도 있다. 먼저 주의 깊게 살피며 확인해야 한다. 청각장애가 있는 사람이라면 좀 더 신중하게 접근해야 한다. 그런 경우에는 그 사람에게 직접 찾아가 이야기하기보다 상사와 먼저 논의하고 해법을 찾는 것이 좋다. 장애가 있는 사람을 당황스럽게 하는 것은 바람직하지 않다.

● 기본적인 원칙

너무 크게 말하는 습관을 지적할 때는 다음과 같이 행동하라.

- 크게 말하는 사람은 정작 자신이 주변 사람들에게 피해를 입히고 있다는 사실을 모르고 있을 수 있다.
- 너무 크게 떠들어 업무에 방해가 될 경우에는 가벼운 몸짓으로 '쉿!' 하고 주의를 준다. 이런 몸짓만으로도 효과가 나타날 수 있다.
- 그래도 효과가 없다면 그 동료에게 직접 이야기해야 한다.
- 상대방은 자신의 목소리 때문에 옆 사람들이 곤란을 겪는다는 사실을 모르

고 있을 수 있으니, 그런 점부터 설명하고 이해를 구해야 한다. 큰 목소리로 인해 어떤 어려움을 겪고 있는지 구체적인 사례를 들어 설명하라.

- 나뿐만 아니라 고객들의 이야기를 전하면 훨씬 설득력이 높아질 수 있다.
- 상대방이 방어적인 태도를 보일 때는 재치 있게 대응해야 한다.
- 상대방이 자신을 문제의 원인이라고 인정하고 나면, 해법을 제시한다.
- 이렇게 대화를 하고 난 뒤에도 문제가 지속된다면, 상사에게 이야기하여 조용한 자리를 바꿔달라고 요청한다.

회의를 독점하려는 행동에 대처하는 법

벤은 오후 일정을 생각하며 한숨을 쉬었다. 팀장으로서 그는 매주 회의를 진행했는데, 매번 회의 때마다 발언을 거의 독점하며 회의를 주도하는 제이슨 때문에 상당한 스트레스를 받고 있었다. 그로 인해 회의는 예상보다 길어졌고, 다른 팀원들은 회의가 빨리 끝나기만을 기다렸다. 더욱이 지난주 회의는 험악한 분위기로 끝났다. 팀원 중 한 명이 제이슨을 향해 기분 나쁜 농담을 던졌고, 제이슨도 이에 맞서 되받아쳤다. 벤은 분위기가 나빠질까 허겁지겁 회의를 마쳤다.

회의를 독점하려는 사람은 회의를 고역으로 만든다. 다른 사람의 발언을 방해하거나, 이슈에 대해 장황하게 떠들거나, 의제와 무관한 이야기를 하거나, 너무 많은 질문을 남발한다. 이런 사람들은 말하는 것을 좋아하고, 자신이 말하는 것을 듣는 것도 좋아한다. 이들은 자신이 하고 싶은 말은 반드시 해야 한다고 생각한다. 너무나 중요한 내용이기 때문에 자신이 하는 말을 다른 참석자들이 들어야 한다고 생각하며, 그들을 인질로 잡고 계속 말을 이어나간다.

핵심은 회의가 중요한 업무 중 하나일 수는 있지만, 너무 오래 지체되면 안 된다는 것이다. 특히 너무 말이 많은 한 사람으로 인해 다른 이들이 붙잡혀 있어야 한다면, 업무에 큰 손실이 발생할 수도 있다. 회의를 독점하지 못하게 막는 가장 쉬운 방법은 동료 압박을 활용하는 것이다.

"제이슨, 이제 다른 사람들의 이야기도 들어봐야 하니까 정리해주세요. 10초 안에 마무리. 시작!"

'농담'처럼 웃으며 하는 말이지만, 많은 이들이 이런 압박을 통해 자신의 행동을 교정할 것이다. 하지만 이런 처방이 통하지 않는다면 어떻게 할까? 지난주 회의에서 제이슨이 보였던 것처럼 방어적으로 나온다면? 그럴 때는 회의를 진행하는 사람이 나서서 해결해야 한다. 이제 벤이 나설 차례다. 회의를 시작하기 전에 먼저 이 문제를 해결해야 한다. 다시 제이슨이 발언을 독점하는 상황이 펼쳐지기 전에 조치를 취해야 한다.

벤은 지난주 회의에서 오고 간 무례한 농담이 또다시 반복되는 것을 원치 않았다. 제이슨의 행동을 멈추기 위해 무언가 말을 해야만 했다.

● 1단계: 먼저 생각하기

벤은 회의를 시작하기 전에 몇 가지 규칙을 정해야겠다고 결심했다. 또한 지난주 회의에서 있었던 일에 대해서 언급해야 한다고 생각했다. 반면, 제이슨의 행동에 초점을 맞추는 것은 그다지 효과적이지 않은 접근 방식이라고 판단했다. 회의를 시작하면서 문제를 정의하는 것부터 먼저 하면 좋을 것 같았다. 회의에서 무슨 말을 어떻게 할 것인지 머릿속으로 리허설을 했다. 덕분에 단호하게 말할 수 있었다. 비언어적인 요소에도 주의를 기울였다. 똑바로 앉아서 팀원들과 일일이 눈을 마주치며 말했다. 목소리에서도 자신감이 묻어나왔다.

● 2단계: 좀 더 깊이 이해하기

회의 진행에서 경험한 문제는 팀원들 모두 공감하는 것이기 때문에 생략한다.

● 3단계: 문제 정의하기

벤은 먼저 바쁜 시간에 회의에 참석해준 것에 대해 감사를 표한 다음 이렇게 말했다.

"회의를 시작하기 전에 지난주에 있었던 일에 대해서 먼저 이야기해야 할 것 같습니다."

그는 제이슨을 똑바로 바라보며 말했다.

"제이슨, 어쨌든 우리가 기분 나쁘게 했다면 사과하고 싶어요.(사과) **그리고 마지막 말은 농담으로 한 것이라고 생각하는데, 이해해주셨으면 좋겠습니다."**(이해)

그런 다음, 사람들의 눈을 하나씩 마주치며 말했다.

"그리고 회의 시간은 정해져 있다는 것을 명심해주시기 바랍니다. 모든 사람이 자신의 생각을 충분히 이야기할 수 있는 기회를 가져야 합니다. 누구든 소외되어서는 안 됩니다. **그러기 위해서는 서로 존중해야 한다고 생각합니다.**('나'로 시작하는 표현) 여러분도 제 생각에 동의하시나요?"

모두 고개를 끄덕이거나 동의한다고 대답했다.

● 4단계: 최선의 해법 제안하기

"지난주 회의가 끝난 뒤, 효과적인 해법이 없을까 고민했습니다. 먼저 여러분에게 모두 똑같이 기회를 주고자 합니다. 그러니 앞으로는 제가 안건을 소개하는 동안에는 의견을 내는 것을 잠시 보류해주시면 좋겠습니다. **안건 소개가 끝나면 한 명씩 돌아가며 의견을 말할 수 있는 시간을 드리겠습니다.** 다만, 타이머를 준비했습니다. 의견을 말할 시간을 얼마나 할당하면 좋을까 생각했는데, 1인당 2분씩 발언하면 충분할 것 같습니다. 이렇게 하면 의제에서 벗어나지 않으면서 시간에 맞춰 회의도 마칠 수 있을 겁니

다. 어떻게 생각하시나요?"(타협)

벤은 팀원들을 관찰하였다. 모두 긍정적인 반응을 보였다. 특히 제이슨을 유심히 보았다. 그 역시 고개를 끄덕이며 동의했다. 그때 조시가 입을 열었다.

"각자가 2분씩 발언을 한다면, 보통 회의에 10명이 참석하니까, 전체 발언이 끝나려면 20분이 걸립니다. 안건을 소개하는 시간도 2분으로 제한하면 좋겠습니다. 답변 시간은 1분이면 충분하다고 생각합니다."

"답변 시간 1분에 대해서는 어떻게 생각하시나요?"

벤이 물었다. 간단한 토론 끝에 1분이면 충분하다는 데 모두 동의했다.

● 5단계: 합의 이끌어내기

"좋아요! 이렇게 모두 의견을 모을 수 있어 기쁩니다. 이 방식이 효과가 있을 거라고 확신합니다. 회의도 더 빨리 끝낼 수 있을 것 같습니다."(최종 확인)

회의는 순조롭게 진행되었고 팀원들은 타이머에 맞춰 발언하는 것을 즐겼다. 회의를 마무리하기 전, 벤은 이렇게 말했다.

"이렇게 시간을 지켜주셔서 감사합니다. 서로 존중하는 방식으로 문제를 해결할 수 있어 정말 기쁩니다."(관계 회복)

● 이러한 접근 방식이 효과가 있는 이유

이 경우에는 제이슨의 행동에 초점을 맞추지 않고 회의에 참석하는 사람들에게 모두 영향을 미치는 문제에 초점을 맞췄다. 벤은 문제를 규정하고 이를 해결하기 위한 타협안을 제시했다. 모두 참여하는 토론 끝에 합의에 도달할 수 있었고, 이로써 앞으로 회의를 진행할 때 지켜야 하는 기본 규칙을 세웠다. 덕분에 누구도 소외되지 않고 존중받는 분위기를 만들었다. 차분하면서도 자신감 있는 태도를 유지한 덕분에 벤은 문제를 회피하지 않는 리더라는 존경도 받게 되었다.

❶ 생각해보자

내가 회의를 이끄는 리더가 아니라면 어떻게 할까? 리더가 발언을 독점하는 사람을 방치하는 경우는? 회의가 매우 길어지고, 업무에 방해가 된다면 문제 해결에 나서야 한다. 이럴 때 문제의 대상은 발언을 독점하는 사람이 아니라, 회의를 진행하는 사람이다. 회의에서 발언권을 얻어 현재 상황이 나에게 어떤 영향을 미치는지 설명해야 한다. 구체적인 실행 방법은 갈등 해결을 위한 5단계 프로세스를 따르면 된다. 해법을 제안한 뒤 토론을 거쳐 다른 사람의 동의를 구하라.

● 기본적인 원칙

회의를 독점하는 사람이 있을 때는 다음과 같이 행동하라.

- 회의를 진행한다면, 상대가 발언을 독점하려고 할 때 정중하게 끼어들어 다른 사람들의 의견을 듣고 싶다고 말함으로써 발언을 끊을 수 있다.
- 회의를 진행하지 않는 경우 발언을 독점하며 시간을 끄는 사람에게, 발언을 끝마칠 시간이 왔다는 것을 가볍게 알려준다.
- 하지만 이러한 접근 방식은 일시적으로만 효과적인 경우가 많다. 근본적인 해법은 되지 않는다.
- 장기적으로 문제를 해결하기 위해서는 회의를 시작하기 전 문제부터 정의해야 한다. 문제 정의에 대해서는 참석자들의 동의를 구한다.
- 회의 진행자를 포함하여 모든 사람의 발표 시간을 제한하는 규칙을 설정하여 타협안을 제시한다.
- 타협안에 대한 모든 이들의 동의를 끌어낸다. 참석자들은 대부분 동의할 것이다. 또는 앞의 경우처럼 보완책이 나올 수도 있다. 어쨌든 해법에 대해서 모든 이가 동의해야 한다.
- 물론 회의를 독점하는 사람의 동의를 얻는 것이 가장 중요하다.
- 자신이 회의 진행자가 아니라면, 정중하게 이 문제를 의제로 제안한다.
- 이렇게 회의 진행 규칙이 정해진 다음에는 지켜야 한다. 또다시 회의를 독점하려는 사람이 있다면, 모든 사람이 합의한 기본 규칙을 일깨운다.

지나치게 실수하는 사람을 다루는 법

안나는 수키의 실수를 바로잡아주는 데 지쳤다. 수키는 신입사원이긴 하지만, 직무훈련을 이수했다. 안나 역시 처음 입사했을 때 같은 훈련을 받고 업무에 투입되었지만, 수키처럼 많은 실수를 저지르지는 않았다.

다른 사람의 실수를 바로잡는 일은 쉽지 않다. 특히 같은 사람의 반복되는 실수를 바로잡다 보면 쉽사리 짜증이 난다. 그럴 때는 먼저 이런 생각이 들게 마련이다.

'교육 훈련이 부족한 것 아닐까?'

'열심히 하고자 하는 의욕이 부족한 것 아닐까?'

문제 해결에 뛰어들기 전에 상황을 먼저 정확하게 분석해야 한다.

- 업무 경력이 부족한 신입인가?
- 교육 훈련을 제대로 받았나?
- 업무를 제대로 수행하고 있는지 상사가 확인하는가?

업무에 대한 지식이 부족해서 실수하는 것이라면 스스로 멘토가 되어 도움을 줄 수 있다. 업무에 서툴러 자꾸 실수할 때 어떤 기분이 드는지 나도 잘 안다고 위로하거나, 모르는 것이 있으면 언제든 물어보라고 말하여 심리적인 안정감을 줄 수도 있다.

하지만 교육도 충분히 받았고, 업무 지식도 나와 크게 차이 나지 않는데, 계속 실수하는 경우는 어떻게 해야 할까? 여러 상황을 고려하여 무엇이 문제인지 찾아야 한다. 정신이 산만해서 그렇다고 결론을 내렸다면, 그 원인은 무엇일까? 최근에 무슨 일을 겪은 것일까? 집안일 때문에 스트레스를 받는 것일까? 아니면 회사생활에 대한 열의가 떨어진 것일까? 그의 삶에 무슨 일이 있는지 이해할 수 있다면 대화를 이끌어가는 데 도움이 되는 통찰을 얻을 수 있다.

안나는 수키에 대해 개인적으로 잘 알지 못했기 때문에 문제의 원인에 대해서는 어떠한 결론도 내릴 수 없었다.

● 1단계: 먼저 생각하기

안나는 수키의 실수에 대해 이제 이야기해야 할 때가 되었다고 판단했다. 먼저 수키의 상황을 파악하기 위해 시간을 들였다. 하지만 그에 대해 아는 것이 많지 않았기에 수키에게 직접 물어보는 수밖에 없었다. 점심을 먹고 돌아오는 길에 안나는 둘이 조용히 남겨질 기회를 잡았고 이야기를 시작했다.

"이야기하고 싶은 게 있는데. 회사에 들어온 지 얼마 되지 않아서 아직은 어색하고 불편하게 많을 거야. **나도 그런 기분을 겪었으니까.(이해)** 내가 이야기하고 싶은 건, 이번 주에 실수를 세 번이나 하는 바람에 내가 이를 바로잡느라 고생했고, 이로 인해 내가 할 일이 밀리고 있다는 거야. 지금은 업무에 치이고 있는 느낌이야."('나'로 시작하는 말)

그녀는 동정하는 미소를 짓고 눈을 마주보며 염려하는 표정을 했다.

"이런, 정말 죄송합니다."

수키는 어쩔 줄 몰라 하며 말했다.

"사과할 필요 없어. 혹시 무슨 일이 있나 궁금해서. **도와줄 수 있는 일이 있나 알고 싶을 뿐이야.(타협)** 이번 주 실수는 모두 디스패치 코드를 제대로 할당하지 않아서 생긴 거던데."

"좀 헷갈리는 건 사실이에요. 코드를 컴퓨터에서 일일이 찾는 건 시간이 너무 오래 걸려서 그걸 외우려고 하는데, 코드가 너무 많아서 자꾸 헷갈리네요. 다른 방법을 찾아야 할 것 같아요."

안나는 고개를 끄덕이며 이해한다는 것을 알려주었다.

"**그러니까 지금 코드를 모두 외워서 한다는 거구나. 그건 쉽지 않은 일이야. 나도 처음에 어떤 기분이었는지 기억이 나네. 하지만 나는 그걸 다**

외울 수 있다고 생각하지 않았어. 어쨌든 시간이 지나면서 대부분 저절로 외우게 되긴 했지만. 수키도 곧 그렇게 될 거야."(이해)

수키는 고개를 끄덕이며 동의했다.

● 4단계: 최선의 해법 제안하기

"이렇게 하면 어떨까? 자주 쓰는 코드들을 모아서 간단한 표를 만들어 줄게.(타협) 이걸 활용하면 좀 더 쉬울 거야. 가끔 나오는 코드만 컴퓨터에서 확인하고. 사실 나도 기억하지 못하는 코드가 많아."

둘 다 미소를 지었다.

● 5단계: 합의 이끌어내기

"와! 정말 큰 도움이 될 것 같아요. 상사에게 보고하지 않고 이 문제에 대해 먼저 이야기해 주셔서 감사합니다."

"이렇게 도움을 줄 수 있어서 기뻐.(최종 확인) 아까도 말했지만, 아직 업무에 서툰 신입사원 기분이 어떤지 나도 잘 알아.(이해) 일하다가 모르는 것이 있으면 주저하지 말고 나한테 물어봐. 금방 적응할 거야. 도와줄 수 있다는 것만으로도 나는 좋아."(관계 회복)

● 이러한 접근 방식이 효과가 있는 이유

안나는 수키의 계속되는 실수를 고쳐주는 것이 짜증 났지만, 먼저 수키의 입장이 되어보는 시간을 가졌다. 그 시간을 통해 신입사원의 상황을 이해할 수 있었다. 이야기하는 동안에는 몸짓과 표정을 통해 염려하는 마음을 전했다. 그리고 어떤 실수를 자신이 고쳐줬는지 구체적으로 언급했다. 안나는 이렇게 솔직하게 이야기해서 실수를 하는 원인이 무엇인지 진정으로 알고 싶어 한다는 인상을 주었다.

수키는 코드를 잘못 기억하여 문제가 생겼다고 말했고, 안나는 코드표를 만들어주겠다는 타협안을 제시했다. 수키는 자신의 실수를 상사에게 보고하지 않고 자신에게 먼저 이야기한 것에 대해 고마워했다. 자신을 진심으로 배려하고 신뢰한다는 것을 알게 됨으로써 수키는 안나를 더욱 믿게되었다. 이들은 좀 더 든든한 동료로 발전해 나갈 것이다.

❶ 생각해보자

이 상황에서는 수키가 자신의 잘못을 쉽게 수긍하면서 긍정적인 결말을 맞이했지만, 반대로 상대가 방어적인 태도를 취할 때는 어떻게 해야 할까? 그럴 때는 침착함을 유지해야 한다. 그저 문제를 해결하려는 의도일 뿐이라는 것을 분명히 일깨워라. 어떤 실수를 저질렀는지 구체적으로 알려줘라. 실수를 상사에게 보고하지 않고 직접 찾아왔다는 사실을 말하는 것도 도움이 될 수 있다.

"이봐, 나는 이 문제를 상사에게 보고하지 않고 직접 해결하기 위해 온 거야. 무슨 일이 있는지, 앞으로 이런 일이 발생하지 않도록 어떻

게 해야 하는지 알고 싶을 뿐이라고."(타협)

상대방이 진정하고 문제를 논의할 수 있는 상태가 되면 갈등 해결을 위한 5단계 프로세스로 넘어간다. 하지만 계속 방어적인 태도를 보이며 논의하기를 거부한다면, 또다시 실수가 발생했을 때 상사에게 보고한다. 나중에 혹시 필요할지 모르니, 이러한 과정을 미리 기록해두는 것이 좋다.

● **기본적인 원칙**

실수하는 사람을 대할 때는 다음과 같이 행동하라.

- 반드시 문제의 원인을 분석하고 난 다음 문제에 대해 논의하라.
- 구체적으로 어떤 실수를 바로잡아 줬는지 예를 들며 설명하라.
- 필요하다면 실수를 반복하는 이유를 찾기 위해 질문하라.
- 함께 문제를 정의한다.
- 업무 지식이 부족해 보이면 제대로 가르쳐주겠다고 제안한다.
- 신입사원인 경우 멘토가 되어주겠다고 제안한다.
- 상대방이 업무를 제대로 수행하고자 하는 동기가 부족한 것 같다면, 상대의 실수로 내가 어떤 피해를 입고 있는지 설명하고, 이것이 문제라는 것을 설득하라. 상대방에게 실수에 대해 해명할 기회를 주고, 타협점을 찾기 위해 노력하라. 그래도 해결되지 않으면 상사에게 도움을 요청하고, 구체적으로

보고할 자료를 준비하라.

부정적인 말만 쏟아내는 사람을 대하는 법

수잔은 필사적으로 마이크를 피했다. 만날 때마다 사사건건 불평불만을 늘어놓는 마이크를 수잔은 참을 수 없었다. 복도에서 마주치면 휴대전화를 받는 척하고, 그녀가 일하는 곳으로 다가오면 전화를 들고 통화하는 척했다. 그럼에도 마이크를 완전히 피할 수는 없었다. 일단 대화가 시작되면 마이크는 불평불만을 쏟아냈다. 수잔은 긍정적인 말을 하여 그의 시각을 교정해주려고 했지만 아무 효과가 없었다. 부정적인 사고방식이 너무나 깊숙이 박혀 있어서 그런 식으로 세상을 바라볼 수밖에 없는 것 같았다.

부정적인 사람들과 이야기하다 보면 기분이 우울해진다. 그런 사람들을 긍정적으로 바꾸는 것은 거의 불가능하다. 마이크처럼 부정적인 유전자가 각인되어 있는 사람들은 입을 열 때마다 비관적인 말이 튀어나와 상대방을 우울하게 만든다. 이런 사람들 눈에는 늘 잘못된 것만 보인다. 긍정적인 사람들은 금방 지치고 만다. 특히 장밋빛 안경을 쓰고 세상을 바라보는 사람들은 부정적인 사람들과 함께 있는 것이 무척 힘들다.

부정적인 동료가 있다면 그의 기분을 좋게 하려는 노력은 대부분 실패

할 것이다. 긍정적인 시각으로 바로잡거나, 부정적인 발언에 맞서 긍정적이고 활기찬 대답으로 맞받아칠 수도 있다. 하지만 그럴수록 그들은 더 부정적으로 반응할 가능성이 높다. 따라서 상대방의 관점을 바꾸려고 노력하는 것은 부질없다. 세상을 긍정적으로 바라보는 사람이 부정적으로 보는 사람을 이해하기 어려운 것처럼, 부정적으로 바라보는 사람도 긍정적으로 보는 사람을 이해하기 어렵다. 그런 사람을 대하는 가장 좋은 방법은 수잔처럼 최대한 피하는 것이다.

하지만 매일 함께 일을 해야 하는 동료라면, 피할 수 없다. 일단은 부정적인 발언을 최대한 무시하는 것이 좋다. 하지만 그것이 도저히 불가능한 상황이라면, 말을 해야 한다. 부정적인 말이 자신에게 어떤 영향을 미치는지 이야기하라. 구체적인 예를 제시하라. 상대방에게 공감하되, 그 모든 부정적인 말이 자신의 기분을 우울하게 만들기 때문에 더 이상 듣고 싶지 않다고 강조해서 말하라.

수잔은 마이크의 부정적인 말을 더는 참을 수 없었다. 그의 끊임없는 불평불만을 들어주는 일은 더 이상 못하겠다고 말하기로 결정했다.

● 1단계: 먼저 생각하기

수잔은 마이크의 화를 돋우지 않고 기분 좋게 대화를 마무리 지을 수 있는 방법을 고민했다. 마이크의 부정적인 태도가 그녀에게 어떤 영향을 미치는지 이해시키고, 그런 말을 더 이상 듣고 싶지 않다는 것을 분명하게 전달하고 싶었다.

● 2단계: 좀 더 깊이 이해하기

또 마이크가 그녀의 책상 쪽으로 다가왔다. 수잔은 전화 통화 중인 척 연기하지 않고 오히려 똑바로 앉아서 그의 눈을 바라보았다. 마이크는 또 불평불만을 쏟아내려고 했다. 수잔은 그의 말을 가로막고 이렇게 말했다.

"잠깐만, 먼저 할 말이 있어요. **제 앞에서 늘 이렇게 불평불만만 늘어놓으니까 정말 짜증이 나요. 그런 투덜거림 때문에 제 기분이 나빠집니다.**"('나'에게 초점을 맞춘 표현)

"와! 갑자기 무슨 말이세요?"

마이크가 방어적으로 나오자 그녀는 대화가 엉뚱한 방향으로 흘러갈 수 있다는 것을 깨달았다. 수잔은 곧바로 태도를 부드럽게 바꿨다.

"마이크, 난 당신을 좋아해요. 당신과 함께 일하는 게 좋아요. **또 마음에 들지 않는 것들을 바꾸고 싶어 하는 것도 공감합니다.**(이해) 나도 마음에 들지 않는 것들이 있어요. 하지만 불평한다고 상황이 나아질 거라고 생각하지 않아요. 사실 내 생각에 불평불만은 좋은 것보다 잘못된 것에 초점을 맞추기 때문에 오히려 상황을 더 악화시키는 것 같아요.('나'에게 초점을 맞춘 표현) 그리고 알고 보면 좋은 것도 많습니다."

"어, 그렇죠. 나도 동의합니다. 하지만 여전히 이것저것 마음에 들지 않는 것들이 많죠."

● 3단계: 문제 정의하기

수잔은 마이크의 부정적인 반응을 이미 예측했고, 이것을 문제 정의할 기회로 삼았다.

"그렇게 불평한다고 해서 세상이 바뀔 거라고 생각하세요?"

"아니요, 하지만 무언가 마음에 들지 않는 것을 혼자 가만히 담아둘 수 없어서요."

"그렇군요. 그래서 그걸 나한테 쏟아내는 거군요?"

마이크는 어깨를 으쓱했다. 수잔은 아무 말도 하지 않고 그를 바라보기만 했다. 무슨 말을 하는지 이해한다는 말이 나오길 기다렸다. 불편한 침묵이 흐른 뒤 그가 말했다.

"그런 것 같네요. 마음속에 담아두면 터질 것 같아서요."

수잔은 물러서지 않고 다시 물었다.

"그런데 그 모든 부정적인 말들이 나에게 어떤 영향을 미치는지 이해하시나요?"

"무슨 말을 하는지 알겠어요. 기분 나쁘게 했다면 죄송합니다."

● 4단계: 최선의 해법 제안하기

그녀는 자신감 있는 태도를 유지하며 그와 눈을 마주치며 이야기했다.

"아까도 말했지만, 어떤 생각으로 그런 말을 하는지 잘 알아요.(이해) 하지만 나는 부정적인 말들로 내 일상을 채우고 싶지 않아요. 그런 내 마음을 이해한다니 정말 기쁩니다. 그러니 **이제부터 저와 이야기할 때는 중립적인 태도를 유지했으면 좋겠어요. 동의하실 수 있나요?"**(타협)

수잔은 마이크에게 미소를 지으며 공감하는 표정을 지었다.

● 5단계: 합의 이끌어내기

마이크는 미소를 지으며 고개를 끄덕였다.

"물론이죠"

"이렇게 동의해주시니 다행입니다.(최종 확인) 매일 8시간씩 회사에 나와 일을 해야 하는데, 기분 좋게 긍정적으로 일을 하고 싶어요. **매일 밤 기분이 좋지 않은 상태로 집에 돌아가고 싶지는 않습니다. 이해해주셔서 감사합니다."**(관계 회복)

● 이러한 접근 방식이 효과가 있는 이유

수잔은 마이크의 성격이 갑자기 바뀔 것이라고 생각하지 않았기에 대화하기가 쉽지 않았다. 하지만 마이크가 계속 부정적인 말로 자신을 우울하게 만드는 것도 원치 않았다. 불평불만을 듣고 싶지 않다고 솔직하게 말하면서도, 마이크의 기분을 상하게 하지 않을 방법을 궁리했다.

수잔은 자신감 있는 태도를 유지하고 눈을 마주 보며 이야기했다. 그의 부정적인 태도가 자신에게 어떤 영향을 주는지 이야기함으로써 문제를 정의하고, 그가 자신의 부정적인 감정을 혼자 담아둘 수 없어서 쏟아내는 것이라고 인정하게 만들었다. 수잔은 부정적인 이야기를 더 이상 듣고 싶지 않다는 것을 거듭 강조했고, 중립적인 태도로 이야기하자는 타협안을 제시했다. 이러한 제안에 마이크는 동의할 수밖에 없었고, 수잔은 곧바로 합의한 내용을 다시 확인하고 관계를 회복하는 말로 대화를 끝맺었다.

● **기본적인 원칙**

부정적인 사람을 대할 때는 다음과 같이 행동하라.

- 가장 좋은 방법은 부정적인 말을 무시하는 것이다.
- 그들을 긍정적으로 띄워주려고 하지 마라. 전혀 효과가 없다.
- 부정적인 태도가 자신에게 스며들게 해서는 안 된다.
- 부정적인 사람은 어떤 대가를 치르더라도 대면하지 않는 것이 상책이다.
- 휴식 시간이나 점심시간이 최대한 겹치지 않도록 하라. 대화할 수 있는 기회를 가능한 한 차단하라.
- 피할 수 없다면, 이야기를 해서 문제를 해결해야 한다.
- 부정적인 말투가 어떻게 기분을 상하게 하는지 말한다.

- 불평불만에 더 이상 귀 기울이고 싶지 않다고 분명하게 말한다.
- 상대방이 자신의 행동을 인정하지 않거나 방어적인 태도로 나올 수 있으니 구체적인 사례를 준비하라.
- 부정적인 태도가 나에게 영향을 미친다는 사실, 더 나아가 그의 부정적인 태도가 문제가 될 수 있다는 것을 상대방이 이해했는지 확인하라.
- 앞으로는 중립적인 태도로 대화하고 싶다는 것을 명확하게 진술함으로써 타협안을 제시한다.
- 상대방의 태도에 공감하는 모습을 보이는 것은 도움이 되겠지만, 불평불만을 계속 들어줄 생각은 없다는 것을 분명하게 전달한다.

개인 위생 문제에 대처하는 법

바네사는 구취가 심하다. 실제로 동료들이 그녀 가까이 가는 것을 꺼릴 정도로 구취가 너무 심한 날도 있다. 안타깝게도 바네사 옆자리에 앉아있는 클레어에게는 선택의 여지가 별로 없다. 바네사와 대화할 때 거리를 두기도 하고, 바네사 방향으로 작은 선풍기를 켜놓기도 하고, 실내 탈취제를 뿌리기도 했지만 바네사는 전혀 눈치를 채지 못했다. 클레어는 바네사를 좋아했지만 이 문제에 대해 어떻게 말해야 할지 난감했다. 바네사의 감정을 상하게 하고 싶지 않아 거리를 유지할 뿐이었다.

개인 위생 문제는 다양한 형태로 나타난다. 옷이 너무 지저분하거나, 머리를 감지 않아 떡이 져 있거나, 손톱 밑에 때가 끼어 있는 상태로 출근을 한다면 상사에게 말하여 주의를 주도록 하는 것이 가장 좋은 방법이다. 하지만 다소 애매한 상황이 있다. 구취, 체취, 과도한 향수 등으로 인해 그 사람과 상대하는 것이 어렵게 느껴진다면, 직접 이야기할 수밖에 없다.

사실, 개인 위생에 대해 이야기하는 것은 민감한 주제일 수 있다. 재치 있게 문제를 해결할 줄 안다면 괜찮겠지만, 직접 말할 자신이 없다면 상사에게 이야기하여 상황을 처리하도록 하는 것이 가장 좋다. 직접 대화를 통해 해결하기로 했다면 대수롭지 않은 것처럼 말하라. 우연히 알아차린 것처럼 말하고, 상대방이 당황하거나 방어적인 태도를 보인다면 존중하는 태도를 취하라.

다음 날 아침, 누군가 바네사의 책상 위에 구강청결제를 올려놓았다. 직원들은 바네사가 어떤 반응을 보일까 궁금해하며 지켜보고 있었다. 클레어는 바네사가 그것을 보기 전에 치워버렸다. 그녀는 이 사실을 상사에게 말할까 고민했지만, 무슨 문제가 있는지 알아보기 위해 직접 이야기를 하는 것이 좋겠다고 생각했다.

● 1단계: 먼저 생각하기

클레어는 상황을 어떻게 처리해야 할지 고민했으나, 아무리 생각해도 이런 문제를 이야기하는 것은 편하지가 않았다. 하지만 동료들이 그녀를 놀리는 상황에서, 이유도 모르고 넘기는 것은 바람직하지 않은 것 같았다. 무슨 문제가 있는지 알고 싶었다. 그래서 그녀는 바네사와 터놓고 말하기로 결정했다. 물론 매우 민감하고 사려 깊은 방식으로 접근해야 했다.

● **2단계: 좀 더 깊이 이해하기**

일이 끝나고 지하철역으로 걸어가는 길에 바네사와 자연스럽게 이야기할 수 있는 기회가 왔다.

"어, 좀 민감한 주제이긴 하지만, 요즘 들어 자기한테서 약간 이상한 냄새가 나는 것 같아. 바네사는 모를 수도 있겠지만, 입에서 나는 냄새 같은데. **다른 직원들, 고객들, 그리고 나도 좀 느끼는데.**('나'에게 초점을 맞춘 표**현**) **내가 옆자리 동료로서 이렇게 말한다는 거 이해해주면 좋겠어.**(이해) 무슨 일이 있는지 궁금한데. 말해줄 수 있어?"

바네사는 부끄러워하는 표정을 지으며 말했다.

"그런 줄 몰랐어요. 모르겠어요."

"**내가 이런 말을 하는 건 자기를 아끼기 때문이라는 거 알아줘.**(이해) 이런 말을 하기는 싫지만, 그래도 나라면 내가 모르는 문제가 있을 때 누군가 나에게 미리 말해주면 좋을 것 같아서 이렇게 말하는 거야."

"아. 그래요. 고마워요. 사실 지금 치아 하나가 문제가 있는데, 다음 주에 치과 예약을 해놨거든요. 그게 원인인지 궁금하네요."

● 3단계: 문제 정의하기

클레어는 끄덕이며 염려하는 표정을 계속 유지했다.

"아, 그것 때문에 입냄새가 났던 건가 보네."

일단 냄새의 원인에 대해서는 의견 일치를 본 것 같아, 클레어는 다음 단계로 넘어갔다.

● 4단계: 최선의 해법 제안하기

"치과에 가면 이제 모든 문제가 해결되겠네."(최종 확인)

바네사가 방어적인 태도를 취하지 않아서 다행이었다. 여기서 타협안은 제시할 필요가 없다. 이미 치과 예약을 한 상태이기에, 더 이상 이야기를 이어나갈 필요가 없었다.

● 5단계: 합의 이끌어내기

바네사는 클레어를 포용했다. 그런 다음 입을 가리며 말했다.

"저한테 이렇게 직접 말해줘서 고마워요."

"나도 그래. 바네사는 내가 아끼는 사람이잖아. 사실 말하기는 껄끄러웠지만, 그래도 말해야 한다고 생각했어. 나 역시 내가 알지 못하는 문제가 있다면 누군가 말해주면 좋을 것 같았거든."(관계 회복)

● 이러한 접근 방식이 효과가 있는 이유

개인 위생 문제에 대해 말하는 것은 사실 껄끄러운 일이다. 하지만 책상 위에 구강청결제를 놓아두고 가는 행동은 바네사에게 상처를 줄 뿐이다. 이것은 수동적인 공격에 불과하다. 그보다는 직접 대화하는 것이 훨씬 상대를 존중하는 해법이다.

클레어는 재치 있게 상황을 처리했다. 크게 떠벌리지 않고 그저 냄새가 자신에게 영향을 미치고 있다는 것을 솔직하게 말했다. 바네사가 당황하는 모습을 보이자 클레어는 악의적인 의도가 아니라 걱정하는 마음으로 이야기한다는 것을 분명하게 알려주었다. 그리고 다음 주 치과에 가면 좋은 결과를 얻을 수 있다는 결론으로 대화를 마무리했다.

● 기본적인 원칙

개인 위생 문제에 대해 말해야 할 때는 다음과 같이 행동하라.

- 외모나 취향의 문제처럼 자신에게 피해를 주지 않는 것에 대해서는 무시해야 한다.
- 체취, 구취, 지나친 향수 등 불쾌한 냄새로 인해 영향을 미치는 경우, 자연스럽게 대화할 수 있는 상대라면 직접 이야기하는 것이 가장 좋다.
- 상대방과 대화하는 것이 불편하다면 상사에게 보고하여 문제를 해결한다.
- 대화하기로 결정했다면 상대방이 당황스러워하거나 방어적인 태도를 보일

것에 대비한다.

- 침착함을 유지하면서, 진심으로 걱정하는 마음에서 이야기한다는 것을 확신시켜 주어야 한다.
- 다른 사람들에게 어떻게 영향을 미치는지 설명함으로써 문제를 정의하고, 그 문제에 대한 책임이 있다는 것을 이해시킨다.
- 문제를 해소하거나 완화할 수 있는 제안을 한다.
- 상대방을 걱정하는 마음으로 이 문제에 대해 이야기하는 것임을 다시 한번 강조함으로써 관계를 회복하고 대화를 끝마친다.

개인 공간을 침범하는 행동에 대처하는 법

로비는 스탠이 다가올 때마다 움찔했다. 스탠은 너무 가까이 다가서서 불편하게 만들기 때문이다. 오늘 아침에도 고객과 전화통화를 하고 있는데 스탠이 곁에 와서 통화가 끝날 때까지 기다렸다. 로비는 너무 긴장한 나머지 고객과 대화를 하던 중 무슨 말을 할지 잠시 잊어버리기도 했다. 개인 공간을 침범하는 스탠의 행동이 계속 이어졌지만, 로비는 어떻게 대처해야 할지 몰랐다.

개인마다 편하게 느끼는 거리와 공간이 있다. 일반적으로 60센티미터 정도 거리를 두는 것이 안정적으로 느껴지지만, 이러한 규칙을 이해하지 못하는 사람들도 있다. 너무 가까이 서서 얼굴을 들이밀거나, 앉아 있을 때 너무 가까이 다가와 맴돌기도 한다. 상대방을 짜증 나게 하려는 것이 아니라, 개인 공간이라는 개념이 없어서 그러는 것일 수 있다.

더 나아가 상대방의 몸을 만지는 경우도 있다. 상대방의 손을 쓰다듬거나 어깨를 감싸는 행위는 의사소통을 원활하게 하기보다는 오히려 불쾌감을 줄 수 있다.

개인 공간을 침범하는 사람에게 맞서는 가장 좋은 방법은 몸짓으로 의견을 전달하는 것이다. 상대방이 너무 가까이 다가온다 싶으면 뒤로 물러나라. 그러면 상대방도 뒤로 물러나는 경우가 많다. 손을 쓰다듬거나 팔을 감싸는 경우에도 마찬가지다. 뒤로 물러나면 상대방도 금방 알아차린다. 그럼에도 계속 그런 행동을 한다면, 말을 해야 하는 시간이 온 것이다.

동시에, 나와 대화하는 상대방이 계속해서 뒤로 물러나려고 하거나 몸을 밖으로 기울인다면 자신이 상대방의 공간을 침범하고 있다는 뜻일 수 있다. 뒤로 물러서야 한다. 사람들의 몸짓에 주의를 기울여 개인 공간을 침범하지 않도록 신경 써라! 그리고 손을 함부로 놀리지 마라.

스탠이 너무 가까이 다가올 때마다 뒤로 물러섰지만, 스탠은 그 의미를 모르는 것 같았다. 스탠에게 좀 떨어지라고 말하는 것이 껄끄러웠다.

● 1단계: 먼저 생각하기

로비는 농담으로 자기 생각을 전할 수 있다면 가장 좋을 것 같았다. 상대방의 기분도 상하지 않게 하면서 좋은 관계도 계속 유지할 수 있는 방법이었다. 스탠은 가까이 다가가는 것을 좋아했지만 로비는 그렇지 않았다.

● 2단계: 좀 더 깊이 이해하기

또 스탠이 가까이 다가왔다. 로비가 말했다.

"이봐. 가까이 오지 마. 오늘 점심에 마늘을 먹었거든."

로비는 냄새를 날려 보내려는 듯, 한쪽 손으로 입을 막고 다른 손을 위아래로 흔들었다. 하지만 이러한 농담은 일시적인 효과가 있을 뿐이라는 사실을 깨닫고는 솔직하게 털어놓기로 결정했다. 매일 마늘을 먹은 척 연기할 수는 없는 노릇이었다.

"아, 농담이야. 하지만 **자네가 너무 가까이 붙으면 영 편하지가 않아.**"('나'로 시작하는 말)

그러고는 팔을 휘젓는 제스처를 하며 웃었다.

"사람마다 보이지 않는 힘을 발산하는데, 그 힘은 팔을 뻗을 수 있는 거리까지 작동하지."

"어, 그런 게 있는 줄 몰랐어."

"아, 그렇겠지. **자네는 더 가까이 붙어도 아무 불편도 못 느끼겠지만 난 안 그래.**"(이해)

스탠은 부끄러워하는 표정을 지었다.

"알았어."

● 3단계: 문제 정의하기

하지만 스탠은 여전히 개인 공간을 침범하는 것이 큰 문제인지 모르는 것 같았다.

"미안해할 필요는 없어. 문제는 자네가 아니라 나에게 있다고. 어쨌든 내 입장을 이해해주면 좋겠어."

"당연히 이해하지."

● 4단계: 최선의 해법 제안하기

로비는 다시 한번 반복해서 말했다.

"조금만 거리를 두면 고맙겠어.(타협) 그러면 훨씬 편안해질 것 같아." ('나'에게 초점을 맞춘 표현)

가까이 다가서는 것이 문제가 될 수 있다는 것을 알려주기 위해 농담처럼 말했다. 스탠은 웃음을 짓다가 진지한 표정을 지었다.

"다른 사람들도 그런가?"

"아, 편안하게 느끼는 거리는 사람마다 다르니, 이건 나만 그렇게 생각하는 것일지도 몰라. **기분을 상하게 하고 싶지는 않지만 그래도 말을 해주는 게 좋을 것 같다고 생각했어. 기분 나빠 하지 말아."(타협)**

● 5단계: 합의 이끌어내기

"좋아! 꼭 기억하겠네. 우리 사이에 이제 좀 거리를 둬야겠어."

스탠이 고개를 끄떡였다. 로비는 웃으며 이렇게 덧붙였다.

"이렇게 이야기를 하고 나니 속이 시원하군.(최종 확인) 이해해줘서 고마워."(관계 회복)

● 이러한 접근 방식이 효과가 있는 이유

개인 공간을 침범하는 것은 의도적으로 귀찮게 하려는 행동이 아니기 때문에 이야기하기가 다소 껄끄러울 수 있다. 가끔은 다른 사람과 가까이 있는 것을 더 편하게 느끼는 사람도 있다. 로비가 뒤로 물러서는 행동을 여러 차례 했음에도 스탠은 이를 알아차리지 못했고, 결국 이것에 대해 이야기하는 수밖에 없었다.

로비는 스탠과 좋은 관계를 유지하기 위해서 마늘을 먹었다는 농담으로 메시지를 전달하고자 했지만, 그것이 최선의 방법이 아니라는 것을 금방 깨달았다. 결국 솔직하게 털어놓았다. 로비는 너무 가까운 것을 불편하게 느끼는 것은 자기 문제라고 말함으로써 스탠이 당황스럽지 않도록 배려했다. 덕분에 대화를 긍정적으로 마무리할 수 있었다.

● 기본적인 원칙

개인 공간을 침범하는 행동에 맞서야 할 때는 다음과 같이 행동하라.

- 뒤로 물러나는 것으로 상대방이 너무 가까이 왔다는 것을 알려줄 수 있다.

- 상대방이 내 손을 두드리거나 쓰다듬는다면, 손을 슬며시 빼면서 접촉하는 것을 원치 않는다는 메시지를 전달할 수 있다.

- 상대방이 팔로 나를 감싸거나 포옹하려는 경우, 뒤로 물러나는 것으로 분명한 메시지를 전달할 수 있다.

- 이러한 비언어적 메시지를 이해하지 못하고 계속해서 상대방이 개인 공간을 침범한다면, 선택해야 할 시간이 온 것이다. 그냥 받아들이거나, 그렇게 하지 말라고 단호하게 말해야 한다.

- 말을 하기로 결정했다면, 가장 좋은 전략은 불편함의 원인이 상대방이 아닌 자기에게 있다고 말하는 것이다. 상대방의 행동이 나를 불편하게 하는 것이 아니라, 내가 불편하니 그렇게 하지 말아달라고 말하라. 상대방을 난처하게 만들지 않으면서도 목표를 달성하는 가장 좋은 방법이다.

- 상대방의 행동이 나에게 어떤 영향을 미치는지 이야기하여 문제를 정의하라. 가벼운 농담처럼 말한다면 상대방도 조금은 덜 당황할 것이다.

- 타협안을 제시하고 동의를 구한다.

- 상대방이 이해해준 것에 대해 감사하는 말이나 가벼운 농담으로 대화를 기분 좋게 마무리하라.

뺀질이를 다루는 법

리디아는 톰과 함께 일한 지 3개월이 되었다. 톰은 리디아 못지않게 경력이 있었지만 업무를 분담하는 비율이 같지 않았다. 톰은 워낙 유쾌한 성격이었기에 리디아는 처음에 더 많은 일을 하는 것도 개의치 않았다. 하지만 최근 들어 자신이 톰보다 더 많은 일을 하고 있다는 사실에 짜증이 나기 시작했다.

요리조리 빠져나가며 빈둥대는 사람과 함께 일해본 적 있는가? 뺀질이들의 가장 큰 장점은, 대부분 붙임성이 좋다는 것이다. 함께 있으면 편하고 즐겁다. 매력적이기도 하다. 하지만 문제는 요령을 부리며 일을 하려 하지 않고 책임도 지지 않으려 한다는 것이다. 전혀 쓸데없는 일을 하고 있으면서도, 마치 열심히 일하고 있는 것처럼 보이기도 한다. 귀찮은 일에는 그럴듯한 핑계를 대며 빠져나간다. 또한 자신이 충분히 많은 일을 열심히 일하고 있다는 인상을 심어주는 데 매우 능숙하다.

뺀질이들은 상사도 쉽게 속인다. 이런 유형의 사람들을 부하 직원으로 두고 있다면, 상사들은 훨씬 영리해져야 한다. 새로운 프로젝트를 맡길 사람을 찾을 때, 뺀질이들은 남이 하는 일을 자기가 하고 있는 척하며 관리자를 쉽게 속인다. 그럴 때는 직원들에게 직접 뽑아달라고 하는 것이 좋다. 각자 지금 무슨 일을 하고 있는지 서로 공유하고, 가장 일이 적은 사람을 뽑기 때문에 뺀질이들이 빠져나갈 구멍은 상당히 좁아진다.

그럼에도 뺀질이들은 끊임없이 책임을 회피할 구멍을 찾아내고 남보다 적게 일하는 방법을 찾아낸다. 그런 사람으로 인해 자신이 억울하게 많은 일을 하고 있다고 생각된다면 그들과 맞서야 한다. 물론 뺀질이가 솔직하게 자신의 잘못을 인정하고 행동을 수정할 것이라고 기대하면 안 된다. 그들은 말주변도 뛰어나서 불리한 상황을 아주 잘 빠져나오며, 책임이 자신에게 날아오는 것도 잘 피하고, 어떤 대화든 자신에게 유리하게 이끌어나간다. 이런 사람들을 다룰 때는 철저하게 계획을 세워야 한다. 구체적인 데이터를 제시하여 꼼짝 못 하게 해야 한다. 그들의 현란한 말재주에 휘둘리지 않도록 마음을 굳게 먹자. 그들은 자신이 원하는 것을 얻어내는 데 정말 뛰어난 능력자라는 사실을 잊지 마라!

리디아는 톰에게 농담처럼 자기 혼자 일을 다 하고 있는 것 같다고 말했다. 그럼에도 톰은 책상 위에 놓인 서류를 뒤척이고 컴퓨터만 쳐다보며 시간을 보냈다. 아무리 봐도 일을 하고 있는 것 같아 보이지 않았다! 어쨌든 맡은 업무를 둘이 해결해야 하는 상황에서, 리디아는 이 문제에 대해 이야기할 때가 되었다고 판단했다.

● 1단계: 먼저 생각하기

가장 큰 문제는 두 사람이 일이 끝난 뒤에도 친구처럼 지내는 가까운 사이라는 것이었다. 자신이 처리하는 업무 중 일부를 톰에게 가져가라고 말해야 하는데, 어떻게 말해야 할지 난감했다. 리디아는 톰과의 관계를 훼손하고 싶지 않았지만, 자신이 이용당하고 있다는 느낌을 지울 수 없었다. 어쨌든 톰이 이러한 관계에서 혜택을 누리고 있다면, 이것은 진정한 친구라고 할 수 없었다. 어떻게 대화를 이끌어나갈지 한참을 고민했고, 마침내 리디아는 톰과 이야기를 이끌어나갈 자신을 얻었다.

● 2단계: 좀 더 깊이 이해하기

"자꾸만 신경 쓰이는 게 있는데, 이제 얘기할 때가 된 거 같아."

"그래, 무슨 일인데?"

톰은 걱정스러운 표정으로 말했다.

"글쎄, 아무리 생각해도 말을 해야만 할 것 같아. 솔직히 말해서 업무의 대부분을 내가 처리하는 건 불공평하지 않아? **그래도 우리 관계를 망치고 싶지 않아서 아무 말도 하지 않고 참으려고 했는데 아무래도 계속 이용당하는 기분이 드네.**"('나'를 주어로 하는 말)

톰의 눈을 똑바로 바라보는 것은 어려웠다. 자꾸 시선이 다른 곳으로 돌아가는 것을 인식할 때마다 리디아는 그의 눈으로 시선을 돌렸다. 그녀는 진지하게 걱정하는 표정을 지었다. 실제로 그녀가 느끼는 감정이었다. 톰은 어이가 없다는 표정을 지었다.

"잠깐만! 왜 그런 말을 하는 거야? 나도 너만큼 열심히 일하고 있는 거

알잖아!"

"그래, 열심히 한다는 거 알아.(이해) 하지만 저기 책상 위에 지난 3개월 치 생산성 보고서를 보면 내가 너보다 거의 두 배나 많은 주문을 처리했더라고. 궁금하면 보여줄게."

"내가 할 일을 다하지 않고 있었다는 건 몰랐네."

톰은 다소 화가 난 표정을 지었다.

● 3단계: 문제 정의하기

톰에게 보고서를 보여준 다음, 리디아는 목소리를 낮췄다. 톰을 진정시키기 위한 것이었다.

"널 화나게 하려는 게 아니야. 지금까지 보니까 넌 자기 할 일을 다하고 있다고 생각하는 것 같더라고."

"물론 그랬지. 지금까지는."

톰의 대답은 단호했다.

"그런데 보고서를 보면 그렇지 않잖아?"

"그래. 숫자는 거짓말을 하지 않지. 나는 훨씬 많은 일을 하고 있다고 생각했는데."

● 4단계: 최선의 해법 제안하기

잠시 리디아는 이 정도만으로도 충분하지 않을까 생각하며 여기서 대화를 끝내고 싶었다. 하지만 해법에 서로 동의하는 과정을 생략하면 톰의 행동은 바뀌지 않을 것이고, 결국 더 큰 갈등으로 이어질 수 있다는 것을 떠올렸다. 계속 말을 이어나갔다.

"우정은 우정이고, 일은 일이잖아. 우리가 업무를 똑같이 나누면 좋겠어. 내가 한 가지 제안을 할게. 지금처럼 주문을 들어오는 대로 처리하지 말고 아침부터 똑같이 나눠서 처리하면 어떨까? 그러면 매일 서로 얼마나 일을 했는지 알 수 있고, 또 일이 밀리면 서로 도와줄 수도 있고."(타협)

● 5단계: 합의 이끌어내기

"그럼 그렇게 하지 뭐."

톰은 마지못해 동의했지만, 어쨌든 그가 동의한 이상 리디아는 물러서지 않았다.

"좋아! 이렇게 고민을 해결하고 나니 정말 기분이 좋네.(최종 확인) 회사 안에서나 밖에서나 우리 관계가 멀어지는 건 원치 않아."(관계 회복)

● 이러한 접근 방식이 효과가 있는 이유

붙임성이 좋은 뺀질이와 맞서는 것은 대단히 어려운 일이다. 더욱이 이 경우처럼 둘 사이가 좋을 때는 더욱 어렵다. 대화를 진행하다가 포기하고 싶은 생각도 들었지만 리디아는 다행스럽게 끝까지 대화를 이어나갔다. 실제로 대화를 중간에 그만두었다면 아무것도 바뀌지 않았을 것이고, 갈등은 더 깊어졌을 것이다. 리디아는 자꾸만 약해지는 마음을 다잡기 위해 필사적으로 노력했다. 톰이 일을 하지 않는다는 것을 뒷받침하기 위해 구체적인 데이터도 준비했다. 리디아가 준비한 타협안을 톰이 마지못해 받아들이자 리디아는 곧바로 합의했다는 사실을 확인하며 마무리지었다.

물론 뺀질이들은 그렇게 약속하고 나서도 이리저리 빠져나갈 방법을 찾기 때문에, 그가 실제로 업무의 절반을 꾸준히 수행할 것이라고 장담할 수는 없다. 하지만 자신의 입으로 동의했기에, 그래도 업무량을 공정하게 분배하고 감독하는 일은 이전보다 쉬워질 것이다.

● **기본적인 원칙**

뺀질이를 다룰 때는 다음과 같이 행동하라.

- 뺀질이에게 호감이 간다고 해서, 또는 막연히 괜찮아질 것이라는 희망에, 불공평한 업무 분담을 방치해서는 안 된다.
- 직원별 생산성을 철저하게 점검하라.
- 창피를 주거나 의욕을 북돋는 방법으로는 뺀질이에게 일을 시킬 수 없다. 그들은 일을 적게 하는 것에 부끄러움을 느끼지 않는다. 또한 일을 하지 않을 구실을 찾아내는 도사들이다.
- 뺀질이에게는 생산성과 같은 통계자료를 들이대야 말이 통한다.
- 뺀질이를 지적하고자 한다면 어떻게 대화를 이어나갈지 철저하게 준비해

야 한다. 뺀질이들은 책임을 지지 않고 뱀처럼 빠져나간다. 이들은 쉽게 바뀌지 않는다.

- 뺀질이들은 사교성이 좋기 때문에 대화 중에 쉽게 휘둘릴 수 있다. 하고 싶은 말을 단단하게 외워서 준비해야 한다. 인간적인 관계 못지않게 일도 중요하다는 것을 분명히 전하라.
- 자신의 주장을 뒷받침하는 구체적인 사실을 제시하라.
- 타협안을 미리 마련하라.
- 뺀질이가 미끼를 물면 곧바로 잡아채야 한다. 내키든 내키지 않든, 타협안에 동의한 것만으로도 다행으로 여겨라.
- 합의를 하고 난 뒤에도, 뺀질이들이 업무를 제대로 하고 있는지 계속 감시해야 한다.
- 이런 조치가 통하지 않을 때는 상사가 개입하도록 해야 한다.

TMI에 대처하는 법

캐리는 동료들과 즐겁게 어울리며 일하지만, 앨리만은 예외다. 외향적이고 사교적인 앨리는 다른 사람들이 궁금해하지도 않는 자기 이야기를 마구 쏟아낸다. 캐리는 자기만 이상하게 생각하는지 확인하기 위해 동료들에게 앨리에 대해 어떻게 생각하는지 물었는데, 대부분 앨리가 쏟아내는

TMI(Too Much Information)에 관심이 없다고 말했다. 하지만 두 사람은 앨리에게 지금까지 사귄 남자 이야기들을 계속 하게끔 부추겼고, 그녀가 쏟아낸 이야기를 농담거리로 삼았다. 캐리는 앨리를 가지고 노는 그들이 한심하게 느껴졌다. 앨리가 또 사람들 속에서 자기 이야기를 떠들기 시작하면 거기서 빠져나오고 싶을 정도로 화가 났다.

자기 이야기를 쏟아내는 행동은 대개 무해하다. 사교적이고 친근하다. 그러나 대화를 흥미롭게 이끌고 가기 위해 자기 이야기를 하는 것과 자신의 사생활을 지나치게 떠벌리는 것 사이의 미묘한 경계선을 마구 넘나드는 사람들이 있다. 앨리의 경우에서 볼 수 있듯이, 지나치게 개인적이고 사적인 이야기를 아무렇지 않게 공개하는 것을 불편하게 생각하는 사람들이 많지만, TMI를 부추긴 다음 그것을 가지고 농담하는 사람도 있다.

하지만 일터에서는 가장 안전한 길로 가야 한다. 상대방이 자기 이야기를 하기 시작하면 귀를 가리는 시늉을 하며 'TMI'라고 말하여 사람들의 웃음을 끌어내면서 동료 압박을 할 수 있다. 그럼에도 계속 자기 이야기를 쏟아낸다면 바로 조치에 들어가야 한다. 그 사람을 한쪽으로 불러내 솔직하게 이야기해야 한다. 선을 넘었다는 사실을 알려주고 그런 세부적인 이야기를 듣는 것이 불편하다고 말해줘야 한다.

스스로가 TMI를 쏟아내는 사람이라는 생각이 든다면 이 조언을 마음에 새겨라.

"멈춰라! 직장에는 언제나 예의와 전문성을 지켜야 한다. 엄마에게 할 수 있는 말, 자식에게 할 수 있는 말, 낯선 사람에게 할 수 있는 말만 하라."

캐리는 무례한 사람은 아니었지만 앨리의 행동이 신경 쓰이기 시작했다. 또한 앨리에게 개인적인 이야기를 하도록 계속 부추기면서 그것을 가지고 농담하는 동료들도 직장생활을 하는 사람답게 느껴지지 않았다. 고민 끝에 그녀는 앨리와 직접 이야기해서 상황을 해결해야겠다고 판단했다.

● 1단계: 먼저 생각하기

캐리가 알아본바, 앨리는 직장에 적응하기 위해 노력했던 것이며 뒤에서 사람들이 자신을 험담하고 비웃는다는 사실은 몰랐다. 앨리는 붙임성 있는 친근한 사람이었고, 해를 끼치려고 한 행동은 아니었기 때문에 이 상황은 조심스럽게 접근해야 한다고 생각했다. 캐리는 앨리의 존엄성을 해치지 않으면서 앨리가 너무 많은 사생활을 쏟아내고 있다는 사실을 이해시키고 싶었다.

● 2단계: 좀 더 깊이 이해하기

캐리는 앨리에게 다가가 정중하게 말했다.

"오늘은 사람들과 어울리지 말고 우리 둘이서만 시간을 보낼 수 있을까요? 할 얘기가 있어요."

"물론이죠, 무슨 일 있나요?"

앨리는 염려하는 표정을 지었다. 캐리는 미소 지으며 말했다.

"네. 다른 사람들 앞에서 말하기가 좀 불편한 것이 있어서요.('나'를 주어로 하는 표현) 이렇게 말하는 것 말고는 어떻게 말해야 할지 모르겠네요. 앨리가 친절하고 외향적인 건 이해하지만, 직원들에게 개인적인 일들에 대해 너무나 많은 것을 공개하는 것 같아요. **몇몇 사람들은 앨리가 없을 때도 계속 그 얘기를 하고 있던데, 그렇게 되면 앨리에게도 공평하지 않잖아요.(이해)** 그래서 신경이 쓰여요.('나'로 시작하는 말)

"저는 개방적인 사람이라, 제 사생활에 대해 솔직하게 이야기하는 건 아무 문제가 없다고 생각해요. 하지만 누가 그러던가요? 그래도 제가 없는 자리에서 제 이야기를 하는 건, 뭔가 기분이 좋지 않네요."

● **3단계: 문제 정의하기**

캐리는 고개를 끄덕이며 염려하는 표정을 지었다.

"직원들 사이에 분란을 일으키고 싶지는 않아요. 앨리가 없는 자리에서 누가 떠드는지는 중요하지 않은 문제인 것 같아요. 일단 제가 보기에, 엘리는 자신의 사적인 이야기를 거침없이 쏟아내는 걸 전혀 불편하게 생각하지 않는 거죠?"

"네, 지금까지는 그렇죠!"

"그러면, 그렇게 이야기하는 것이 좋지 않을 수도 있다는 걸 이제 알았다는 뜻인가요?"

"물론이죠. 이제 알겠어요."

● 4단계: 최선의 해법 제안하기

"도움이 될 만한 제안을 하나 드리고 싶어요. 직장에서는 중요한 이야기를 미주알고주알 늘어놓지 마세요. 사적으로 친한 사람들, 다시 말해서 회사 밖에서 만나는 사람들에 대한 이야기는 하지 마세요."(타협)

"어, 이미 너무 많은 것을 말해버린 거 같아 창피하네요."

캐리는 정중하게 대답했다.

"창피를 주려고 이런 이야기를 하는 게 아니에요. 나도 지금껏 살면서 나중에 후회한 말을 얼마나 많이 했는데요."(이해)

"하지만 이제 어떻게 해요? 모두들 제 사생활을 계속 물어볼 텐데."

캐리는 잠시 생각하고 나서 대답했다.

"앞으로는 누군가 예전에 사귄 남자에 대해 물어보면 그냥 좋았다고 말하세요. 꼬치꼬치 캐물으면 별로 할 말이 없다고 말하세요. 이제 주말에 본 영화나 어디 놀러 다닌 이야기 같은 걸 하세요. 엄마에게 말하고 싶지 않은 거, 그런 건 이야기하지 마세요. 어때요?"(타협)

둘 다 웃었다.

● 5단계: 합의 이끌어내기

"알겠어요. 그냥 12세 관람가 이야기만 할게요."

캐리가 덧붙였다.

"15세 관람가도 괜찮아요! **이렇게 이야기하고 나니 좋네요.(최종 확인)** 저나 직원들이나 모두 앨리를 좋아해요. 당신에 대해 나쁜 말을 하거나 험담을 한 사람은 없어요. **그냥, 앨리가 자기들보다 흥미진진한 삶을 살아왔다는 것을 질투하는 정도일 뿐이에요."(화해)**

● 이러한 접근 방식이 효과가 있는 이유

캐리는 앨리에 대한 뒷담화를 하는 직원들에게 주의를 줄 수도 있었지만, 그런 방법으로는 문제를 해결할 수 없다고 생각했다. 앨리가 계속해서 자기 사생활을 이야기하면 아무 소용이 없었기 때문이다. 다소 민감한 주제에 대해 이야기하는 것이 불편하기는 했지만, 그래도 앨리에게 직접 이야기해야 한다고 판단했다. 캐리는 앨리를 존중하는 태도를 최대한 유지하면서, 직장에서는 직업인으로서 행실을 보여주는 것이 중요하다는 것을 전달했다. 동료들이 질투하는 것 같다는 말을 덧붙이며 대화를 가볍게 마무리했다.

● 기본적인 원칙

개인적인 이야기를 너무 많이 쏟아내는 사람에게는 다음과 같이 행동해야 한다.

- 자신의 개인정보를 너무 많이 말하는 사람이 있다면, 귀를 막으며 TMI라고 말한다. 이런 행동만으로도 문제라는 것을 알려줄 수 있다.
- 사생활에 관한 이야기는 한 귀로 듣고 다른 귀로 흘린다.
- 그럼에도 사생활에 대한 이야기가 계속되고, 또 업무로 복귀한 이후에도 자꾸 신경 쓰인다면 대화를 통해 문제를 풀어야 할 때가 온 것이다.
- 상대방은 자신이 개인정보를 필요 이상으로 쏟아내고 있다는 사실을 인지하지 못할 수도 있으니 이를 고려하여 대화를 준비한다.
- 대화를 하는 동안 존중하는 태도를 유지한다.
- 상대방이 창피함을 느낄 수 있으니 이해하고 있다는 말을 한다.
- 상대방이 자신의 행동이 문제가 될 수 있다는 것을 인정하고 나면, 해법을 제시한다. 너무 많은 것을 말하지 말라고 제안한다.
- 상대방이 부끄러움을 느끼지 않도록 긍정적인 말로 대화를 마무리한다.

불평하는 사람을 다루는 법

사람들은 웬디를 보고 '징징이 웬디'라고 불렀다. 물론 웬디는 자신이 이런 별명으로 불린다는 사실을 몰랐다. 웬디는 실제로 시도 때도 없이 불평을 늘어놓았다. 뭐든 마음에 드는 것이 하나도 없었다. 자녀, 남편, 상사, 동료 직원들까지 모두 일부러 자신을 괴롭히거나 짜증 나게 한다고 생각하는 듯했다. 웬디 옆자리에서 일하는 알렉스는 그녀의 볼멘소리에 지쳤다. 그녀가 좀 더 객관적으로 세상을 바라볼 수 있도록 바로잡아 주고 싶었지만 효과가 없었다. 또 그녀가 불평을 늘어놓기 시작하면 주제를 다른 곳으로 바꾸려고 노력하기도 했다.

불평만 늘어놓는 사람에게 세상은 아무것도 제대로 된 것이 없다. 앞에서 본 '부정적인 말만 하는 사람들'은 세상 모든 것의 나쁜 측면만 크게 확대하여 비판적인 말을 늘어놓는 반면, 여기서 살펴볼 불평하는 사람들은 세상이 자신에게 얼마나 못살게 구는지에 초점을 맞춘다. 이런 사람들이 불평을 늘어놓거나 징징거리는 것은, 그런 행동을 통해 자신의 좌절을 위로할 수 있고 이로써 기분이 좋아지기 때문이다. 하지만 그런 불평을 듣는 사람들의 기분은 좋지 않다. 오히려 불쾌함만 느낄 뿐이다.

불평을 늘어놓는 것은 타고난 성격의 일부일 수도 있기에 그런 사람을 상대하는 것은 쉽지 않다. 그의 행동을 바꿀 수는 없어도, 그런 행동에 대한 반응은 바꿀 수 있다. 불평하는 사람들에게 상황을 좀 더 객관적으로 바라보라고 말하는 것은 소 귀에 경 읽기다. 실제로 불평을 늘어놓는 사람들은 세상이 바뀌는 것을 원하지 않는다. 불평을 쏟아낼 때 느끼는 강렬한 감정을 좋아할 뿐이다. 따라서 누군가 불평을 늘어놓는다면 그냥 흘려듣는 것이 좋다.

불평이 시작되면 무시하는 것이 최선이지만, 그래도 도저히 참을 수 없는 지점이 올 수 있다. 이들에게 다가가는 가장 좋은 방법은 그들의 불평을 들어주고 그들의 감정에 공감한 다음, 문제 해결 절차로 넘어가 해법을 찾도록 도와주는 것이다. 이렇게 징징대는 것을 그냥 들어주기만 하는 것이 아니라 구체적인 해법을 제시하면, 그런 사람 앞에서는 다시 불평을 늘어놓을 엄두를 내지 못한다.

알렉스는 문제 해결 접근 방식을 취하기로 결정했다. 웬디에게 그녀의 불평을 해소하기 위한 어떤 해법이 있는지 제시해보라고 요청함으로써, 계속 불평하는 소리를 가만히 앉아서 듣고만 있지 않겠다는 메시지를 전달하기로 했다.

● 1단계: 먼저 생각하기

알렉스는 웬디가 또 불평을 늘어놓는다면 어떻게 해야 할까 고민한 끝에, 그녀가 불평을 늘어놓기 시작하면 곧바로 입을 막는 것이 가장 좋은 선택이라고 판단했다. 그는 웬디의 불평이 자신에게 어떤 영향을 미치는지 솔직하게 이야기하고, 불평하는 문제에 대한 해법을 질문함으로써 더 이상 징징거리지 못하게 할 계획을 세웠다.

● 2단계: 좀 더 깊이 이해하기

계획을 실행으로 옮길 기회는 금방 찾아왔다. 점심시간이 끝난 뒤 웬디는 이렇게 말했다.

"팀장님이 절 존중하지 않는 게 분명하네요. 점심 먹으러 나간 사이에 제 책상 위에 일거리를 이렇게 많이 놓고 가셨어요. 오전에 받은 청구서도 아직 다 끝내지 못했는데 어떻게 이 많은 청구서를 처리해요?"

알렉스는 곧바로 받아쳤다.

"오, 와우. **어떤 기분인지 알 거 같아요.(이해)** 어떻게 할 건가요?"

웬디는 다소 당황한 눈빛으로 그를 바라보았다. 알렉스는 자신이 계획한 전략이 효과가 있다는 것을 직감했다.

"어떻게 할 거냐고요? 제가 어떻게 하면 되죠? 할 일이 이렇게 많은데, 또 이렇게 많은 일을 떠넘겼다고요."

● 3단계: 문제 정의하기

"불평한다고 해결되는 건 아니잖아요. 내가 보기에는 두 가지 방법이 있어요. 이미 하고 있는 일이 많아서 못 하겠다고 가서 말하거나, 아니면 그냥 다 하는 거죠."

알렉스는 중립적인 표정을 유지한 채 자신 있게 눈을 마주치며 말했다.

"일이 많기는 하지만, 그렇다고 너무 많다고 팀장님을 찾아가서 말하기는 좀 껄끄럽네요."

"일이 많다는 건 알아요. 여기서 일하는 사람들 모두 그렇잖아요.(이해) 지금까지는 아무 말도 하지 않았지만 사실 우리 둘 다 문제가 있어요. 일이 너무 많다고 늘 투덜대면서 가서 한마디도 못하는 당신도 문제고, 솔직히 당신이 내 앞에서 불평을 늘어놓을 때마다 나 역시 기분이 나빠지는데, 계속 참고만 있었던 나도 문제예요."('나'에게 초점을 맞춘 표현)

웬디는 혼란스러운 표정을 지었다. 알렉스가 그런 식으로 말하는 것은 처음 봤기 때문이다.

"저 때문에 기분이 나쁜지 몰랐어요."

"아니, 전 도와주고 싶어서 하는 말이에요. 팀장님이 책상 위에 일거리를 쌓아 놓고 가면 분명히 힘들겠죠.(이해) 그러니 불평을 하겠지만, 그런 불평을 듣고 나면 나도 기분이 좋지 않아서 업무에 집중하기가 어려워요."('나'에게 초점을 맞춘 표현)

웬디는 이해한다는 듯 고개를 끄덕였다.

"무슨 말씀인지 알 거 같아요."

● 4단계: 최선의 해법 제안하기

"이미 하고 있는 일이 많아서 못 하겠다고 직접 말하든지, 그냥 아무 말 하지 말고 다 하든지, 어떻게 할래요?"(타협)

웬디는 망설이면서 말했다.

"혼자 다 할 수 있을 것 같아요."

"그렇군요. 그럼 이제 그런 일에 대해서는 제 앞에서 불평하지 말아주세요."(타협)

알렉스는 연민하는 표정으로 그녀를 바라보았다.

● 5단계: 합의 이끌어내기

"안 할게요."

"고맙습니다. 이렇게 이야기하고 나니 좋네요.(최종 확인) 어쨌든 도움이 될 만한 해법을 찾아서 저도 기쁩니다."(관계 회복)

알렉스는 다시 일을 시작했지만, 얼굴에는 미소가 그치지 않았다. 웬디의 불평에 대응한 자신의 전략이 매우 성공적이었기에 스스로 대견스러웠다. 또다시 웬디가 불평을 하면 이 방법을 사용하기로 마음먹었다.

● 이러한 접근 방식이 효과가 있는 이유

웬디의 불평을 그냥 들어주기만 했다면, 그 불평은 정말 계속되었을 것이다. 알렉스의 접근 방식이 효과가 있었던 이유는, 웬디가 불평하는 문제에 대해 어떻게 대응할 것인지 물었기 때문이다. 그런 다음 그것이 그녀의 문제일 뿐만 아니라 자신에게도 문제라는 것을 설명했다. 그리고 가능한 해법을 제시했다. 웬디가 그 문제를 자기 혼자 해결할 수 있다고 말하자 알렉스는 재빨리 합의했다는 것을 확인한 다음, 관계를 회복하는 말로 대화를 마무리했다.

● 기본적인 원칙

늘 불평하는 사람에게는 다음과 같이 행동하라.

- 처음에는 그냥 무시한다. 아무런 반응을 하지 않으면 그는 다른 사람을 찾아가 불평을 늘어놓을 것이다.
- 무시해도 소용이 없거나, 계속 자기 앞에서 불평을 말한다면, 알렉스가 취한 접근 방식을 활용하여 불평을 하지 못하게 입을 막아라.
- 먼저 불평하는 마음을 이해한다는 것을 알려준다.
- 문제를 어떻게 풀 것인지 묻는다. 이는 상대방에게 당신이 해법을 제시할 것을 기대하고 있다는 메시지를 전달할 수 있다.
- 상대방이 해법을 제시하지 않는다면, 불평으로 인해 두 사람 모두에게 어떤 문제가 발생하는지 설명한다.
- 해법을 미리 준비한다.
- 대부분 불평하는 사람이 물러설 것이다. 그러면 빠르게 합의 내용을 확인한 뒤 관계를 회복하는 말로 대화를 마무리한다.

거절할 줄 모르는 사람을 대하는 법

니콜은 우연히 어느 동료 직원이 업무가 너무 많아서 캐시에게 프로젝트를 대신 좀 마무리해 달라고 부탁하는 것을 들었다. 캐시는 한숨을 쉬며 말했다.

"그러죠. 거기 올려두세요."

"고마워요! 당신은 정말 최고예요."

캐시의 소심하고 거절을 못하는 성격 탓에 많은 동료 직원들이 자기 할 일을 떠넘겼다. 그런 사정을 잘 알고 있던 니콜은 캐시에게 가서 말했다.

"자기 목소리를 내는 법을 배워야 해요. 모두들 당신을 이용하는데, 그건 옳지 않잖아요."

캐시는 어깨를 으쓱하며 체념하듯 고개를 저었다. 니콜은 자기 자리로 돌아갔지만, 캐시의 소심한 태도가 계속 신경이 쓰였다. 사람들이 계속해서 그녀를 이용하는 것이 안타까웠다.

소심한 사람에게 행동을 바꾸라고 말하는 것은 갓난아기에게 일어나서 걸으라고 말하는 것과 같다. 충분히 준비가 되고 능력을 갖출 때까지는 그렇게 할 수 없다. 캐시처럼 소심하고 수줍음을 많이 타고 겁 많은 성격을 타고나는 사람도 있다. 그들은 자신의 이익을 내세울 줄 모른다. 남들이 자신을 짓밟아도 그냥 참는다. 남들이 원하는 대로, 시키는 대로 따른다. 남들이 방해해도 수긍한다. 자기 생각을 말하지도, 도움을 요청하지도 않는다. 지나치게 공감 능력이 뛰어나 자신의 감정보다 남의 감정을 더 중요하게 여기기도 한다.

소심한 사람을 도와주는 가장 좋은 방법은, 좀 더 자신감을 갖고 자기주장을 내세우는 법을 가르쳐주는 것이다. 구체적인 방법을 알려주지 않고 그냥 자기 목소리를 내라고 말하는 것은 아무런 효과가 없다. 니콜은 캐시가 거절하는 법을 배우지 않으면 동료들이 계속해서 그녀를 이용할 것이라고 생각했다.

캐시에게 자기 목소리를 내는 법을 배워야 한다고 말했던 것을 돌아보며 니콜은, 접근 방식을 달리 해야 도움을 줄 수 있다는 사실을 깨달았다.

● 1단계: 먼저 생각하기

니콜은 캐시의 '자기주장' 멘토가 되어주면 좋겠다고 생각했다. 진정으로 캐시를 도와주고 싶었으며, 남들이 그녀를 이용하려고 할 때 말할 수 있는 다양한 표현을 알려줄 수 있다고 생각했다.

● 2단계: 좀 더 깊이 이해하기

니콜은 캐시에게 찾아가 말했다.

"오늘 아침, 제가 자기 목소리를 내는 법을 배워야 한다고 말했는데, 알고 보니 제가 틀렸지 뭐예요.('나'에게 초점을 맞춘 표현) 누군가 부탁할 때마다 거절하기 어려워한다는 거 잘 알아요. 그게 부당하다는 걸 알면서도. 그렇죠?"(이해)

"맞아요. 어떻게 거절해야 할지 잘 모르겠어요. 결국 이용당하기만 하고, 뭐, 신경 쓰일 때도 있지만 어떻게 해야 할지 모르겠어요."

● 3단계: 문제 정의하기

"그럼, 사람들이 본인을 이용하는 것이 문제가 될 수 있다는 생각에 동의하는 거죠?"

"물론이죠. 저도 니콜 같은 사람이 되고 싶어요."

"사실 이런 이야기를 하는 건 제 문제이기도 해요. 남을 이용하는 모습을 보고는 못 살거든요."

"정말 고맙습니다."

● 4단계: 최선의 해법 제안하기

"괜찮다면, 제가 도움을 좀 줄 수도 있어요."(타협)

니콜은 고개를 끄덕이며 염려하는 표정을 유지한 채 따뜻한 미소를 지었다.

"저야 좋죠."

"제가 자주 사용하는 표현이 있는데, 이거 효과가 있을 거예요.(타협) 제 할 일도 많은데 누가 부탁을 하면 전 이렇게 말해요. '도와주고 싶지만, 오늘 내가 해낼 수 있는 것보다 더 많은 일이 밀려 있어요.' 이거 한마디면 끝이에요. 이렇게 말하면 '내 시간도 네 시간 못지않게 중요하다'라는 걸 알려줄 수 있어요. 정말 효과가 좋아요."

"그렇군요. 다음에 꼭 사용해볼게요."

캐시의 결연한 마음이 우러나오는 듯했다.

● 5단계: 합의 이끌어내기

"이렇게 도움이 되어서 기분이 좋네요."(최종 확인)

"스스로 일어서는 방법을 가르쳐주시니 좋아요!"

"훌륭해요. 거절하는 법을 배우는 것은 힘들지만, 그 말의 가치를 알게 된 뒤에는 저도 자신감을 갖게 되었고 혼자 일어설 수 있게 되었어요. **전 캐시를 소중히 여기고 있으니 무엇이든 도움이 필요하면 주저하지 말고 물어봐요.**"(관계 회복)

● 이러한 접근 방식이 효과가 있는 이유

니콜은 자신이 잘못된 접근 방식을 취했다는 사실을 깨닫고, 어떻게 대화를 이끌어나가야 할지 다시 생각했다. 문제의 원인에 대한 동의를 끌어낸 뒤, 그녀는 캐시에게 자기주장을 내세울 수 있도록 도움을 주어도 좋을지 물었다. 캐시가 흔쾌히 동의하자 니콜은 바로 사용할 수 있는 실용적인 표현을 가르쳐줬다. 하지만 사람은 금방 바뀌지 않는다. 니콜은 시간을 두고 옆에서 지켜보면서 캐시를 더욱 단호하고 자신감 있게 행동할 수 있도록 멘토링할 계획이다.

● 기본적인 원칙

거절할 줄 모르는 소심한 사람에게는 다음과 같이 행동하라.

- 막연하게 달라져야 한다고 말하는 것은 소용없다. 먼저 자기주장 하는 법을 배우고 싶은지, 도움을 받고 싶은 생각이 있는지 물어본다.
- 거절하지 못하는 것이 왜 문제가 될 수 있는지 설명한다. 또한 남들에게 이용당하는 모습을 보는 것이 신경 쓰이기 때문에 나에게도 문제가 된다는 것을 설명하라.
- 그러고 나서 단호하게 거절할 때 효과가 있는 표현을 가르쳐주겠다고 제안한다.
- 본인도 효과를 보고 있다는 것을 알려주면서, 가르쳐준 표현에 대한 믿음을 심어준다.
- 상대방을 압도하지 마라. 한 가지 예부터 시작하여 차근차근 설명해 나가야 한다.
- 거절하는 법을 배우는 것이 어렵기는 하지만 배울 수 있다고 이해해주고 격려하여 상대방의 자존심을 지켜주어라.

5
괴짜 상사들 밑에서
살아남기

직장생활을 하다 보면 다양한 상사 밑에서 일을 하게 될 것이다. 완벽한 사람은 없기에 아무리 좋은 상사라도 단점이 있을 수 있고, 아무리 나쁜 상사라도 장점이 있을 수 있다. 한 가지 분명한 사실은, 좋은 상사라고 생각하든 나쁜 상사라고 생각하든, 성격, 기질, 습관 측면에서 좋은 면도 있고 싫은 면도 있다는 것이다. 그래서 신경 쓰이는 일이 있다면, 그 행동을 무시하고 견딜 것인지, 지적하고 이야기할 것인지 결정해야 한다.

하지만 상사에게 맞서는 것은 동료 직원과 대치하는 것과 매우 다르다. 현실을 직시해야 한다. 상사는 나보다 우월한 지위, 유리한 위치에 있다.

급여를 지급하는 돈줄을 쥐고 있으며 채용을 결정하는 힘을 가지고 있다. 물론 상사의 나쁜 행동을 무조건 참고 견뎌야 한다는 말이 아니다. 동료 직원과 이야기할 때보다 더 민감하고 재치 있게 접근해야 한다는 말이다.

5장에서는 10가지 까다로운 상사의 성격 유형에 대해 설명한다. 각각의 유형에 맞게 갈등 해결 5단계 프로세스를 적용하여 상사와 겪을 수 있는 갈등을 해결하는 법을 배울 수 있다. 시나리오 형식을 활용해 유용한 예시 대화를 제시하고, '생각해보자' 코너에서는 좀 더 특이하거나 난해한 상황을 헤쳐나갈 수 있는 유용한 팁도 제공한다. 갈등 해결 5단계 프로세스를 적용하는 것이 익숙해지면 어떤 유형의 상사와도 효과적으로 소통할 수 있다는 자신감을 갖게 될 것이다.

상사와 대면할 때 기본규칙

문제 상황에 대해 상사와 논의할 때는 침착하고 자신감 있게 말하는 것이 매우 중요하다. 그래야 자신의 감정을 위협적이지 않고 건설적인 방식으로 전달할 수 있다. 구체적인 사실에 초점을 맞추고 긍정적인 해법을 제시함으로써 대화의 생산성을 높일 수 있다. 먼저 상사의 관점에서 상황을 바라보고 상사의 성격을 이해하면 상황에 어떻게 대처해야 할지 더 잘 알 수 있다. 상사와 대화를 통해 문제를 성공적으로 해결하고 나면, 서로 신뢰하고 지지하는 돈독한 관계가 형성될 것이다.

다양한 성격 유형을 다루는 방법에 대해 설명하기 전에, 상사와의 갈등을 해결하고자 할 때 기억해야 할 몇 가지 기본규칙을 알아야 한다.

- 대화를 시작하여 마칠 때까지 자신감과 단호함을 유지할 수 있다는 확신이 들 때에만 상사와 이야기를 시작한다.
- 상사와 이야기할 때는 긍정적이고 건설적인 언어를 사용한다.
- 상사가 어떤 식으로 말하든 침착함을 잃어서는 안 된다.
- 상사를 존중하는 태도로 끝까지 유지해야 한다.
- 대화 중에 어떤 일이 발생하든, 상사는 물론 다른 상급관리자를 향해 욕을 하거나 모욕적인 단어를 쓰면 안 된다.
- 상사의 잘못된 행동과 그로 인해 자신이 입은 피해에 대해 말할 때는 구체적인 사실을 분명하게 제시한다.
- 자신의 주장을 뒷받침할 예시를 준비하라.
- 타협안을 제시하고 문제를 해결하기 위해 함께 협력할 방법에 초점을 맞춘다.
- 상사와 생산적인 대화를 나누는 것이 불가능하다고 여겨질 때는, 문제를 해결할 수 있는 가이드라인을 제공해줄 다른 사람과 이야기해야 한다.
- 언제 또다시 건너야 할지 모르니, 다리를 불태워서는 안 된다.

상사와 대면할 때는 신중하고 조심하는 편이 가장 안전한 길이라는 것을 명심하라. 상사의 기질, 특징, 성격을 참고 견디는 방법을 배우는 것이 최선의 방법일 수 있다. 상사의 부정적인 습관을 최대한 무시하거나 회피할 수 있다면, 자기가 하는 일만 열심히 해낼 수 있다면, 차분하고 자신감 있는 태도를 유지하는 것이 한결 쉬울 것이다. 하지만 그것이 본인의 업무나 태도에 영향을 미칠 정도로 신경이 쓰이는 지점에 도달했다면, 대면해야 할 것이다.

앞으로 살펴볼 10가지 예시는, 개인이나 집단이 상사와 겪는 갈등을 해결하기 위해 직접 대면하기로 결정한 상황이다. 직원들 전체가 상사와 갈등을 겪는 상황에서는, 상사와 대면하기 전에 먼저 직원들끼리 어떻게 문제를 처리하는 것이 좋을지 논의해야 한다. 예시에서도 설명하겠지만, 가장 좋은 방법은 직원들이 모두 참여한 자리에서 직원을 대표하는 한 사람이 상사와 이야기하는 것이다.

괴롭히는 상사에 대처하는 법

점장인 매튜가 바쁘게 진열대를 정리하고 있는 브랜든에게 다가왔다.

"뭐야? 물건을 잘못 진열하고 있잖아. 뭘 어떻게 해야 하는지 아직도 몰라? 내가 다시 가르쳐줘야 해?"

고객들이 보고 있는 앞에서 자신을 꾸짖는 것에 브랜든은 화가 났다. 점장이 그에게 부정적인 반응을 보이며 꾸짖는 것에는 익숙했지만, 이렇게 고객들 앞에서까지 혼을 내는 것은 지나친 것 같았다. 브랜든은 고개를 저으며 말했다.

"아, 직접 하는 걸 좋아하시는 건 알지만, 제가 처리하겠습니다."

상사들 중에는 직원을 거칠게 다루며 상대방의 의견은 전혀 고려하지 않는 사람도 있다. 매튜처럼 직원을 따로 불러서 주의를 주기보다는, 문제를 발견할 때마다 그 자리에서 모욕적으로 비난하거나 질책한다. 이들이 직원을 관리하는 유일한 방법은 부정적인 질책이다. 이들은 직원이 아무리 잘해도 만족하지 않는다. 과도하게 질책하고 협박하고, 위협한다. 한마디로 직원을 괴롭히는 상사다.

4장에서 설명했듯이, 남을 괴롭히는 것은 직장에서 허용되지 않는다. 상사라고 해도 마찬가지다. 괴롭히는 상사 밑에서 일하는 것은 힘든 일이지만, 핵심은 그것을 단순히 본인의 문제로 받아들여서는 안 된다는 것이다. 직원을 괴롭히는 상사는 다른 사람도 그렇게 대할 가능성이 높다. 상사가 그렇게 행동하는 이유는 상사보다 높은 위치에 있는 사람이 그를 그렇게 대하기 때문일 수 있다. 하지만 그렇다고 해서 상사의 행동이 정당화되는 것은 아니다.

괴롭힘이 발생하면 바로 해결하는 것이 가장 좋다. 상사의 행동은 부당하며, 자신을 어떻게 대해주면 좋겠는지 말하라. 물론 재치 있게, 존중하는 태도를 유지해야 한다. 차분하고 단호하게 상사의 행위가 자신에게 어떤 기분을 불러일으키는지 설명한다. 감정을 자제하고 이성적인 목소리로 말한다.

한두 가지 예를 들어 설명하라. 브랜든처럼 고객이 있는 자리에서 질책을 하는 경우에는, 고객들이 불편해한다고 말하라. 그런 다음 앞으로 어떻게 대우받고 싶은지 이야기한다. 자신감 있게 이야기하라. 그래야 함부로 대하면 안 되는 사람이라는 인상을 줄 수 있다.

상사의 괴롭힘을 그저 참다 보면, 결국 학대 수준으로 발전할 수 있다. 그러한 상황은 업무, 정신상태, 심지어 건강에도 영향을 미칠 수 있다. 상사와 면담을 하고 난 뒤에도 상황이 개선되지 않는다면 그 위의 상사나 인사관리자를 찾아간다. 이 경우 자신의 주장을 뒷받침할 수 있는 기록이 필요할 것이다.

브랜든은 자신을 질책하는 점장의 태도에 지쳐 있었다. 더욱이 고객들이 곁에 있는 자리에서 그런 것은 더욱 수치스러웠다. 그 상황을 침착하게 넘긴 자신의 행동이 대견했지만, 앞으로는 그런 상황이 일어나지 않기를 바라고 있다.

● 1단계: 먼저 생각하기

고압적인 태도를 보이는 점장을 찾아가 이야기를 하려다 보니 겁이 났다. 점장은 왜 직원들을 막 대해도 괜찮다고 생각하는지 분석했다. 다른 직원을 혼내는 모습을 보면 그가 직원을 대하는 모습은 한결같았다. 결론적으로 점장은 직원을 긍정적으로 대하거나 친근하게 대할 줄 모르는 사람이었다. 마음에 들지 않는 것이 눈에 띄면 곧바로 그 자리에서 지적하고 화를 내는 사람이었다. 상대방이 누구든, 곁에 누가 있든 자기 생각을 쏟아내는 사람이었다. 이제 자신의 생각을 당당하게 말할 수 있는 자신감이 생겼고, 점장의 방으로 갔다.

● 2단계: 좀 더 깊이 이해하기

"점장님, 잠깐 얘기하고 싶은 게 있는데요."

브랜든은 올곧은 자세로 점장의 눈을 똑바로 바라보며 명료하게 말했다. 점장은 웃음기 없는 얼굴로 고개를 끄덕였다.

"바쁘니까 짧게 말하세요."

"오늘 아침에 제가 진열대를 정리하고 있는데, 와서 잘못되었다고 하셨잖아요. **매우 불쾌했습니다. 고객이 바로 옆에서 다 듣고 있는 데도 그렇게 말씀하셔서.**"('나'로 시작하는 표현)

"이봐, 난 보이는 대로 말했을 뿐이야. 물건을 잘못 진열하고 있으니까 그런 거지. 내가 뭘 어떻게 하길 바라나? 뭐? 더 할 말 있어?"

점장은 거칠게 말했다. 브랜든은 잠시 생각을 하고 말을 이어나갔다.

"이해합니다. 제가 잘못하는 걸 보고 바로잡아 주고 싶으셨겠죠.(이해) 고객이 옆에 있든 없든."

"그게 무슨 상관인가?"

점장에게서 예상했던 대답이 나왔다. 브랜든은 이제 준비한 이야기를 하기 시작했다.

"제 입장에서는 상관이 있습니다."

점장의 얼굴 표정에 미묘한 변화가 감지되었다. 브랜든의 입장을 약간은 이해하는 눈치였다. 브랜든은 곧바로 문제 정의 단계로 넘어갔다.

● 3단계: 문제 정의하기

"점장님이 원하는 방식으로 상품을 진열하지 않은 것에 대해서는 정말 죄송합니다. 하지만 저한테 화를 낼 때, 옆에서 그걸 보고 있던 고객은 불편해하는 것처럼 보였어요. 그리고 아까도 말씀드렸지만 고객이 있는 자리에서 혼나는 것은 저 역시 정말 기분이 좋지 않습니다. 제가 말씀드리고자 하는 것은 바로 이겁니다."

"알겠어. 계속 말해봐."

● 4단계: 최선의 해법 제안하기

점장은 깊게 숨을 들이쉬었다. 브랜든은 이제 타협안을 제시했다.

"제가 하는 일에 대해 지적을 해야 한다면 다른 사람들이 듣지 않는 곳에서 해주셨으면 좋겠어요.(타협) 예컨대 오늘 아침 같은 경우에는 고객이 나간 다음에 이야기하셨으면 좋았을 것 같아요. 아니면 저를 따로 불러서 말씀하셨어도 되고요."

점장은 고개를 끄덕였다.

"알겠네. 기억해보지."

● 5단계: 합의 이끌어내기

"고맙습니다.(최종 확인) 다음부터는 그런 실수를 저지르지 않기 위해서 최선을 다하겠습니다."(관계 회복)

● 이러한 접근 방식이 효과가 있는 이유

브랜든은 자신이 상사의 행동 방식을 바꿀 수 없다는 것을 잘 알고 있었다. 하지만 고객 앞에서 꾸중을 들을 때 자신이 어떤 감정을 느꼈는지 알려줘야 한다고 생각했다. 어떤 말을 어떻게 할 것인지 미리 마음속으로 충분히 연습한 다음에 상사를 찾아갔기 때문에 브랜든은 단호하게 요점만 전달할 수 있었다. 그는 상사가 원하는 대로 진열대에 물건을 제대로 정리하지 못한 것에 대해 사과했다. 그런 다음 타협안을 제시하며 앞으로 어떻게 말해주길 원하는지 정확하게 설명했다. 점장은 브랜든이 제안하는 타협안에 동의할 수밖에 없었다. 두 사람 모두 차분하게 이성적으로 대화를 나누었다. 이야기를 마치고 나오면서 브랜든은 기분이 좋았다.

평소에는 이성적으로 행동하던 상사가 갑자기 모욕적인 말을 내뱉었다면, 무엇 때문에 그런 행동을 했을지 생각해보라. 상사가 최근 스트레스를 많이 받고 있는가? 상사의 태도에 영향을 미치는 일이 있었나? 윗사람에게 꾸중을 들었을까? 개인적으로 무슨 문제가 있을까? 먼저 그런 점을 고려해야 한다. 그럴 때는 그냥 넘어갈 수도 있지만, 무례한 행동이 계속된다면 따져야 한다. 이야기를 하는 것이 오히려 상사에게 도움이 될 수 있다.

● 기본적인 원칙

괴롭히는 상사를 대할 때는 다음과 같이 행동하라.

- 상사가 괴롭히는 행동을 했을 때는 브랜든이 그랬듯이, 먼저 시간을 갖고 어떻게 대처할지 생각한다.
- 상사가 괴롭힌 행동의 구체적인 예를 들고, 그로 인해 어떤 기분이 들었는지 설명한다.
- 고객이나 다른 사람에게도 피해가 갔다면 그러한 이야기를 함으로써 자기주장의 정당성을 더 강하게 뒷받침할 수 있다.

- 괴롭히는 행동을 하는 사람은 쉽게 잘못을 인정을 하지 않는다. 따라서 문제를 정의해도 동의할 것이라고 기대해서는 안 된다.
- 해법(타협안)은 에두르지 말고 직접적으로 진술해야 한다. 앞으로 비슷한 상황이 발생했을 때 어떻게 해주기를 원하는지 구체적으로 말하라.
- 자신감을 갖고 단호하게 주장을 펼치면 상사가 동의할 확률이 높다.
- 같은 행동이 또다시 발생하면 합의한 내용을 침착하게 상사에게 일깨운다.
- 상사의 괴롭히는 행동을 참고 견디면, 그러한 행동은 더 심해질 뿐이다.

일방적으로 지시하는 상사에 대처하는 법

자신이 맡은 프로젝트를 끝내기 위해 바쁘게 일하고 있는 제시카에게 부장이 찾아왔다.

"프로젝트를 하나 더 맡아줘야겠어. 금요일까지 마감해줘."

그렇게 말하며 책상 위에 서류뭉치를 내려놓고는 아무 말도 없이 사라졌다. 제시카는 서류뭉치를 팔로 밀어버렸다. 사실 쓰레기통에 처넣고 싶었지만 참았다. 이런 일은 한두 번이 아니었다. 부장은 의견을 묻는 일이 없었다. 시키면 무조건 해야 한다고 생각하는 것 같았다.

일방적으로 지시하는 방식으로 직원을 관리하는 사람들이 있다. 이런 관리자들은 직원의 의견을 묻지 않고 무작정 지시한다. 상사로서 지시하고 명령할 권한이 있다고 생각하는 권위적인 사람들이다. 직원에게 의견을 물어볼 생각은 하지 않는다. 부하직원은 시키는 대로만 하면 된다고 생각한다. 부하직원들이 이의를 제기하는 것은 물론, 제안이나 아이디어를 내는 것도 하찮게 여긴다. 이들은 무슨 결정이든 자기가 내리고 싶어 한다. 직원들에게 직접 영향을 미치는 것도 자의적으로 결정한다. 일에 대해서는 자신이 가장 잘 알기 때문에 물어볼 가치가 없다고 생각한다.

직원들을 통제하는 행동에는 또 다른 이유가 있을 수 있다. 너무 바쁘거나 맡은 책임이 과중한 탓에, 물어보거나 논의할 시간과 여유가 없는 것이다. 직원들에게 일방적으로 지시하는 것이 더 쉽고 빠르다고 판단할 수 있다. 또는 부족한 자신감을 보충하기 위해 권위적인 태도를 취하는 사람도 있다. 그래서 이제 막 관리자로 부임한 사람들 중에 이런 유혹을 느끼는 사람들이 많다.

물론 권위적이고 강압적인 상사라고 해서, 나쁜 사람이라고 생각해서는 안 된다. 인간적으로는 아무 문제가 없지만, 업무에 관한 한 독재자처럼 행동할 수 있다.

이렇게 일방적으로 통제하려는 상사 밑에서 일을 해야 할 경우에는 어떻게 해야 할까? 먼저 그가 독재자처럼 행동하는 이유를 이해할 수 있다면 어떻게 대처하는 것이 좋을지 판단하는 데 도움이 될 것이다. 상사가 너무 바쁘거나 스트레스를 많이 받는 상황이라면, 또는 신입 관리자라면 좀 시간을 두고 행동이 개선되기를 기다려줄 수도 있다. 하지만 통제하는 태도가 지나치게 오래 지속되거나 참을 수 없을 정도로 심해질 경우, 이야기를 해야 한다.

그동안 제시카는 부장이 책상 위에 일거리를 놓고 가는 것에 대해서 아무 말도 하지 않고 받아들였다. 어쨌든 부장은 권위적인 태도가 일상적으로 자리잡은 사람이었기에 그의 행동 양식을 받아들이고 그냥 넘어가려고 노력했다. 일거리가 넘쳐나기는 하지만 그것에 대해 굳이 항의하여 관계를 소원하게 만들고 싶지 않았다. 하지만 이제는 점점 힘에 부쳤다. 어쨌든 주는 대로 묵묵히 다 해낸다고 해서, 일을 떠맡기는 상황은 공평하다고 말할 수 없었다.

● 1단계: 먼저 생각하기

제시카는 일거리를 쌓아놓고 가는 행동을 멈춰달라는 말을 어떻게 말해야 할지 고심했다. 마침내 그녀는 자신에게 맡긴 업무의 우선순위를 정해달라고 부탁하는 방법을 생각했다. 이런 이야기를 하다 보면 얼마나 많은 일을 떠맡겼는지 부장이 깨달을 수 있을 것이라고 판단했다. 그리고 일을 무작정 내려놓고 가기 전에 물어봐달라는 타협안을 제시하고 싶었다. 그녀는 업무일정표와 함께 자신의 책상 위에 쌓여 있던 서류더미를 들고 부장의 방으로 찾아갔다.

● 2단계: 좀 더 깊이 이해하기

"부장님. 시간 내주셔서 정말 감사합니다."

제시카는 부장님을 향해 따뜻한 미소를 지어보였다. 말투와 표정에서 존경심이 느껴지도록 노력하며 이야기를 시작했다.

"제가 이렇게 찾아온 건요, 할 일이 너무 많아서 어떻게 처리해야 할지 도움을 받고 싶어서예요. 제가 무엇부터 해야 할지 우선순위를 정해주시면 좋겠어요."('나'에게 초점을 맞춘 표현)

그런 다음 책상 위에 업무일정표를 펼쳐놓고 그 옆에 9개의 서류 파일을 올려놓았다. 부장은 눈썹을 치켜올렸지만, 감정을 드러낼 정도는 아니었다. 하지만 제시카는 이러한 반응을 이미 예상하고 있었다. 책상 위에 올려놓은 프로젝트가 그렇게 많을 것이라고는 미처 생각하지 못했던 것이다.

● 3단계: 문제 정의하기

제시카는 이 기회를 놓치지 않고 문제를 정의했다.

"보시다시피 제가 지금 진행하고 있는 프로젝트가 이렇게 많아요. 물론 모두 완료해야겠지만, 무엇부터 처리해야 할지 모르겠어요. 프로젝트들을 살펴보시고 어떤 순서로 처리할지 정해주시면 좋겠어요. 그렇게 하면 제가 좀 더 일을 마음 놓고 할 수 있을 것 같습니다."

부장은 놀란 표정을 지으며 말했다.

"이렇게 일이 많은 줄 몰랐네요."

● 4단계: 최선의 해법 제안하기

"아, 모르실 거라고 생각했어요."(이해)

제시카는 맨 위에 놓여 있던 서류 파일 4개를 펼쳐보이며 말했다.

"제가 지금 작업하고 있는 일입니다."

그런 다음 나머지 서류뭉치를 두드리며 말했다.

"그리고 이건 최근에 저한테 주고 가신 일들인데 아직 열어보지도 못했습니다."

부장은 서류를 받아서 보며 말했다.

"제가 이렇게 많은 일을 맡긴 줄은 몰랐네요."

제시카는 여기서 타협안을 제시했다.

"앞으로는 제 책상 위에 일감을 올려 놓으시기 전에 제가 무슨 일을 하고 있는지 먼저 확인해주시면 좋을 것 같아요.(타협) 그러면 이렇게 곤란한 상황은 생기지 않을 테니까요."

"그렇게 하죠."

두 사람은 함께 일감을 살펴보았다. 아직 시작도 하지 않은 일감은 일단 회수하였고, 현재 진행 중인 네 가지 일의 우선순위를 정했다.

● 5단계: 합의 이끌어내기

"정말 고맙습니다. 일을 주시기 전에 제게 먼저 확인하신다고 약속해주셔서 감사합니다.(최종 확인) 그리고 제가 늘 최선을 다해 일한다고 믿어주

신 것도 감사합니다."(관계 회복)

● 이러한 접근 방식이 효과가 있는 이유

제시카는 일방적으로 지시하는 부장의 태도가 바뀌지 않을 것이라는 사실을 알고 있었다. 지금까지는 그냥 참고 일을 해왔지만, 그럼에도 계속 쌓이는 일감에 화가 났고, 결국 이야기를 하기로 결정했다. 그녀는 현명하게 접근했다. 자신에게 일감을 마구 쏟아놓고 간다고 불평하지 않았다. 그가 맡긴 일을 못하겠다고 거절하지도 않았다. 제시카는 오히려 자신에게 맡긴 일의 우선순위를 정하는 일을 도와달라고 말하는 방식으로 접근했다. 이렇게 긍정적인 태도를 유지한 덕분에 일방적으로 지시하는 상사에게서 자신이 원하는 타협안에 대한 동의를 흔쾌히 얻어낼 수 있었다.

❶ 생각해보자

관리자의 직책에 오른 지 얼마 되지 않은 사람이 강압적인 태도를 보일 경우에는 조금 시간을 두고 지켜보는 것이 좋다. 업무 능력을 발휘하여 그를 도와주고자 한다는 것을 보여주면, 그의 신뢰를 얻을 수 있다. 또한 관리자로서 자신감을 갖게 되면서 통제하려는 행동도 줄어들 것이다. 하지만 계속 그런 행동이 이어진다면, 대화를 통해 해결해야 한다. 자신을 도와주려고 하는 믿을 수 있는 부하직원이 생산적인 방식으로 이야기를 건네면, 쉽게 수긍할 것이다.

● 기본적인 원칙

강압적인 상사를 대할 때는 다음과 같이 행동하라.

- 상사의 행동과 무관하게 맡은 업무에 최선을 다해 집중하라.
- 상사의 강압적 행동이 계속되어 업무를 완수하는 데 방해가 되거나 심리적으로 영향을 미친다면 이제 이야기를 해야 한다.
- 문제를 정의할 때 자칫 불평하는 것처럼 들릴 수 있으니 조심하자. 제시카처럼, 문제 해결을 요청하는 방식으로 자연스럽게 접근하는 전략을 활용하라. 상사를 자극하거나 화나게 하면 오히려 문제가 복잡해질 수 있다.
- 자신이 어떤 문제를 겪고 있는지 구체적으로 설명한다. 문제의 책임이 상사에게 있다고 생각해선 안 된다. 나의 문제를 해결하는 데 도움을 달라고 요청하라.
- 그런 다음, 앞으로 문제 상황을 해결할 수 있는 타협안을 제시한다.
- 해법에 대한 상사의 동의를 끌어내면서 합의 내용을 확인한 뒤 관계를 복원하는 말로 대화를 마무리한다.
- 다시 최선을 다해 일한다.

이기적인 상사를 다루는 법

회의를 소집한다는 영업소장의 공지를 보고 직원들은 수근대기 시작했다. 이번 달 지역결산에서 영업실적 1등을 하지 못한 것에 대해 이야기하기 위해 오후에 긴급회의를 소집하니 모두 참석하라는 것이었다.

"또 시작이군. 무조건 우리 잘못이지."

누군가 불평을 내뱉었고, 다른 직원들은 입을 모았다.

"우리가 근소한 차이로 1등을 놓쳤다는 걸 자랑스러워할까? 전혀 그렇지 않을 걸!"

"우리가 1등 했다고 해도, 그걸 우리가 잘해서 그랬다고 생각하지는 않을 거야. 자기 업적이라고 떠벌리겠지."

"우리 업적을 자기 것으로 만드는 데 능숙한 것 못지않게, 자기 뜻대로 되지 않으면 그걸 우리 탓으로 돌리는 데에도 능숙하지."

그런 불평을 들으며 레이첼도 고개를 끄덕였다. 영업소장은 일이 잘되면 혼자 주목을 받는 것을 즐기는 반면, 일이 잘못되면 책임을 지지 않았다. 모든 것을 남 탓으로 돌렸다. 직원 중 한 명이, 영업소장이 다른 소장들과 이야기하는 자리에서 이번 달에 1등을 하지 못한 이유는 직원들 탓이라고 말하는 것을 우연히 들었다고 말했다. 오늘도 역시 모든 잘못을 자신들에게 돌릴 것이라고 직원들은 생각했다.

이러한 상사 밑에서 일해본 적이 있을 것이다. 이런 사람들은 직원들이 일궈낸 업적은 모두 자기 덕분이라고 떠벌리고, 좋지 않은 성과는 자기 자신이 아닌 직원들 때문이라고 비난한다. 자신이 이끌고 있는 팀을 책임지기는커녕 남들에게 모든 책임을 전가한다. 이러한 상사들은 자신의 이익을 최선으로 삼는다.

또한 직원들이 스포트라이트 받는 것을 싫어하는데, 그렇게 되면 자신이 주목받지 못하기 때문이다. 심각한 경우에는 그러한 이유로 일 잘하는 직원을 자신에 대한 위협으로 간주하는 사람도 있다. 또한 이기적인 상사는 직원들과 어울리는 것을 귀찮아한다. 이들은 자신의 이익을 추구하기만도 너무 바쁘기 때문에 직원들과 대화하는 것은 시간 낭비라고 생각한다. 이들은 철저하게 자신에게 유리한 것에만 관심을 쏟는다. 이처럼 자기만 생각하는 상사의 행동은 직원들에게 많은 불만을 살 수밖에 없다.

어쨌든 부하직원들은 그러한 상사의 행동에 익숙해져야만 직장생활을 그나마 즐겁게 할 수 있다. 전반적인 상황을 조망하며 게임하는 법을 배워야 한다. 당연히 업무에는 최선을 다해야 하겠지만, 질책을 듣더라도 그것을 개인적으로 받아들여서는 안 된다. 상사가 잘난 체하며 모든 업적을 자기가 세운 것처럼 떠벌리고 다니더라도, 그러한 업적에 내가 기여한 부분을 당당하게 밝혀야 한다. 기회가 있을 때마다 최대한 널리 알려라.

개인적으로나 집단적으로나 목표를 달성하거나 업적을 세웠다면, 공식 보고서를 써서 상사에게 알려라.(복사본을 만들어 상급부서에도 알려라) 다시 말해, 모든 공을 상사가 가로챌 수 없도록 미리 조치를 취해놓는 것이다. 이기주의자는 자신의 감정을 숨기지 않기 때문에, 다른 조직의 사람들도 그 사람이 이기주의자라는 사실을 잘 알고 있다.

마침내 그의 행동에 대해 직접 맞서기로 결정했다면, 먼저 그의 구체적인 행동을 이야기하고 그로 인해 어떤 기분을 느꼈는지 설명한다. 타협안을 제시하기 전에 그의 행동에 화가 난 이유를 분명하게 이해하고 동의하는지 먼저 확인한다. 타협안을 제시할 때는 이기적인 상사가 위협을 느끼거나 화가 나지 않도록 건설적으로 말한다.

직원들은 자신들의 공은 가져가고, 실패한 것에 대해서는 책임지지 않는 소장에게 지쳐 있었다. 소장이 또 직원들을 긁어대려고 하자, 한 직원이 더 이상은 참지 못하겠다고 말했다. 레이첼은 직원들의 목소리를 이성적으로 전달하겠다고 자처했다.

● 1단계: 먼저 생각하기

자신에 대한 안 좋은 이야기를 영업소장이 과연 받아들일지 레이첼은 걱정했다. 레이첼은 여러 접근 방법을 궁리한 끝에 소장의 이기심을 달래주는 것으로 대화를 시작하기로 했다. 그렇게 소장의 기분을 누그러뜨리고 나면, 직원들이 잘한 일은 자기 공으로 가져가고 직원들이 잘못한 일에 대해서는 책임지지 않는 그의 행동에 대해 이야기할 수 있을 것 같았다.

긴급회의가 시작되었다. 소장은 직원들과 이야기할 때, 상대방의 감정 같은 것은 전혀 신경 쓰지 않고 마구 내뱉는다.

"이번 달에 우리가 1등을 하지 못해서 내가 얼마나 난처한 상황인지 알아주세요. 어쨌든 지난달에는 내 이름이 맨 위에 있었으니, 이번 달에도 당연히 그럴 거라 생각했는데, 내가 1등이 아니고 다른 사람이라는 결과가 나왔을 때 정말 굴욕적이었어요. 다시는 그런 일이 일어나지 않기를 바랍니다."

레이첼은 화가 목구멍까지 차오르는 것을 느꼈지만, 지금 기회를 놓치면 다시 잡기 힘들다는 것을 알고 참았다.

"제가 직원들을 대표하여 말씀드리겠습니다. 우리가 팀장님을 실망시킨 점에 대해 정말 죄송하게 생각한다는 것을 알아주셨으면 합니다. 저희가 팀장님에게 굴욕감을 주기 위해 일부러 그런 것은 아닙니다."

"얼마나 수치스러웠는지 알아요? 여러분 모두에게 정말 실망했습니다."

소장은 말을 하면서 직원들을 둘러보았다. 레이첼이 말했다.

"저희도 소장님의 이름이 맨 위에 계속 있기를 바랍니다. 그건 곧 우리가 최고의 팀이라는 뜻이니까요."

그 말을 듣고 소장의 얼굴 표정이 한결 부드러워졌다.

"여러분들 스스로 최고의 팀이 되고 싶어 한다니 다행이네요."

소장이 직원들의 마음을 완전히 이해했다고 확신하기는 어려웠지만, 어쨌든 소장의 마음은 정확하게 이해할 수 있었다. 레이첼은 문제를 정의하는 단계로 넘어가기로 했다.

● 3단계: 문제 정의하기

"**저희가 1등 하는 것이 소장님에게 얼마나 중요한 일인지 잘 알고 있습니다.**(이해) 하지만 그것이 우리에게도 중요한 일이라는 점을 이해해주셨으면 합니다."

"물론이죠."

소장의 대답은 즉흥적이었다.

"지난달 1등을 했을 때, 소장님이 우리 직원들의 노력을 전혀 인정해주지 않아서 우리로서는 매우 신경이 쓰였습니다. **솔직히 헛고생했다는 느낌을 받았습니다.**('나'에게 초점을 맞춘 표현) 1등을 하든 못하든, 모두 우리 영업소 직원들의 노력의 결실일 뿐이라고 생각합니다. 물론 저희를 이끄시는 소장님도 영업소의 일원입니다. 우리 영업소가 해결해야 할 문제는, 성공한 공도 성공하지 못한 책임도 함께 나눠야 한다는 것입니다."

영업소장은 고개를 끄덕였다.

"무슨 말인지 알겠어요."

● 4단계: 최선의 해법 제안하기

문제를 정의한 것에 대해 영업소장이 제대로 이해하고 동의하는 것인지 확신할 수 없었다. 하지만 이제 타협안을 제시하는 것이 요구사항을 전달하는 데 도움이 될 것이라고 생각했다.

"그러니까 저희가 하고 싶은 말은, 우리는 하나라는 것입니다. 소장님까지 포함해서 말이죠. 소장님도 저희와 함께해주시면 좋겠습니다. 저희는 한 팀 아닙니까? 저희가 잘할 때는 저희의 공도 인정해주시고, 저희가 **못할 때는 소장님도 어느 정도 책임이 있다는 것을 인정하시면 좋겠습니다.**"(타협)

영업소장은 내려다보고 있던 서류를 정리했다. 고개를 들어 직원들을 바라보더니 천천히 고개를 끄덕였다.

"무슨 말인지 알겠어요. 지난달에 우리가 1등 했을 때 제가 여러분을 얼마나 자랑스러워했는지 아시나요? 제가 말을 안 했을 뿐이에요."

● 5단계: 합의 이끌어내기

"그럼 앞으로는 저희가 자랑스러우면 그렇다고 말씀해주세요."(타협)

"네, 꼭 그렇게 하죠."

"그리고 저희가 잘못할 때에는 함께 책임져주실 거죠?"(타협)

소장은 고개를 끄덕였다.

"감사합니다.(최종 확인) 저희도 소장님만큼이나 1등 하고 싶어 한다는 걸 알아주셨으면 좋겠어요. 이번 달에 1등을 하지 못한 것은 정말 안타깝게 생각합니다. 앞으로 최선을 다할 것을 약속드립니다."(관계 회복)

● 이러한 접근 방식이 효과가 있는 이유

회의에서 팀 전체가 불만을 쏟아냈다면, 이처럼 긍정적인 결과는 얻지 못했을 것이다. 영업소장은 직원들이 집단적으로 자신을 공격한다고 생각하며 방어적인 태도를 보일 수 있다. 레이첼은 이성을 잃지 않고 차분하게 대처했다. 소장의 이기심을 긍정적으로 인정해주는 동시에, 소장을 실망시킨 것에 대하여 직원들이 책임을 통감하고 있다고 말했다.

이렇게 소장의 마음을 연 다음 문제를 정의하고, 직원들이 어느 정도 납득할 수 있는 타협안을 제시했다. 빠르고 단호하게 단계를 밟아 나갔기 때문에 소장은 이에 동의할 수밖에 없었다. 소장의 이기적인 태도가 바뀌지는 않겠지만, 그래도 자신들의 감정을 솔직하게 이야기하고 잠정적인 해법에 대한 동의를 끌어낸 것에 직원들은 기분이 좋았다.

❶ 생각해보자

가끔은 불안감을 달래기 위해 이기적으로 행동하는 사람도 있다. 그런 사람의 행동은 진지하게 받아들일 필요가 없다. 단점을 보완하기 위해 이기적으로 행동하는 것이니, 그가 잘하는 일을 칭찬하고 격려하면 금방 달라질 수 있다. 직원으로서 어떻게 소통하고 싶은지 먼저 제안하라. 자신감이 붙으면 이기적으로 행동할 이유도 사라진다.

● 기본적인 원칙

이기적인 상사를 대할 때는 다음과 같이 행동하라.

- 상사가 이기적으로 행동한다고 하더라도 최선을 다해 업무에 집중하라.
- 기회가 있을 때마다 성과를 보여준다. 이메일로 보고하거나, 회의 중에 발언을 하거나, 상사에게 자신이 이룬 성과에 대해 이야기한다. 자기 자랑 같아 다소 불편하게 느껴질 수도 있지만, 이기적인 상사 밑에서는 그렇게 해야 한다. 그렇게 하지 않으면 상사가 모든 업적을 다 가로채 갈 것이다.
- 레이첼과 그녀의 팀이 그랬던 것처럼 상사의 이기심을 긍정해주면, 좀 더 열린 마음으로 대화에 임할 것이다.
- 상사의 행동을 구체적으로 진술하고 기분이 어땠는지 설명한다.
- 상사가 쉽게 문제를 이해하고 인정할 것이라고 기대해서는 안 된다. 단계별로 상사가 정확하게 이해하고 동의하는 것인지 불분명할 수 있다. 그럴 때는 다음 단계로 넘어가는 것이 오히려 목적을 달성하는 데 도움이 되기도 한다.
- 상사는 자신의 행동 양식을 바꾸지 않을 확률이 높다. 그의 행동을 바꾸려고 하지 말고, 직원의 말을 경청하며 소통해주기를 바라는 정도에 만족해야 한다.

무능한 상사를 대하는 법

재키는 회사에서 6년 동안 영업사원으로 일했다. 그는 8명으로 구성된 회사에서 가장 경험이 많은 직원으로, 동료들 사이에 멘토 역할을 했다. 최고관리자 역할을 하던 사장의 동생이 퇴직한다는 소식에, 재키는 그 자리가 자신에게 오지 않을까 내심 기대했지만 한낱 꿈에 불과했다. 사장은 얼마 전 대학을 졸업한 딸을 그 자리에 앉혔다. 물론 작은 회사에서 흔히 벌어지는 일이기는 했지만, 그래도 실무 경험이 하나도 없는 사람을 관리자로 앉힌다는 사실에 너무나 실망이 컸다. 설상가상으로 사장의 딸 헤일리는 실무 지식이 하나도 없음에도 관리자 직위를 맡자마자 자기가 업무를 모두 알고 있다는 듯이 막무가내로 행동했다.

무능한 사람 밑에서 일하는 것은 참으로 괴롭다. 업무에 대한 지식이 없는 사람이라고 해도 어쨌든 상사인 것은 분명한 사실이기 때문이다. 업무는 물론 직원들에 대해서도 잘 모르는 상황에서, 효과적으로 소통이 이루어질 리 없다. 적절한 의사결정을 내리지 못하고, 최선의 선택을 두고도 망설인다. 업무 지식이나 회사의 역사, 조직의 역학관계 등을 제대로 이해하지 못하는 상태에서 좋은 의사결정을 내리는 것은 매우 어렵다. 그래서 이런 사람들은 엉뚱한 일을 이것저것 벌이는 것처럼 보인다. 결과적으로 이러한 상사들은 조직의 역량을 소진시킨다. 이런 상황에서 직원이 할 수 있는 일은 많지 않다.

하지만 무능한 상사는 부하직원에게 둘도 없는 기회가 될 수 있다. 갑자기 관리자의 직위에 올라 회사 업무가 낯설 수도 있고, 입사한 지 오래되었더라도 무엇을 해야 하는지, 어떻게 직원들을 관리해야 하는지 전혀 모를 수 있다. 어쨌든 이렇게 상사가 방향을 제시하지 못할 때는, 밑의 직원들이 알아서 해야 한다. 자신만의 업무 노하우를 실험하고 검증할 수 있는 기회가 더 많이 생긴다. 다시 말해 훨씬 많은 기술을 배우고 숙련할 수 있는 기회가 되는 것이다.

상사의 부족한 부분을 내가 어떻게 메울 수 있을까 집중함으로써, 중요한 리더십 기술을 계발할 수 있다. 상사의 부족함을 강조하고 불평하기보다는 그를 도와주고 가르침으로써 상사가 발전할 수 있게 만들자. 그 과정에서 상사의 신뢰를 얻을 수 있고 궁극적으로 자신도 성장할 수 있다. 회사의 성공에 기여하고 헌신하는 소중한 직원으로 비칠 수 있다면, 머지않아 긍정적인 롤모델이자 리더로 서는 날이 올 것이다.

재키는 자신이 하는 일을 너무나 좋아했기 때문에, 새로운 관리자의 무능함에 휘둘리지 않고 자기 할 일을 했다. 어쨌든 헤일리가 무능한 관리자가 된 것도, 따지고 보면 그녀의 아버지 잘못이지 그녀의 잘못은 아니었기 때문이다. 하지만 헤일리의 엉뚱한 의사결정으로 인해 자신의 업무 평가와 급여에 영향이 미쳤을 때 재키는 더 이상 참을 수 없었다. 재키는 헤일리에게 먼저 도움을 줌으로써 의사결정을 할 때 영향을 미치기로 했다.

● 1단계: 먼저 생각하기

재키는 헤일리와 면담하기 전에 잠시 그녀의 약점에 대해 생각했다. 대학에서 경영학을 전공한 헤일리는, 앞으로 자신감이 쌓이면서 관리 능력과 리더십도 습득할 수 있을 것이다. 하지만 지금은 세부적인 업무 지식이 부족하여 올바른 판단과 결정을 내리는 데 어려움을 겪고 있다. 재키는 헤일리에게 업무 지식을 가르치는 방식으로 도움을 줄 수 있다고 판단했다. 하지만 헤일리가 그러한 제안을 받아들일지 확신할 수 없었다. 헤일리는 자신이 업무에 대해 잘 알고 있는 것처럼 행동해서 본인의 약점을 숨기려고 했기 때문이다.

● 2단계: 좀 더 깊이 이해하기

재키는 헤일리의 방문을 노크했다.

"잠깐 얘기 좀 할 수 있을까요?"

"아, 들어오세요."

헤일리는 재키를 소파로 안내했다. 재키는 자리에 앉아 심호흡을 하고 난 뒤, 앞으로 몸을 기울이며 말했다.

"업무 배정 방식을 변경하기로 한 결정에 대해 말씀드리고 싶습니다. 이 변경으로 인해 제 업무가 줄어드는데, 이는 결국 제 업무 평가, 또 궁극적으로 제 급여에 영향을 미칠 수 있습니다. 저는 남들보다 더 많은 일을 할 수 있다고 자부하는데, 이렇게 되면 제가 할 수 있는 양보다 적게 기여하는 것처럼 느껴집니다."('나'에게 초점을 맞춘 표현)

"업무를 골고루 나누는 것이 좋은 것 아닐까요?"

● 3단계: 문제 정의하기

"무슨 말씀인지 알겠습니다.(이해) 하지만 제가 말하고 싶은 건, 일하는 속도가 사람마다 다르다는 것입니다. 자신이 처리할 수 있는 양보다 더 많은 업무를 배정하면 두 가지 문제가 발생할 수 있습니다. 우선, 생산성이 떨어질 수 있고요. 또 작업이 고객의 기대에 미치지 못할 수도 있습니다."

"그 점에 대해서는 생각하지 못했네요. 모두 공평하게 일을 나누는 것이 좋겠다는 생각으로 그런 결정을 내렸는데."

"그 결정이 초래할 수 있는 문제를 이해해주셨으면 합니다."

재키는 헤일리와 눈을 마주치며 앞으로 몸을 기울여 자신 있게 말했다.

"알겠습니다."

● 4단계: 최선의 해법 제안하기

재키는 마음을 가다듬었다. 이제 다소 위험을 감수해야 하는 제안을 할 시간이 온 것이다. 어쨌든 진심을 담아 말했다.

"새로운 환경에서 관리자 역할을 해야 하는 기분이 어떤지 이해할 수 있

습니다.(이해) 제가 말씀드리고 싶은 것은, 우리 팀에서 가장 연장자로서 저와 팀에 영향을 미치는 결정을 할 때 참여하고 싶다는 것입니다. 업무와 관련하여 궁금한 것이 있으시면 기꺼이 돕겠습니다. 원하신다면 업무에 대해서 많은 것을 가르쳐드릴 수도 있습니다."(타협)

"네, 제가 업무를 배울 수 있도록 도움을 주신다니 감사합니다. 그리고 무슨 말씀인지 알겠습니다. 앞으로는 직원들에게 영향을 미칠 수 있는 일은 도움을 받아 결정하도록 하겠습니다."

● 5단계: 합의 이끌어내기

"감사합니다.(최종 확인) 이런 얘기를 하는 게 좀 웃긴 상황이긴 하지만, 그래도 새로 오신 분들에게는 낯설 수도 있습니다. 제가 일을 배우실 수 있도록 기꺼이 돕겠습니다. 원하는 일이 있으시면 무엇이든 말씀해주세요."(관계 회복)

● 이러한 접근 방식이 효과가 있는 이유

적극적이고 긍정적인 접근 방식 덕분에 헤일리는 재키의 제안을 받아들였다. 업무를 가르쳐주겠다는 제안에 진정성이 있었기에, 헤일리는 매일 일이 끝난 뒤 잠시 시간을 내어 가르쳐줄 수 있냐고 물었다. 재키는 곧 헤일리의 신뢰를 얻었고, 그녀를 도와주는 과정에서 리더로서 자질을 보여주었다. 두 달 뒤, 사장은 자신의 딸을 다른 부서로 옮기기로 결정했고, 결국 재키는 영업팀장으로 승진할 수 있었다. 이 이야기에서 말하고자 하는 것은, 어떤 상황에서든 긍정적인 측면을 볼 줄 아는 사람은 그것을 기회로 만들 수 있다는 것이다.

❶ 생각해보자

옆의 팀에서 추가적인 업무교육을 하거나, 정기적으로 회의를 열어 더 많은 정보를 공유하거나, 또는 무언가 부러운 일을 하고 있다면, 자신의 팀 상사에게도 그런 것을 하고 싶다고 말하라. 구체적으로 원하는 내용을 말해야 한다. 이렇게 비교 대상이 있으면 상사가 그러한 요구를 받아들일 가능성이 높을 뿐만 아니라, 상사 역시 스스로 역량을 키우기 위해 노력할 것이다. 상사와 면담할 때는 대화 내용을 기록해두는 것을 잊어서는 안 된다. 상사가 자신의 요청을 묵살할 경우, 아무리 이야기해도 듣지 않을 경우, 나중에 그런 기록들이 자신의 주장을 뒷받침하는 데 도움이 될 수 있다.

● 기본적인 원칙

무능한 상사를 대할 때는 다음과 같이 행동하라.

- 상사가 무능하더라도, 일단은 최선을 다해 업무를 수행하며 상황에 적응하기 위해 노력하라.

- 무능한 사람과 함께 일하는 것에도 긍정적인 면이 있다. 더 독립적이고 주체적으로 일할 수 있다. 상사에게 의존하지 않고 스스로 결정을 내릴 수 있는 상황은 자기만의 업무 기술을 계발할 수 있는 기회가 된다.
- 상사의 능력에 대해 어떻게 생각하든, 그 상황에 대해 불평하지 마라.
- 상사에게 도움을 주거나 업무를 가르쳐줄 수 있는 기회를 찾아보라.
- 도움이 되고 싶다는 의사를 표시하라. 상사의 신뢰를 얻을 수 있을 뿐만 아니라, 부하직원이 아닌 협력자 대우를 받을 수도 있을 것이다.
- 상사가 내린 결정으로 피해를 입게 되는 경우, 이에 대해 말해야 한다. 그 결정이 자신에게 어떤 영향을 미치는지 설명하고, 앞으로 이런 의사결정을 할 때 참여하고 싶다고 정중하게 제안한다.
- 물론 상사가 제안을 받아들이지 않을 가능성이 크지만, 어쨌든 그 결정이 나에게 어떤 영향을 미쳤는지는 분명하게 이해할 것이다.
- 상황이 어떻게 달라지든, 자신이 맡은 업무는 최선을 다해 수행하라.

일관성 없는 상사를 다루는 법

테리는 사장의 행동을 종잡을 수 없다. 또다시 사장의 변덕을 증명하는 일이 벌어졌다. 어제 사장은 테리가 작성하고 있는 보도자료를 보더니 훌륭하다고 칭찬했다. 그런데 오늘 아침, 테리 책상 옆에서 보도자료를 살펴보더니 마음에 들지 않는다고 말했다. 어제나 오늘이나 달라진 것이 없는데, 왜 어제는 칭찬을 하다가 오늘은 마음에 들지 않는다고 하는지 기가 찰 노릇이다. 사장이 자리를 떠난 뒤 테리는 고개를 저으며 한숨을 쉬었다.

일관성 없는 상사 밑에서 일하는 것은 어려운 일이다. 어떻게 변할지 예측할 수 없기에, 어디에 서 있어야 할지 알 수 없다. 어느 날은 칭찬을 하다가도 다음 날은 질책을 한다. 그들은 생각 없이 말을 내뱉는다. 생각이 있다면, 자신의 행동이 얼마나 일관성이 없는지 스스로 알아차릴 것이다. 오늘은 기분이 좋다가도 내일은 갑자기 기분이 나빠진다.

이러한 상사는 때에 따라 또는 어떤 요인에 따라, 가장 큰 조력자가 되기도 하고 가장 큰 방해꾼이 되기도 한다. 문제는 그가 어떻게 바뀔지 모르기에 하루 종일 살얼음판을 걸어야 한다는 점이다. 그리고 일관성 없는 상사는 자신이 그렇게 행동한다는 사실조차 깨닫지 못하는 경우가 많다.

일관성 없는 상사와 함께 일할 때 명심할 것은, 상사의 말을 모두 자신의 잘못으로 받아들여서는 안 된다는 것이다. 이런 상사들은 사람을 모두 같은 방식으로 대한다. 상대방과는 상관이 없다. 그저 자기 기분에 따라 다르게 대할 뿐이다. 따라서 상사의 기분이 좋지 않아 보일 때는 최대한 대화를 회피하라. 가능하다면 마주치지 않는 것이 좋다. 물론 상사의 변덕스러운 행동을 무작정 참고 받아들여야 한다는 뜻은 아니다.

상사가 칭찬을 하던 일에 대해 갑자기 질책을 한다면, 가만히 듣고 있을 필요는 없다. 모순적인 상황이 바로 눈앞에서 벌어졌으니 그것을 이야기하면 된다. 두 가지 이야기를 듣고 얼마나 혼란스러운지 설명하라.

상사가 그렇게 행동하는 이유를 알든 모르든, 문제를 명확하게 정의하고 해법을 제시함으로써 타협점을 찾아내야 한다. 물론 이러한 해법은 대개 일시적이거나 특정한 상황에만 적용된다. 일관성 없이 행동하는 것에 이미 익숙해진 사람들은 그런 행동을 굳이 바꾸려 하지 않기 때문이다.

테리는 사장에게 가서 그의 변덕스러운 행동이 자신을 얼마나 당황스럽게 하는지 말하기로 했다. 종잡을 수 없는 그의 기분 변화도 문제였고, 하루는 잘했다고 칭찬하던 일을 다음 날에는 마음에 안 든다고 하는 것도 문제였다.

● 1단계: 먼저 생각하기

테리는 사장의 일관성 없는 행동에 대해서 이야기하고 싶었지만, 그것은 이미 오래된 습관이었기에 쉽게 바뀌지 않을 것이라고 생각했다. 그래서 그녀는 보도자료에 대해 양면적인 반응을 보인 황당한 사건에 초점을 맞춰 이야기하기로 했다. 물론 이러한 대화를 통해 자신의 일관성 없는 행동에 대한 깨달음을 얻을 수 있기를 바랐다.

늦은 오후, 사장이 자리에 있을 때 테리는 사장을 똑바로 바라보며 자신감이 묻어나는 목소리로 말했다.

"제가 작성한 보도자료에 대해 어떻게 생각하시는지 물어보고 싶은데요. 어제는 잘했다고 칭찬하셨는데, 오늘 아침에는 정리하는 방식이 마음에 들지 않는다고 하셨거든요. 그런데 어제와 오늘 보도자료는 달라진 게 하나도 없어요. 그 말을 듣고 정말 당황스러웠습니다. 뭐가 맞는지 전혀 모르겠어요."('나'로 시작하는 말)

"오늘 아침 기분이 안 좋았나 봐요."

"아, 그래서 제게 그렇게 말씀하신 거군요."(이해)

테리는 가끔씩 고개를 돌리며 자연스럽게 사장과 시선을 맞췄다.

"지금 보도자료 한번 볼 수 있을까요?"

"물론이죠."

테리가 건네준 문서를 살펴보고 사장은 이렇게 말했다.

"괜찮아 보입니다."

"하지만 어제는 괜찮다고 하셨다가 오늘 아침에는 마음에 들지 않는다고 하셔서 제가 얼마나 혼란스러웠는지 아세요?"

테리는 다시 한번 분명하게 물었다.

"그랬겠군요, 미안합니다."

● 3단계: 문제 정의하기

이제 테리는 문제를 정의했다.

"이렇게 같은 것을 놓고 이런 이야기를 하시다가 저런 이야기를 하시니, 제가 잘하고 있는 건지, 또 어떻게 해야 할지 모르겠습니다."

● 4단계: 최선의 해법 제안하기

"사장님, 오늘 아침에 기분이 좋지 않아서 제 업무가 마음에 들지 않는다고 하셨잖아요. **앞으로는 기분이 좋지 않을 때 제가 하는 일에 대해 즉흥적으로 의견을 내지 않으시면 좋겠습니다.**"(타협)

테리는 분위기가 너무 심각해지지 않도록 웃었다. 사장이 대답했다.

"기억하겠습니다. 제 말이 얼마나 혼란스럽게 했을지 이해합니다."

● 5단계: 합의 이끌어내기

"이해해주셔서 감사합니다."(최종 확인)

테리는 분위기를 부드럽게 만들고자 농담을 던졌다.

"제가 이 일을 하는 걸 얼마나 좋아하는지 아세요? 이제 또 일해야 하니 잔소리를 할 거라면 저리 가주실래요."

둘 다 웃었다. 사장의 행동이 완전히 바뀌지는 않을 것이다. 그래도 이 대화를 통해 자신의 업무 권한을 좀 더 넓혔다.

● 이러한 접근 방식이 효과가 있는 이유

테리는 신경 쓰이는 일을 털어내기 위해 말을 꺼냈다. 자신이 작성한 보도자료에 대해 사장이 어제 한 말과 오늘 하는 말이 다른 것이 신경 쓰였다. 사장 밑에서 오랫동안 일하면서 그의 예측할 수 없는 행동에 어떻게 대처해야 할지 알고 있었지만, 이번에는 도저히 참을 수 없다고 생각했다.

자신 있는 말투는 말하는 내용에 신뢰성을 높여준다. 그러한 말투 덕분에 사장은 자신의 발언으로 인해 테리가 얼마나 혼란스러웠을지 쉽게 수긍했다. 그런 다음 사장에게 기분이 좋지 않을 때는 자기가 하는 일에 대한 평가를 자제해달라고 요청했다. 사장과 편하게 지내는 사이였기에 이러한 해법을 가볍게 던질 수 있었다. 또한 농담으로 대화를 마무리 지었다.

물론 사장의 행동이 곧바로 바뀌지는 않을 것이 분명했기에, 이런 상황이 또다시 발생하면, 앞으로는 그 자리에서 즉각 무엇이 문제인지 구체적으로 물어볼 생각이다.

❶ 생각해보자

일관성 없는 상사 밑에서 살아남는 가장 좋은 방법은, 상사와 인간적으로 좋은 관계를 맺는 것이다. 테리와 같이 상사와 농담을 주고받을 수 있을 정도로 가까우면, 상사의 변덕을 솔직하게 지적하고 가볍게 넘길 수 있으며, 훨씬 생산적으로 갈등을 해결할 수 있다. 농담을 할 정도로 편한 사이가 아니더라도, 이런 상사에게서 좋은 면을 찾고 그것을 알아채는 것은 사람에 대한 안목과 태도를 개선하는 데 도움이 될 것이다.

● 기본적인 원칙

일관성이 없는 상사를 대할 때는 다음과 같이 행동하라.

- 상사의 말을 자신에 대한 것으로 받아들이지 마라! 이런 사람의 행동은 부하직원분만 아니라 어느 누구에게도 일관성이 없다. 자기 기분에 따라 바뀔 뿐, 내 문제가 아니다.
- 상사가 어느 날은 칭찬하다가 다음 날은 비판한다면, 그런 비판은 정당하지 않다.
- 정당하지 않은 비판을 하면, 그에 대해 상사가 칭찬했던 것을 상기시켜라. 그리고 무엇이 마음에 들지 않는지 구체적으로 말해달라고 요청한다.
- 이러한 행동이 계속 반복된다면, 본격적인 갈등 해결 대화에 나서야 한다.
- 상사의 일관성 없는 행동과 발언이 얼마나 혼란스럽게 하는지 설명한다. 이에 대해 납득하는지 확인한 다음, 일관성 없는 행동으로 인해 겪는 문제를 정의한다.
- 타협안을 제시하고 동의를 얻는다.
- 하지만 이러한 해법은 대개 단기적으로만 효과가 있다는 사실을 알아야 한다. 상사의 일관성 없는 행동은 또다시 반복될 가능성이 높다.

마이크로 매니저를 대하는 법

에리카는 지점장이 자기 책상 쪽으로 걸어오는 것을 보고 신음소리를 냈다. 자기가 위임한 입찰이 제대로 진행되고 있는지 확인하러 오는 것이 었다. 지점장은 일을 위임하면서 내키지 않는 표정을 지었는데, 직원들이 그 일을 제대로 해낼 수 있을지 확신하지 못했기 때문이다. 옆자리 동료가 에리카에게 속삭였다. "헬리콥터 떴어." 에리카는 미소를 지어 보였지만, 지점장이 자신을 믿고 맡겨주면 좋겠다고 생각했다.

마이크로 매니저 밑에서 일해본 사람들은 그들의 관리 방식이 얼마나 성가신지 알 것이다. 부하직원의 업무수행 능력을 믿지 않으며, 처리 과정을 일일이 가르쳐줘야 한다고 생각한다. 직원의 행동을 하나하나 살피고, 모든 결정에 의문을 제기하며, 요청하지도 않은 도움을 주기도 한다.

이들은 기본적으로 부하직원들이 자신의 기대에 부응하지 못할 것이라고 생각한다. 웬만해서는 업무를 위임하려고 하지 않으며, 위임한 경우 위의 지점장처럼 부하직원 곁을 어슬렁거리며 잘하고 있는지 감시한다.

이제 막 관리자가 된 사람들 중에 자신감 부족으로 인해 마이크로 매니저가 되는 사람들이 많다. 직원들이 일을 제대로 해낼 수 있을지 확신하지 못하기 때문이다. 베테랑 상사들의 경우, 신입 직원들이 일을 확실히 배울 때까지 이렇게 관리하기도 한다. 하지만 이러한 경우가 아님에도, 직원의 능력을 믿지 못하여 사사건건 간섭하는 사람도 있다. 이는 직원들 입장에서 숨통을 조이는 행동으로 해석될 수도 있다.

마이크로 매니저가 위험한 이유는 부하직원들이 스스로 생각하고, 결정을 내리고, 기술을 향상시키고자 하는 노력을 멈출 수 있다는 것이다. 결국 직원들이 자발적으로 업무에 신경쓸 필요가 없는 상황이 펼쳐질 수 있다. 이러한 함정에 빠지는 순간 업무 능력은 오히려 퇴보한다.

마이크로 매니저를 상대하려면 먼저 신뢰 관계를 구축해야 한다. 자신이 하고 있는 일에 대해 잘 알고 있다는 것을 상사에게 알려줘야 한다. 자신의 공헌과 업적을 알려주자. 자신이 신뢰할 수 있는 사람이라는 것을 입증하라. 더 많이 소통하라. 더 많이 책임지겠다고 요청하라. 추가 업무를 맡겠다고 자원하라. 이 모든 방법이 소용없다면, 갈등 해결 대화에 나서야 할 상황이 온 것이다. 지나친 업무 간섭이 생산성에 어떤 영향을 미치는지 이야기해야 한다.

에리카는 세세하게 관리하고자 하는 지점장의 욕구를 완화하고 자신에 대한 신뢰를 높이기 위해서 무엇을 해야 할지 생각했다.

● 1단계: 먼저 생각하기

에리카는 자신의 전문성과 업무수행 능력에 대해 자부심을 느끼고 있다는 것을 지점장에게 알려줘야겠다고 생각했다. 먼저 어깨너머로 어슬렁거리는 지점장의 행동이 자기에게 어떤 문제를 일으키는지 전달하고, 자신을 믿어달라고 이야기한 다음, 더 많은 책임을 위임해달라고 요청하는 것으로 이야기를 마무리할 계획을 세웠다.

● 2단계: 좀 더 깊이 이해하기

"말씀드리고 싶은 게 있는데, 일을 맡길 때마다 지점장님은 제가 일을 제대로 해낼 거라고 믿지 않으시는 것 같아요. **어깨너머로 제가 일하는 걸 지켜보며 질문을 하시는 걸 보면 저를 신뢰하지 못하시는 것 같아서 신경이 쓰여요. 제가 얼마나 일을 잘 해낼 수 있는지 보여드리고 싶습니다.**"('나'를 주어로 하는 표현)

"이런, 에리카, 난 당신이 일을 잘 해낼 수 있다는 걸 알아요. 그냥 확인하고 싶을 뿐이에요."

"**일부러 저를 화나게 하려고 그렇게 하는 건 아니시겠죠.**(이해) 하지만 제가 왜 그런 기분을 느끼는지 이해하실 수 있나요?"

지점장은 어깨를 으쓱하며 대답했다.

"이해합니다."

"제가 한 일이나 하고 있는 일 중에 제가 완수하지 못할 것 같았던 게 있나요?"

"아니요, 그런 적 없어요."

● 3단계: 문제 정의하기

"제가 생각하는 가장 큰 문제는 앞서 언급했듯이, 지점장님이 저를 신뢰하지 않는 것 같다는 점이에요. 그런 느낌을 받으면 일할 맛도 나지 않아요. 제가 알아서 일할 수 있게끔 저를 믿고 맡기지 않는 이유는 무엇일까 고민하느라 생산성도 오르지 않아요. 어떻게 하면 제가 신뢰를 얻을 수 있을까 궁금합니다."

"저는 당신을 믿고 있습니다."

● 4단계: 최선의 해법 제안하기

"감사합니다. 그러면 부탁이 하나 있어요. 이번에 맡기신 입찰에 대해서 **그냥 믿어주셨으면 좋겠어요. 자꾸 와서 확인하지 않으셔도, 문제가 생기면 바로 알려드릴게요. 또 작업이 모두 끝나면 확인하실 수 있도록 보고할게요."(타협)**

● 5단계: 합의 이끌어내기

"네, 그렇게 할게요."

"**좋아요!(최종 확인)** 그리고 평소에 담당하시는 고객 중 한 명을 제게 배정해주실 수 있는지 여쭤보고 싶어요. 물론 중요한 고객들이라 위임하는 것이 불안할 수도 있지만, 골치 아픈 입찰도 제가 충분히 처리할 수 있거든요. 어쨌든 업무를 처리하는 주요 과정에 대해서 계속 보고드릴게요."

지점장은 심호흡을 한 뒤 대답했다.

"이렇게 업무에 자신이 있다니 든든합니다. 또 당신이 더 복잡한 입찰도 잘 처리할 수 있다는 거 잘 알고 있어요. 제가 고객 한 명을 더 배정해드리도록 하겠습니다."

"이렇게 이야기를 하고 나니 기분이 좋습니다. 최선을 다해 일할 테니 믿어주시면 좋겠어요. 저는 제가 하는 일을 즐기고 있습니다. **앞으로 더 많은 책임을 맡을 수 있기를 기대합니다.**"(화해)

● 이러한 접근 방식이 효과가 있는 이유

에리카는 업무에 대해 자신이 있었기에 사사건건 간섭하는 지점장의 관리 방식이 마음에 들지 않았다. 지점장에게 신경 좀 쓰지 말라고 화를 낼 수도 있었지만, 적극적으로 대처하는 것이 훨씬 생산적이고 유익할 것이라고 판단했다. 계속 주변을 맴도는 지점장의 행동이 자신에게 어떤 기분을 느끼게 하는지 설명하면서, 자신의 업무역량을 입증하고 싶다는 결심도 하게 되었다고 덧붙였다.

에리카는 자신이 미덥지 못하게 행동한 적 있는지 물었고 지점장이 아니라고 답하자, 문제를 정의했다. 에리카는 일을 마칠 때까지 간섭하지 말아달라고 타협안을 제시했고, 지점장은 이에 동의했다. 자신이 더 어려운 입찰도 처리할 수 있다는 것을 강조하면서 업무를 더 위임해줄 것을 요청했으며, 업무 진행 상황을 계속 보고하겠다고 약속했다.

상사를 대면하는 것이 부담스럽다면, 자신의 능력을 입증하기 위해 노력하라. 상사에게 먼저 자신이 하고 있는 업무에 대해 보고하라. 무슨 일을 하고 있는지 궁금한 상사가 업무 처리하는 것을 어깨너머로 지켜보거나 불필요한 질문을 하는 순간이 오기 전에 선제적으로 대응하라. 상사가 다가오는 것이 보이면 먼저 다가가 업무 진행 상황을 보고하라. 이렇게 해야 상사에게 업무를 제대로 처리하고 있다는 믿음을 줄 수 있고, 사사건건 간섭하는 행동을 줄일 수 있다.

● 기본적인 원칙

마이크로 매니저를 대할 때는 다음과 같이 행동하라.

- 상사가 업무를 세세하게 간섭하려고 한다면 무엇 때문에 그러는지 파악하라. 신뢰를 잃은 행동을 한 적 있는가? 아직 업무가 서툴러서 상사의 신뢰를 얻지 못했는가?
- 상사가 세세하게 간섭하려고 하는 이유를 찾아냈다면, 신뢰와 믿음을 회복하기 위한 노력을 하라. 시간이 걸릴 수도 있지만 신뢰가 쌓이면 간섭할 필요성은 줄어들 것이다.
- 타당한 이유가 떠오르지 않는다면 최선을 다해 일하고 있다는 것을 상사에게 보여주기 위해 노력하자.

- 믿고 맡길 수 있는 사람이라는 것을 보여준다.

- 자신이 무슨 일을 하고 있는지 계속 보고한다.

- 자신이 이룬 업적과 성과를 알려준다.

- 자신에 대한 신뢰가 생기는 것 같으면 추가 업무 할당을 요청한다.

- 이러한 노력으로도 상황이 달라지지 않으면 상사에게 직접 이야기한다. 사사건건 간섭하는 행동으로 인해 어떤 기분을 느끼는지 설명한다.

- 나에 대한 신뢰를 잃은 계기가 있는지 물어본다.

- 사사건건 간섭하는 행동이 왜 문제인지 정의한다.

- 타협안을 제시하고 서로 합의할 수 있는 해법을 찾기 위해 노력한다.

소통하지 않는 상사를 대하는 법

스티브와 동료 직원들은 다른 부서 직원을 통해 3개월 뒤 회사가 합병된다는 소식을 들었다. 자신들이 하는 일에는 별다른 영향이 없다고 하더라도, 그런 중요한 사실을 부장이 전혀 알려주지 않은 것에 화가 났다. 물론 평소에도 직원들과 잘 소통하지 않는 상사였기에 그다지 놀랄 일은 아니었다. 하지만 다른 부서들은 모두 부장들이 소식을 전해줬다는 사실을 알고는, 더더욱 화가 났다.

커뮤니케이션 부족은 다양한 원인으로 인해 발생할 수 있다. 수줍음이 많거나 내성적이어서 이야기하는 것을 어려워하는 사람도 있고, 대인기술이 부족한 사람도 있다. 강압적이거나 이기적인 상사들은 직원들에게 이야기할 필요성조차 느끼지 못할 수 있다.

이유가 무엇이든, 상사가 중요한 회사 소식이나 업무 진행 상황을 알려주지 않거나, 일정 같은 것을 공유하지 않는다면 문제가 될 수 있다. 부하직원들의 업무에 피드백도 주지 않고, 의사결정 과정이나 결과에 대해 설명하지도 않으며, 제안을 반영하지도 않는다. 업무 지시도 대충하고 필요한 사항을 충분히 설명하지 않는다. 업무수행에 필요한 기술이 아무리 뛰어나더라도 직원들과 소통하는 능력이 부족한 관리자들은 직원들에게 좌절과 불만을 안겨줄 수밖에 없다.

소통하지 않는 상사와 일하는 것은 매우 힘들 수 있다. 회사의 중요한 소식을 상사가 아닌 다른 사람을 통해 들으면, 직원들은 스스로 방치되고 있다는 느낌을 받는다. 업무에 대해서 상사가 피드백을 주지 않으면, 자신의 노력이 별로 중요하지 않다고 느껴지면서 허탈해질 수밖에 없다. 더 나아가 팀 전체의 창의성과 열정을 파괴할 수도 있다.

이럴 경우 해법은, 적극적으로 대응하는 것이다. 상사가 더 나은 소통을 할 수 있도록 직원들이 가르치는 것이다. 질문부터 시작하라. 계속 질문을 던져 상사를 대화에 참여시켜라. 회사에서 무슨 일이 벌어지고 있는지, 상사에게 오늘 하루가 어땠는지 물어보라. 자신의 업무에 대해 어떻게 생각하는지 물어보라. 그냥 넘겨짚지 말고, 상사가 직접 말하게 하라. 지시사항에 미심쩍은 내용이 있으면 다시 물어야 한다.

이러한 적극적인 조치는 상사의 소통 능력을 향상시킬 뿐만 아니라, 상사와 직원들 간의 관계도 개선시킨다. 하지만 스티브의 경우처럼 좌절감이 극에 달한 상황이라면 상사와 대면하여 해법을 찾아야 한다.

스티브와 동료들은 너무 화가 나서 부장에게 찾아가 따지기로 했다. 이렇게 중요한 소식을 다른 경로를 통해 전해 들은 것에 대해 모두 화가 나 있었다. 직원들끼리 무슨 말을 할 것인지 논의하던 중 불만이 마구 쏟아져 나왔고, 결국 스티브는 자신이 직원들을 대표해 발언하겠다고 자원했다. 직원들은 스티브가 대표하여 부장과 대화하는 것에 동의했다.

● 1단계: 먼저 생각하기

스티브는 먼저, 이야기하면서 객관적이고 침착한 태도를 유지해야 한다고 생각했다. 그 역시 화가 나 있었기 때문에 쉽지는 않았다. 부장의 소통 부족이 직원들에게 어떤 영향을 미쳤는가에 초점을 맞추기로 했다. 어떻게 대화를 이끌어나갈지 신중하게 생각했다. 생각이 정리되고 단호하고 침착하게 대화할 수 있다는 확신이 들자, 부장에게 회의 일정을 잡아달라고 요청했다. 스티브는 목소리는 유쾌하게, 얼굴 표정은 중립적으로, 행동은 자신 있게 유지하기로 했다.

회의실에 직원들이 모이자 부장은 이렇게 말했다.

"스티브가 찾아와 왜 회사 합병에 대해 전달하지 않았는지 알고 싶다고 말했어요. 제가 아무 말도 하지 않은 이유는, 제가 아는 것이 별로 없기 때문입니다."

"이렇게 중요한 소식을 소문을 통해 알게 되니 기분이 좋지 않습니다. 팀장님께 직접 들어야 하는 것 아닐까 생각합니다."('나'에게 초점을 맞춘 말)

"말씀드렸듯이 아는 게 별로 없어서 더 많은 정보가 쌓이면 그때 알리려고 했습니다."

하지만 스티브는 믿을 수 없었다. 그동안 부장의 업무 방식을 잘 알고 있었기 때문에, 더 많은 정보가 나와도 직원들에게 이야기하지 않았을 것이라고 확신했다.

"어떤 생각이었는지 이해는 하지만(이해) 저희 입장에서 이렇게 중요한 소식을 다른 경로를 통해 듣는 것이 얼마나 기분 나쁜지 아시나요?"

"글쎄요, 미안합니다. 이렇게 기분 나쁜 일일 줄은 몰랐네요. 제가 아는 바로는…"

부장은 합병에 대해 자신이 아는 내용을 간략하게 설명했다. 직원들은 이미 소문을 통해 다 알고 있던 소식을 처음 듣는 것처럼 고개를 끄덕이며 정중하게 경청했다. 몇몇 직원들은 궁금한 것에 대해 질문하기도 했다.

● 3단계: 문제 정의하기

"고맙습니다. 우리는 다른 사람이 아닌 부장님이 그 소식을 가장 먼저 전해줬으면 좋겠다고 생각하는 겁니다. 소문을 통해 듣는 것은 정확하지 않을 수도 있고요. 실제로 몇몇 직원들의 질문을 보면, 우리가 들은 정보 중에는 정확하지 않은 것도 있지 않습니까?"

"네. 이해합니다."

● 4단계: 최선의 해법 제안하기

스티브는 덧붙였다.

"합병에 대한 새로운 정보가 나올 때마다 저희에게 계속 알려주시면 좋겠습니다."(타협)

"그렇게 하겠습니다."

● 5단계: 합의 이끌어내기

스티브는 다음과 같이 말하며 토론을 마무리했다.

"이뿐만 아니라 이제 어떤 소식이든 바로바로 알려주시면 좋겠습니다.(최종 확인) **회사에서 일어나는 일은 개개인에게 매우 중요한 일이니 이해해주시면 고맙겠습니다."**(관계 회복)

● 이러한 접근 방식이 효과가 있는 이유

스티브는 부장의 전반적인 의사소통 부족을 문제 삼기보다는 이번 사건에 집중하는 것이 문제를 드러내는 최선의 전략이라고 판단했다. 그는 토론 내내 유쾌하면서도 침착한 태도를 유지했고, 다른 직원들도 그가 대화를 이끌어갈 수 있도록 배려했다. 직원들이 화가 난 이유를 이해하는지 물었고, 부장이 사과하고 자신이 알고 있는 내용을 전달하고 난 뒤, 스티브는 문제를 정의했다. 그다음 스티브는 타협안을 명확하게 진술했고, 부장이 이에 동의하자 합의 사실을 확인한 뒤 관계를 회복하는 말로 대화를 마무리했다.

회의가 끝난 뒤 스티브는 직원들과 함께 부장이 좀 더 소통에 나설 수 있도록 이끌어주기로 했다. 앞으로 회사는 물론 부서 안에서 일어나는 일들에 대해 더 많이 질문하고 논의를 끌어내 부장이 의사소통에 적극적으로 참여할 수 있도록 돕기로 했다.

❶ 생각해보자

이 경우처럼 최악의 상황이 닥칠 때까지 기다리면 안 된다. 상사가 의사소통에 잘 나서지 않는다면 미리미리 대화로 끌어내는 적극적인 접근 방식을 취해야 한다. 상사에 대해 알아보라. 자꾸 묻고, 피드백을 달라고 요청하라. 신경 쓰이는 일이 있으면 참지 말고 말하라. 바람직한 의사소통에 많이 참여할수록, 커뮤니케이션 기술은 향상되며,

더 훌륭한 소통을 할 수 있다. 커뮤니케이션 기술은 평생 갈고닦아야 하며, 그로 인해 주변 사람들 모두 혜택을 얻을 수 있다.

● 기본적인 원칙

의사소통을 회피하는 상사를 대할 때는 다음과 같이 행동하라.

- 안달하거나 불평하지 말고 먼저 적극적으로 접근한다. 더 많은 대화를 통해 소통의 물꼬를 튼다.
- 상사가 회사의 문제에 대해 계속 알려주지 않는다면 무슨 일이 있는지 먼저 찾아가 물어본다.
- 상사가 피드백을 제공하지 않으면 먼저 요청한다.
- 상사가 정기적으로 회의를 개최하지 않는다면 먼저 요청한다.
- 상사가 업무를 지시할 때에는, 어느 정도 성과를 기대하고 있는지 꼼꼼히 질문한다.
- 상사에게 커뮤니케이션 기술을 하나씩 가르친다고 생각하고 한 걸음씩 나아가라. 이러한 접근법은 상사를 위한 것이 아니라 나를 위한 것이다. 나의 요구사항을 더 많이 관철할 수 있고, 나의 커뮤니케이션 기술도 향상시킬 수 있다.
- 이러한 방법이 실패하거나 효과가 없다면, 상사와 직접 이야기하여 문제를 해결해야 한다.

- 그동안 쌓여 있던 것들을 쏟아내기보다는, 구체적인 사례를 이야기한다. 한 두 가지 사례에 초점을 맞춰 요점을 전달한다.
- 타협안을 제시하고, 커뮤니케이션 기술을 개선하기 위해 함께 노력하겠다고 다짐한다.
- 이후에도 상사가 예전 습관으로 돌아간다면, 합의한 내용을 넌지시 상기시킨다.

소극적인 상사를 다루는 법

도나는 옆자리 동료 켈리가 고객에게 무례하게 말하는 것을 들었다. 켈리는 늘 그렇게 고객에게 응대했다. 도나는 켈리의 무례한 태도를 계속 참아야 하는 것도 괴로웠지만, 무엇보다도 부장이 그런 나쁜 행동을 계속하도록 방치한다는 사실에 화가 났다. 부장은 상사라기보다는 모든 이들의 친구가 되고 싶어 했다. 도나는 부장을 좋아하긴 했지만 좀 더 관리자처럼 행동하기를 바랐다.

부하직원들과 친구가 되고 싶어 하는 상사들이 있다. 붙임성이 있고 호감이 가는 사람들이지만 그렇다고 해서 곧 좋은 상사가 되는 것은 아니다. 사실 이런 상사들은 최악의 관리자 중 하나라 할 수 있다. 이들은 중요한 결정도 자신이 하지 않고 다른 사람들에게 미루고, 어떤 대가를 치르더라도 갈등을 회피하고, 높은 기대를 하지 않으며, 실패에 대해 변명만 늘어놓고, 비효율적인 피드백을 제공한다. 결국 온갖 문제와 불화가 계속 커지고 곪아 터진다.

이들은 직원들의 잘못을 지적하거나 바로잡는 것을 어려워하고 불편하게 생각하여 일반론적인 수준에서만 이야기한다. 직원들의 업무 진행 사항을 정확하게 지시하거나 바로잡지도 않는다. 직원들이 알아서 서로 이해해줄 것이라고 생각한다. 기본적으로 이들은 조직을 방치한다. 목적의식도 없고, 열정적으로 몰입하지도 않으며, 위험을 감수하는 것을 두려워하는 사람처럼 보인다.

이들은 조직을 관리한다 하더라도 수동 – 공격적인 방법에 의존한다. 문제에 대해 직접 이야기하고 건설적으로 문제를 해결하기보다, 눈치를 주는 등 암묵적인 조치를 통해 자신이 말하지 못하는 것을 전달하고자 한다. 상냥하기만 할 뿐, 생산성이 떨어진다. 특히 높은 성과를 내기 위해 노력하는 직원들에게는 최악의 상사라 할 수 있다.

한마디로 말해서, 소극적인 관리자는 세세하게 관리하고 지시하고 통제하기보다는 희망에 의존하여 직원들을 관리한다. 모든 일이 잘 풀리기를, 결과가 만족스럽기를, 직원들이 모두 알아서 업무도 잘 처리하기를 바란다. 하지만 일을 잘하는 직원들도 결국에는 이러한 관리자의 태도가 지속되면 지칠 수밖에 없다.

소극적인 상사 밑에서 일하고 있다면 좌절에 휩싸여 업무에 대한 열정을 잃지 않도록 조심해야 한다. 상사가 관리하는 것을 두려워하든 말든, 자신이 하는 일에 대해서는 최선을 다하라. 상사에게 적극적으로 요구하고 요청하라. 그러한 행동은 상사를 괴롭히는 일이 아니라, 리더십을 향상시킬 수 있도록 도와주는 일이다.

필요하다면 업무에 대해 구체적으로 지시하고 가르쳐달라고 요청하라. 상사에게 구체적으로 피드백을 해달라고 말하라. 실질적이고 자세하게 지적해달라고 요구하라. 계속해서 잘못된 행동을 하는 직원을 방치하면 어떤 결과가 초래되는지 설명하라.

그날 오후, 도나는 켈리의 무례하고 불쾌한 태도에 화가 난 고객의 전화를 받았다. 도나는 최선을 다해 고객을 진정시키려고 노력했지만, 전화를 끊고 난 뒤 부장에게 이야기를 해야 할 때가 되었다고 판단했다. 이전에 켈리에게 이 문제에 대해 이야기한 적 있지만, 그녀는 아무런 반응도 하지 않았다. 이번에는 반드시 짚고 넘어가야겠다고 생각했다.

● 1단계: 먼저 생각하기

도나는 부장과 면담을 하기 전에 진정할 시간을 가졌다. 자신의 요구를 어떻게 전달할지 고민한 끝에, 켈리와 대화한 고객이 얼마나 화가 났는지에 초점을 맞춰 이야기하기로 결정했다. 켈리의 행동을 더 이상 참기 힘들다고 분명하게 말할 계획이었다. 켈리가 무례하게 행동하도록 내버려둔다면 고객을 잃을 수 있다는 것을 강조하기로 했다.

● 2단계: 좀 더 깊이 이해하기

도나는 부장실에 들어가자마자 정면으로 문제를 제기했다.

"부장님, 그동안 말하지 않고 계속 참고 있었지만, 더 이상 가만히 앉아 있을 수 없네요."

"무슨 일인가요?"

도나는 자리에 앉아 부장의 눈을 바라보며 단호하게 말했다.

"켈리가 고객을 어떻게 대하는지 다 아실 텐데 왜 한 번도 주의를 주시지 않는 거죠? 고객들에게 계속 무례하게 굴도록 내버려두는 이유가 궁금합니다."

부장은 불편한 표정을 지어 보였다.

"얼마 전에 이야기했는데, 아직도 그러는지 몰랐어요."

"아, 이야기하셨군요. 저도 이야기를 했지만, 달라진 게 하나도 없어요.(이해) 고객을 무례하게 대하는 그녀의 이야기를 옆에서 매일같이 듣는 게 얼마나 불편한지 알고 계신가요?"('나'에게 초점을 맞춘 표현)

"잘 압니다. 좋은 말로 타일렀는데, 태도가 잘 변하지 않고 있네요."

● 3단계: 문제 정의하기

"뭐, 제가 신경 쓸 일은 아니라고 생각하려고 했는데, 오늘 오후에 켈리와 통화하다가 너무 화가 난 고객의 전화를 제가 받았어요. 고객을 달래기 위해 제가 얼마나 쩔쩔맸는지 아십니까? 이건 더 이상 참을 수 없는 문제라고 생각합니다. 켈리가 화나게 만든 고객 때문에 왜 제가 고생을 해야 합니까?"

"맞습니다. 다시 이야기해 보겠습니다."

● 4단계: 최선의 해법 제안하기

이렇게 대답은 했지만, 부장이 켈리에게 제대로 말을 할 수 있을까 의심스러웠다. 도나는 타협안을 제시했다.

"이건 저와도 관련된 것이니, 켈리에게 이야기할 때 저도 함께 있겠습니다. 고객과 무슨 일이 있었는지, 또 그게 얼마나 저를 화나게 했는지 직접 말하겠습니다. 그런 다음에 부장님께서 고객을 어떻게 대해야 하는지 말씀해주세요."(타협안)

"알았어요, 좋은 생각이네요. 지금 오라고 하죠."

● 5단계: 합의 이끌어내기

"그거 좋네요.(화해) 우리 둘이 힘을 모아 긍정적인 결론을 이끌어낼 수 있을 것 같습니다."(관계 회복)

● 이러한 접근 방식이 효과가 있는 이유

도나는 더 이상 켈리의 잘못된 행동을 참지 않겠다는 것을 부장에게 매우 직설적으로 말했다. 그런 감정을 부장이 이해하는지 확인한 다음, 켈리 때문에 화가 난 고객을 자신이 처리하고 나서 이것을 왜 문제라고 생각했는지 설명했다. 부장이 문제를 제대로 해결할지 확신할 수 없었기에 도나는 자신이 문제 해결 과정에 참여하겠다고 자원했고, 부장도 이에 흔쾌히 동의했다.

❗ 생각해보자

소극적인 상사를 대할 때는, 부드럽게 대충 넘어가려고 해서는 안 된다. 이들은 불편한 상황은 무조건 피하려고만 하기 때문에, 도나처럼 명확하고 단호하게 접근해야 한다. 해결하고 싶은 상황을 구체적인 예를 들어 설명하라. 그러한 접근 방식이 상사에게 통찰력과 방향성을 일깨울 수 있다. 또한 도나처럼 문제 해결 과정에 직접 참여하겠다고 자원하는 것도 좋은 방법이다.

● 기본적인 원칙

소극적인 상사를 대할 때 다음과 같이 행동하라.

- 상사에게 무언가 행동을 하도록 이끄는 것은 부하직원이 할 일이 아니라고

생각할 수도 있지만, 소극적인 상사에게는 그렇게 해야 한다. 좀 더 적극적으로 행동하도록 북돋아줘야 한다.

- 문제가 지속되도록 곁에서 지켜보며 내버려두지 말고 필요한 것을 구체적으로 말하라.
- 업무에 영향을 미치는 행동을 하는 직원이 있다면 상사에게 이야기하라. 단호하게 말하고, 무슨 일이 있었는지 이야기하고, 그것이 자신에게 어떤 영향을 미쳤는지 설명하라.
- 상사가 문제를 직시하기보다는 기분을 달래기 위한 말을 한다면, 이는 제안을 따르지 않을 확률이 높다는 뜻이다. 이런 상황에서는 아무런 변화도 일어나지 않는다.
- 도나처럼 문제 해결 과정에 직접 참여하여 도움을 주겠다고 제안하는 것이 최선의 방법일 수 있다.
- 관리자의 행동에 적극적으로 개입하여 필요한 것을 계속 이야기하라.

과도하게 반응하는 상사를 대하는 법

직원들이 주문을 처리하느라 바쁘게 일하고 있는 와중에, 과장이 와서 말했다.

"여러분, 하던 일 잠깐 멈추세요. 오늘 오후에 부사장님이 우리 사무실에 잠깐 들르실 거라고 합니다. 그러니 지금 당장 분기 보고서를 작성해주시기 바랍니다. 부사장님이 오시면 우리가 얼마나 일을 잘하고 있는지 보여드리고자 합니다."

아직 분기가 끝나지 않은 상태에서 분기 보고서를 쓰라는 것은 말도 되지 않는 지시였다. 이의를 제기하고 싶었지만, 과장이 얼마나 과도하게 반응하는 사람인지 알기에 주문 처리를 제쳐두고 보고서부터 작성하기 시작했다. 하지만 직원들은 여전히 이 일을 왜 해야 하는지 이해하지 못했다. 완성하지도 못할 보고서를 작성하는 것보다 지금 당장 급한 주문을 처리하는 것이 더 중요하지 않을까?

충분히 생각하지도 않고 지시하는 상사들이 있다. 이들은 선제적으로 대처하기보다는 그때그때 일이 발생할 때마다 급하게 대응한다. 비판적으로 사고하지 않으며, 자신이 내린 지시가 초래할 결과는 생각하지 않는다. 비상상황이 발생하면 즉각 위기 모드로 전환하고 직원들을 재촉한다.

이러한 상사들은 일반적으로 매우 감정적이다. 쉽게 돌변하며 좌절도 쉽게 한다. 다이너마이트처럼 순간적으로 폭발한다. 무언가 그들을 자극하면 갑자기 소리를 지르거나 물건을 내리치거나 어린아이처럼 투정을 부리는 등 부적절한 행동을 하기도 한다. 비상상황이 닥쳤을 때 어떻게 행동할지 계획도 세워놓지 않고, 문제가 생길 때마다 호들갑을 떤다.

이런 상사들은 모든 일을 잠재적 재앙처럼 받아들인다. 빠르게 행동하지 않으면 혼란에 휩쓸리고 말 것이라고 생각한다. 어떤 상황인지 침착하게 생각해보거나 어떤 결과가 나올지 계산할 여유가 없다. 현재 눈앞에 닥친 외부 자극에 반응하여 이 순간을 넘기는 것이 최선의 목표다. 모든 직원들에게 빨리 대응하라고 재촉한다. 이러한 상사 밑에서 일하는 직원들은 혼란스럽다. 특히 차분하게 절제할 줄 아는 직원들은 일하는 것이 괴롭다. 직원들은 상사를 진정시키는 것을 최우선으로 삼을 수밖에 없다. 모든 문제의 초점이 상사의 불안을 잠재우는 것에 맞춰진다.

상사에게 과잉반응을 촉발하는 요인이 무엇인지 알면, 상사에게 도움을 줄 수 있다. 그러한 상황이 닥쳤을 때 어떻게 대응할지 시나리오를 짜고 비상계획을 상사와 함께 세울 수 있다.

과잉반응하는 상사는 직원들 개개인에게 영향을 미친다. 그러한 상사로 인해 직장생활이 고달파진다면 더 이상 방치해서는 안 된다. 과잉반응의 구체적인 사례를 제시하고 그것이 직원들에게 어떤 영향을 미치는지 설명하라. 문제를 명확하게 정의하고 실질적인 해법을 제시해야 한다.

직원들은 보고서를 작성하면서 불평했다.

"이게 말이 돼? 어차피 분기가 끝나고 다시 만들어야 하는 걸 이렇게 만드는 건 시간 낭비 아냐?"

"그냥 열심히 일하는 모습을 보여주는 게 부사장에게 더 깊은 인상을 심어주지 않을까?"

"또 시작이네. 아무 생각 없이 촐싹대는 거."

상사의 경솔한 반응에 모두들 불평을 늘어놓기 시작했다. 지난주 직원 두 명이 갑자기 아파서 회사에 나오지 못하게 되었을 때에도 과장은 호들 갑을 떨면서 무슨 일이 급한지 따지지도 않고 그들이 하던 일을 무작정 다른 직원들에게 떠맡겼다. 발레리는 더 이상 이런 상황은 참을 수 없다면서, 자신이 대표로 이야기할 테니 과장을 찾아가자고 했다. 직원들은 모두 이에 동의했다.

● 1단계: 먼저 생각하기

발레리는 과장의 방으로 가면서 무엇을 어떻게 이야기해야 할지 생각했다. 급한 고객의 주문을 처리해야 하는 일을 제쳐두고 분기 보고서를 작성하는 것은 말이 되지 않는다는 점을 차분하고 절제된 태도로 지적하기로 계획했다. 또한 과장이 받아들일 만한 타협안을 재빨리 생각해냈다.

● 2단계: 좀 더 깊이 이해하기

"과장님, 분기 보고서를 작성하라고 지시하신 것에 대해 말씀드릴 게 있는데요."

발레리는 자신감 있게 말했다. 얼굴 표정과 자세도 그에 걸맞게 자신감이 묻어나왔다.

"네, 무슨 일이죠?"

과장은 직원 5명이 한꺼번에 모두 자신의 방으로 몰려온 것을 보고는 깜짝 놀란 듯했다.

"저희는 이 보고서가, 부사장님이 요청하신 건지 알고 싶습니다."

"어, 아니에요. 제가 생각한 거예요. 우리가 얼마나 일을 잘하는지 보여 드리고 싶어서요."

발레리는 진지한 목소리로 말했다.

"업무를 처리하기에도 바쁜 와중에, 과장님은 그걸 꼭 지금 작성해야 한다고 생각하시나요? 지금 주문 처리를 미루면 고객들 불만이 터져 나올 수도 있어요. 어차피 완성할 수도 없는 보고서를 작성하는 것보다 고객 주문을 더 빨리 처리해야 하지 않을까요?"

"아, 그렇게 바쁜 일이 있는 줄 몰랐습니다."

● 3단계: 문제 정의하기

"저희는 바빠요. 그래서 문제예요. 지금 하는 일을 멈추고 보고서부터 작성하라고 지시하셨을 때 **저희는 정말 화가 날 수밖에 없었어요.('나'로 시작하는 표현)** 부사장님께 잘 보이는 것도 좋지만(이해), 고객들의 불만을 산다면 과연 무슨 소용이 있나요?"

"그렇죠."

● 4단계: 최선의 해법 제안하기

"가끔씩 눈앞에 벌어진 일에 과도하게 반응하시는 모습이 저희 직원들 입장에서는 실망스러울 때가 많습니다.('나'로 시작하는 표현) 지금 하고 있는 일을 멈추라고 지시하기 전에, 먼저 어떤 상황인지 저희와 상의해주실 수 있나요? 모두 머리를 맞대고 고민하다 보면 좀 더 나은 방법을 찾을 수도 있을 겁니다. 급한 주문이 밀려 있다는 사실을 아셨다면 과장님께서 이런 지시는 하지 않으셨겠죠."(타협)

"죄송합니다. 제가 이성을 잃고 호들갑을 떨 때가 있습니다. 앞으로는 그러지 않도록 노력하겠습니다. 문제에 대해 함께 이야기하자는 여러분의 제안이 타당하다고 생각합니다."

과장은 진심으로 미안해하는 것 같았다.

● 5단계: 합의 이끌어내기

"감사합니다.(최종 확인) 저희는 과장님뿐만 아니라 고객을 위해서도 최선을 다하고 싶습니다."(관계 회복)

발레리는 대화를 성공적으로 이끈 것이 뿌듯하게 느껴졌다.

"저도 잘 압니다."

"그러면 분기 보고서부터 작성할까요, 아니면 주문부터 처리할까요?"

"주문부터 처리하죠. 그 뒤 시간이 남으면 보고서를 작성하세요."

● 이러한 접근 방식이 효과가 있는 이유

직원들이 모두 찾아왔을 때 과장은 당황스러운 표정을 지었지만, 발레리가 직원들을 대표하여 이야기를 한 덕분에 긍정적이고 생산적인 논의를 할 수 있었다. 발레리는 신중하게 접근했다. 먼저 과장의 지시가 현실적이지 않다는 것을 이해시키기 위해 질문을 던졌다. 그런 다음 문제를 정의했다. 이번 사례는 물론, 일반적인 경우까지 포괄하는 문제였다. 다음으로 건설적인 타협안을 제시했다. 과장은 자신의 과잉반응을 인정했고, 타협안에 동의했다. 앞으로는 과장이 생각 없이 호들갑을 떨 때마다 어떻게 대처할지 직원들과 함께 논의하기로 했다.

❗ 생각해보자

상사가 과잉반응을 보인다고 해서 거기에 무조건 부합해야 하는 것은 아니다. 시간을 들여 대안을 논의하는 것보다 시키는 대로 순응하는 것이 쉬울 수 있지만, 상사의 변덕을 쫓아가기만 하다 보면 좌절에 빠질 가능성이 크다. 결국 업무에 대한 흥미도 잃고 의욕도 꺾일 수 있다. 그런 상황이 오기 전에 적극적으로 대처하라. 상사의 지속적인 과잉반응이 효율적이고 효과적인 업무완수를 방해한다는 것을 상사에게 이야기하라.

● 기본적인 원칙

과잉반응을 보이는 상사를 대할 때 다음과 같이 행동하라.

- 상사의 호들갑 떠는 행동에 휘둘리지 마라.
- 가끔 일어나는 일이고, 업무에 크게 지장을 주지 않고, 어느 정도 순응할 수 있는 수준이라면, 심호흡을 하고 견뎌라. 함께 불안해하지 말고, 자신이 맡은 업무에 집중하라.
- 지속적으로 과잉반응을 보이는 상사의 비위를 무조건 맞춰주는 것은 바람직하지 않다.
- 상사의 과잉반응을 유발하는 요인을 파악할 수 있다면 시나리오를 짜고 비상계획을 세워서 상사에게 제시한다. 상황을 해결하는 데 도움을 주고 싶다는 의지를 보여주면 상사가 귀 기울일 가능성이 높다.
- 상사의 과잉반응이 자신에게 어떤 영향을 미치는지 이야기하면 상사는 대부분 이해할 것이다.
- 과잉반응하는 상사는 자신의 성향을 수긍할 가능성이 높다. 최선의 해법을 찾기 위해 함께 노력하자는 제안을 받아들일 수도 있다.

비윤리적인 상사를 대하는 법

벨라는 연체된 계정을 처리하는 일을 했다. 고객과 통화를 막 끊었을 때 팀장이 당황스러운 표정을 지으며 그녀의 책상으로 걸어왔다.

"벨라, 내일 감사 나온다는데 도움이 필요해. 크리스가 연체 고객들과의 전화통화를 못 끝냈다는데, 아직 통화하지 못한 고객 명단을 줄 테니까 대충, 전화했다고 체크 좀 해줘. 통화시간은 그럴듯하게 넣어주고."

벨라는 감사를 대비하여 속임수를 쓰는 것 같아 불편한 마음이 들었다. 아무 말 없이 고객 명단을 받아 들었지만, 그 지시가 윤리적이지 않다고 생각했다.

옳지 않다고 여겨지는 상사의 지시를 받으면 마음이 편치 않다. 비윤리적인 상사는 회사의 정책도 쉽게 무시한다. 이들은 규칙을 우습게 알고 자기 편의에 맞게 바꿔 적용해도 별 상관없다고 생각한다. 그들은 성공을 위해 거짓말과 속임수를 쓰기도 한다. 진실을 왜곡하는 데 능숙하다. 또한, 이들은 지출경비를 부풀리거나, 회사 물품을 집으로 가져가거나, 업무시간에 사적인 일을 하는 등 회사에 해를 입히는 행동까지 할 수 있다. 회사의 돈을 훔치는 것이다.

그렇다면 비윤리적인 상사 밑에서 일할 때는 어떻게 해야 할까? 회사도 마음에 들고, 심지어 상사도 인간적으로 마음에 든다고 하더라도, 상사의 윤리의식이 빈약하면 문제가 된다. 상사의 비윤리적인 행동을 못 본 척 해야 한다거나 더 나아가 비윤리적인 지시를 이행해야 하는 상황에 처하면 심각한 내적 갈등에 직면한다. 상사에 대한 신뢰는 금방 사라지고, 일에 대해 좋은 감정도 갖기 어렵다.

상사가 비윤리적인 행동을 하더라도 나에게 영향을 미치지 않는다면 이를 무시하고 넘어갈 것인지, 아니면 상급자에게 보고할 것인지 결정해야 한다. 상사의 윗선으로 바로 가는 것은 개인적으로 곤란한 상황에 처할 수 있기 때문에 신중해야 한다. 신뢰할 수 있는 사람에게 조언을 구하는 것이 가장 좋다.

상사의 비윤리적인 행동이 나에게 직접 영향을 미친다면 분명하게 문제를 제기해야 한다. 더 나아가 비윤리적인 업무 지시를 내린다면 거절해야 한다. 순응할 수 없는 이유를 설명하라. 무엇이 걱정되는지 차분하게 전달하라. 상사가 올바른 판단을 할 수 있는 기회를 주어라.

그래도 상사가 지시를 따르라고 강압적으로 요구한다면, 반대 의사를 글로 밝혀라. 상사가 요구하는 업무를 수행하는 것이 왜 불편한지 이메일을 써라. 글로 작성하는 것은 두 가지 목적을 달성할 수 있다. 나중에 문제가 되었을 때 자신의 결백을 입증할 자료가 될 뿐만 아니라, 상사에게 한번 더 생각할 수 있는 기회를 준다.

비윤리적인 상사 밑에서 일할 때는 자신의 주장을 뒷받침할 수 있는 방책을 마련해야 한다. 모든 대화를 기록하고 이메일도 출력해놓고 필요한 서면 자료도 복사해두어야 한다. 비윤리적인 행동이 계속될 경우 상급기관에 신고해야 할 때 자신의 주장을 입증할 수 있는 자료가 될 것이다.

벨라는 고민 끝에, 고객에게 전화하지 않은 것을 전화했다고 거짓으로 표시하는 것은 부당하다고 말하기로 결정했다. 벨라는 팀장이 규칙을 위반하는 것에 아무런 거리낌도 느끼지 못한다는 사실을 알고 있었지만, 이런 지시를 받은 상황에서 더 이상 가만히 있을 수 없었다. 그로 인해 자신의 경력을 훼손하고 싶지 않았다.

● 1단계: 먼저 생각하기

벨라는 팀장과 직접 대면하여 자신이 무엇을 염려하는지 알려줘야겠다고 생각했다. 자신의 고민을 이해하고 지시한 업무를 철회하기를 바랐다. 벨라는 팀장이 정확하게 이해할 수 있도록, 단호하고 흔들리지 않는 의지를 보여줘야 한다고 생각했다.

● 2단계: 좀 더 깊이 이해하기

벨라는 팀장의 방으로 찾아갔다. 개인적인 문제를 이야기할 수 있는 공간이었다.

"고객 명단에 가짜로 표시하라고 지시하신 일 때문에 마음이 편치 않습니다.('나'에게 초점을 맞춘 표현) 물론, 감사를 잘 통과하는 건 중요하니까 왜

그런 지시를 했는지는 이해할 수 있습니다.(이해) 그래도 고객에게 전화하지 않았으면서 했다고 표시하는 건 문제가 있다고 생각합니다."

"별거 아니야. 자네는 우리 부서에서 가장 뛰어난 직원이니까, 내가 믿고 부탁한 거지."

팀장은 벨라의 불편한 기색을 전혀 눈치채지 못한 것처럼 보였다. 벨라가 말했다.

"칭찬은 감사합니다. 하지만 이 업무 지시를 제가 왜 불편해하는지 이해하시나요?"

"잘 모르겠네."

"고객에게 전화하지 않고도 전화를 했다고 표시했는데, 감사에서 걸리면 어떻게 하죠? 그런 짓을 제가 했다는 사실이 드러나면 어떻게 하실 건가요?"

벨라는 진지하고 걱정스러운 표정을 지으며 고개를 들어 팀장을 똑바로 바라보았다. 팀장은 이렇게 말했다.

"괜찮아. 그걸 어떻게 알아내?"

● **3단계: 문제 정의하기**

"제가 생각하는 문제는 이런 겁니다. 물론 가능성이 희박하다고 하더라도, 누군가 이 사실을 알아낼 수도 있잖아요. 제가 거짓으로 표시했다는 것이 밝혀지면 해고될 수도 있는데, 저는 그런 위험을 감수하고 싶지 않아

요."('나'로 시작하는 말)

"아니, 해고될 일 없어. 무슨 일이 생기면 내가 도와줄게."

● 4단계: 최선의 해법 제안하기

벨라는 물러서지 않았다. 대신 강력한 타협안을 제시했다.

"전 이런 일을 하고 싶지 않아요. 그래도 제게 하라고 하신다면, 분명하게 거절할 겁니다. **저라면 크리스에게 더 부지런히 전화를 하라고 하겠어요."(타협)**

"지금 너무 늦었어. 그 고객들에게 모두 연락하기는 힘들어."

"그럼 이렇게 하면 어떨까요? 제가 오늘 오후에 시간을 내어 전화하는 걸 도와줄게요."(타협)

"그래, 그렇게 하지. 크리스에게 서둘러 전화를 하라고 하고, 미처 통화하지 못한 고객 명단을 정리해서 오후에 전달하라고 할게. 어쨌든 최대한 전화를 걸어야 해."

● 5단계: 합의 이끌어내기

"물론이죠.(최종 확인) 지시하시는 일은 뭐든 하겠지만, 옳다고 생각되지 않는 일은 하지 않을 겁니다. **이해해주셔서 감사합니다."(관계 회복)**

● 이러한 접근 방식이 효과가 있는 이유

벨라는 팀장이 지시한 일을 그냥 따를 수도 있었지만, 그렇게 했다면 팀장의 범죄 파트너가 되었을 것이다. 벨라는 자신을 지키기 위해 일어섰고, 절충안에 동의하도록 만들었다. 이 이야기를 하는 것은 벨라에게 쉽지 않은 결정이었다. 팀장이 자신의 지시를 무조건 따르라고 강압적으로 나올 수도 있었기 때문이다. 그럴 경우를 대비하여, 벨라는 대화 내용을 문서화하여 이메일로 보낼 계획을 세우고 있었다. 다행히도 그가 물러섰고, 긍정적으로 대화를 마칠 수 있어 뿌듯했다.

❗ 생각해보자

자신이 일하는 회사가 윤리적인 가치를 중시하지 않는다면, 그만두는 것이 가장 좋은 방법일 것이다. 자신의 윤리관과 전혀 맞지 않는 회사에서 일을 하다 보면 스스로 비참해질 수 있다. 행복해지고 싶다면 자신의 이상과 일치하는 회사를 찾아라.

● 기본적인 원칙

비윤리적인 상사를 대할 때는 다음과 같이 행동하라.

- 윤리의식이 없는 상사의 행동이 자신에게 직접 영향을 미치지 않는 경우에는 일단 지켜보는 것이 좋다.

- 개입하지 않기로 결정했다면 가능한 한 그런 상사와 엮이지 않도록 한다. 그와 어울리거나, 그를 지지한다는 인상을 주지 않도록 조심하라. 자신이 맡은 업무만 열심히 수행하라.
- 상급자에게 이 문제에 대해 보고하기로 했다면 꼼꼼하게 기록하고 정리해야 한다.
- 비윤리적인 행동을 지시하거나 직접 참여하도록 유도한다면 분명하게 거절하라.
- 지시한 업무를 수행할 수 없는 이유를 설명하라.
- 상사가 선택권을 주지 않고 압박한다면, 그 일을 할 수 없는 이유를 명확하게 말하라.
- 상사가 물러서지 않는다면 대화 내용을 문서화하여 이메일로 보내라. 상사가 지시한 내용과, 그것을 거부한 이유를 구체적으로 명시하라.
- 이러한 조치는 나중에 비윤리적 행위가 발각되었을 때 상당한 도움이 된다. 물론 이 사건을 바로 보고하지 않은 이유에 대해서도 해명해야 할 것이다. 사실, 상급자가 내린 지시를 따를 수밖에 없는 경우가 많기 때문에, 어느 정도 정상참작이 이루어질 수 있다.
- 윤리적으로 올바르지 않다고 여겨지는 업무에 관한 한, 모든 대화를 기록하라. 나중에 문제가 되었을 때 나의 결백을 입증하는 데 도움이 될 수 있는 이메일, 문서, 서류들을 모두 출력하여 안전한 장소에 보관하라.

6
내가 저지른 문제 수습하기

다른 사람이 문제를 일으켰을 때 강력한 문구와 적절한 비언어적 메시지를 활용하여 건설적인 소통을 할 수 있다. 아무리 복잡한 문제라도, 어떤 사람이 관련되어 있다고 하더라도 헤쳐 나갈 수 있다. 갈등을 해소하는 기술을 과소평가하면 안 된다. 3장에서 제시한 효과적인 갈등 해결 5단계 프로세스를 차근차근 실행하다 보면, 처음에는 어색하게 느껴지더라도 점점 나아지고 익숙해질 것이다. 실제로 이런 방법으로 문제를 몇 번 해결하고 나면, 이제 어떤 문제도 해결할 수 있다는 자신감이 생겨난다.

하지만 자신이 문제를 일으킨 상황에서는 어떻게 해야 할까? 다른 사람에게 부적절한 말실수를 했다면? 자신이 문제를 일으켰다는 사실을 알고 있다면 그냥 모른 척 넘어가서는 안 된다. 상대방이 문제를 제기하기 전에 먼저 나서서 말을 건네야 한다. 내가 한 말과 그 말이 상대방에게 어떤 영향을 미쳤을지 생각해보고 어떻게 수정하고 싶은지 판단하라.

자신의 잘못을 말할 때는 반드시 사과하는 말을 먼저 한 다음, 바로 문제를 정의한다.

"회의 중에 제가 당신의 제안을 무시하듯이 말한 것 같군요. 정말 죄송합니다."(사과)

사과가 충분하다고 생각되면 자신의 행동에 대해 해명한다.

"솔직히 아무 생각 없이 말을 했는데, 그 말이 제 입에서 나오고 난 뒤 너무 수치스러워서 다른 말을 할 수가 없었습니다."('나'로 시작하는 표현)

상대방도 이미 그렇게 생각하고 있을 것이기에, 어떻게 생각하는지 물을 필요는 없다. 대신 문제를 다시 반복해서 정의하며 상대방에게 공감을 표시한다.

"문제는 그 말을 내뱉기 전에 제 생각이 짧았다는 것입니다. 기분 나쁘고 화가 나셨을 거라고 생각합니다."(이해)

이제 상대방에게 대답할 기회를 준다.

"아, 괜찮아요. 전혀 신경 쓰이지 않았어요."

혹은

"그래요. 정말 화가 났었죠."

상대방이 어떤 반응을 보이든 이에 수긍하고 타협안을 제시한다.

"앞으로는 말하기 전에 한번 더 생각하겠습니다."(타협)

그런 다음 합의 내용을 확인하고 화해의 표현으로 대화를 마무리한다.

"이렇게 이해해주셔서 고맙습니다.(최종 확인) 우리 관계가 흔들리지 않았으면 합니다."(관계 회복)

이렇게 자신의 실수를 곧바로 인정하면 상대방은 긍정적으로 반응하고 대화도 순조롭게 진행될 가능성이 높다. 업무 관계 역시 든든하게 유지될 것이다.

하지만 말이나 행동으로 다른 사람을 괴롭히면서도 자신은 정작 그런 사실을 모를 수도 있다. 상대방이 갈등을 해소하는 방법을 잘 알고 있다면, 대화를 통해 단계를 밟아가며 쉽게 문제를 해결할 수 있을 것이다. 하지만 상대방이 갈등 해소에 능숙하지 않다면 어떻게 될까?

그럴 경우 어떤 사람들은 수동-공격적으로 대응한다. 구체적으로 말하지 않고 에둘러 말하며, 나를 일부러 무시하거나, 화난 표정으로 노려볼 것이다. 누군가 나를 향해 그런 행동을 할 경우 무슨 문제가 있는지 파악해야 한다.

또 어떤 사람들은 인신공격으로 대응한다. 나를 향해 비난을 퍼붓거나 비꼬거나 소리를 지르거나 상처 주는 말을 한다. 이러한 인신공격의 목적은 기분 나쁘게 만들어 자신이 처한 상황에 나를 빠뜨리려고 하는 것이다. 그리고 그런 노력은 대개 성공한다.

어떻게 대응하든 평정심을 유지하기 어렵다. 현실을 직시해야 한다. 우리는 칭찬받는 것은 좋아하지만 비판, 특히 악의적이고 비열한 방식으로 전달되는 비판을 받는 것은 좋아하지 않는다. 부정적인 피드백은 받아들이기 어려울 수 있지만, 시간을 들여 경청하고 평가한 다음 그것이 타당하다고 여겨질 경우 이를 변화의 촉매제로 활용할 수 있다.

그렇다면 화를 내거나 감정적으로 비난하는 사람은 어떻게 대응해야 할까? 한 걸음 물러서서 감정을 억제하고 심호흡하라. 열린 마음으로 피드백에 대해 생각해보라. 상대방의 입장에서 상황을 바라보라. 자존심을 내려놓으라. 상대방의 말을 마음에 새겨라. 피드백이 타당하든 그렇지 않든, 어쨌든 상대방의 기분을 상하게 한 것은 나다. 앞으로 나아가기 위해서는 내가 갈등을 해결해야 한다. 갈등 해결을 위한 5단계 프로세스에 따라 대화하고 문제를 해결하고 앞으로 나아가야 한다.

갈등 해결: 잘못된 방법

지역신문사에서 기자로 일하는 조디는 자신이 쓴 기사를 편집하고 있었다. 그때 동료 테드가 다가와서 조디가 방심한 틈을 타 갑자기 화를 냈다.

"사람 말이 말 같지 않나? 뭔 말을 해도 무조건 무시하기만 하고. 나한테 왜 그러는 거야? 지긋지긋해. 내가 이런 대접을 받아야 해? 네가 잘났으면 얼마나 잘났어? 못돼 처먹었어!"

테드는 자신의 말에 깜짝 놀란 조디를 노려보았다. 조디는 동료들과 사이가 좋았고 동료들에게 적극적으로 도움을 주는 사람이었다. 물론 테드에게도 그랬다. 그녀는 어이가 없고 황당한 상황에서 바로 되받아쳤다.

"무슨 말을 하는 거야? 뭘 가지고 이런 말을 하는 거지? 내가 언제 널 무시했다고 그래? 내가 대답하지 않았다면, 그건 대답할 가치도 없는 멍청한 말을 했기 때문이겠지. 그건 생각해본 적 없나? 그리고 얻다 대고 못돼 처먹었다고 그래? 여기 다른 사람들에게 물어봐. 너만 그렇게 생각하지."

테드가 퉁명스럽게 말했다.

"오, 그랬구나! 난 동의할 수가 없네. 내가 멍청한 말을 했다고? 그 거만함만 내려놓으면 사람들과 더 사이좋게 지낼 수 있을 거 같은데. 그리고 말이야. 넌 못돼 처먹었어!"

이 말을 끝내자마자 그는 쿵쾅대며 자리를 박차고 나갔다. 조디는 그의 말에 열이 뻗쳤다.

이러한 접근 방식이 효과가 없는 이유

테드가 조디에게 적대적으로 대했을 때, 조디는 시간을 갖고 마음을 차분하게 가라앉히고 최선의 대응 방법을 생각하기보다는 곧바로 방어적으로 맞대응했다. 잠깐 여유를 가지기만 했더라도 좋았겠지만 조디는 아무 생각 없이 말을 쏟아냈고, 테드가 자신을 쏘아붙였던 것처럼 그대로 되돌려주었다.

지금까지 조디는 동료들과 사이좋게 지낸다고 자부해왔다. 동료들과 소통도 잘되고 어떤 문제도 생산적으로 해결할 수 있다고 생각했다. 하지만 이번엔 달랐다. 이것은 그녀에 대한 직접적인 공격이었고, 자신을 방어할 명분이 있었다. 방심하고 있는 틈을 타 갑자기 공격을 해온 탓에, 건설적인 대화를 준비할 시간이 없었다. 조디는 자신이 방어적으로 대응한 것이 당연하다고 스스로 위안하며 정당화했지만, 자기 감정을 통제하지 못했다는 사실이 계속 마음에 걸렸다.

조디는 테드가 했던 말을 곰곰이 곱씹어 보았고, 마침내 자신이 가끔 그의 말을 못 들은 척했던 기억을 떠올렸다. 하지만 그것은 기사를 쓰느라 집중하고 있는 중요한 시점에 그가 말을 걸었기 때문에 그랬던 것이다. 작업에 몰두하고 있을 때 주의가 산만해지면 다시 돌아가기 어렵기 때문에 가끔 그가 하는 말을 못 들은 척했다. 어쨌든 자신의 행동에 대해 해명하고 싶었지만 그의 공격적 태도에 여전히 화가 나 있었을 뿐만 아니라, 자신이 평정심을 잃은 것도 부끄러워 그냥 모른 척 무시하고 넘어갔다.

다음 날 둘은 서로를 냉담하게 대했다. 시간이 지날수록 조디는 테드가 한 말을 계속 곱씹어 보았고, 그럴 때마다 자신이 화를 낸 것은 갑작스러운 공격에 대한 정당한 선택이었다고 확신했다. 그 결과 두 사람의 관계는 계속 긴장 속에서 위태롭게 유지되었다.

1단계: 먼저 생각하기

무슨 말이든 먼저 생각하고 현명하게 선별해서 말해야 한다는 것을 모르는 사람은 없을 것이다. 하지만 상대방이 부정적인 말을 내뱉을 때는 그렇게 하기 쉽지 않다. 특히 상대방이 나의 인격을 공격할 때는 화가 나거나 감정적으로 격해져 사려 깊게 말하기가 더욱 어렵다. 조디와 마찬가지로 이럴 때는 대부분 방어적으로 맞설 수밖에 없다.

부당하다고 여겨지는 비난을 받았을 때, 생각할 여유 없이 자신을 방어하기 위해 나설 경우의 문제는, 그러한 방어적 대응의 굴레에 빠진다는 것이다. 자제력을 잃고 나중에 후회할 말을 계속 내뱉는다. 이런 굴레에 한번 걸려들면, 거기서 빠져나와 생산적인 갈등 해결 대화를 시작하기는 거의 불가능하다. 방어적인 태도에는 대개 분노와 억울함이 동반되기 때문에 논리적으로 생각할 여유가 사라진다. 하지만, 상대방이 불쾌한 태도로 반응할수록 논리적인 사고는 더더욱 중요하다.

그러니 말의 폭격을 멈추기 위해서 잠시 시간을 갖는 것이 좋다. 말하지마라. 대답하지 마라. 필요하다면 혀를 깨물어서라도 참아라. 흥분을 가라앉히고 생각을 가다듬어라. 그냥 가만히 상대방의 말을 들어라. 상대방의 말에 끼어들지 마라. 물론 참기 어려울 것이다. 본능적으로 상대의 말을 막고, 내 생각을 말하고, 거부하고 싶을 것이다. 그렇게 하면 안 된다. 메시지를 전달하는 방식이 무엇이든 그냥 주의 깊게 들어라. 갈등을 효과적으로 해결하는 방법을 배우지 못한 탓에 그렇게 말하는 것뿐이다. 절대 말을 막지 말고 끼어들지도 말고 상대방이 말을 마칠 때까지 기다려라.

상대방의 말을 듣는 동안 비언어적 요소에도 신경 써야 한다. 눈썹을 치켜올리거나 입을 벌리거나 이를 악무는 등 상대방의 말에 동의하지 않는다는 반응을 보여서는 안 된다. 상대방의 눈을 바라보며 중립적인 표정, 또는 염려하는 표정을 유지하며 적극적으로 경청하라. 심호흡을 하면 평정심을 유지하는 데 도움이 된다. 방어적인 자세를 취하지 마라. 절대, 가슴 앞으로 팔짱을 끼지 마라. 편안하게 자세를 취하라.

아무리 하고 싶은 말이 있어도 대답하지 마라. 나 자신을 방어할 생각을 하지 마라. 잠시 시간을 내어 상대방이 말한 내용을 정리하라. 테드처럼 상대방이 '무조건', '항상', '절대' 같은 단어를 썼다면 그런 단어는 무시하라. 상대방의 분노나 좌절감에서 나오는 말에 불과하다. 상대방이 진짜 말하고 싶은 것이 무엇인지 생각해보라. 상대방의 말이 타당한지 빠르게 평가하라. 어떤 답을 내리든 나와 상대방 사이에는 문제가 있는 것이고, 이것을 해결해야 한다. 어떻게 대응하는 것이 최선일지 생각해보고, 5단계 프로세스에 따라 대화를 이끌어나가야 한다.

● 기본적인 원칙

먼저 생각하는 습관을 기르기 위해서는 다음의 행동을 몸에 익혀라.

- 상대방이 무슨 말을 하는지 끝까지 주의 깊게 들어라. 상대방이 이야기를 마칠 수 있도록 끼어들지 마라.
- 상대방이 말할 때는 반응하지 마라. 중립적인 표정을 유지하며 편안한 자세를 취하라. 팔짱을 끼지 마라. 몸을 긴장시키지 마라. 분노나 충격 같은 감정을 드러낼 수 있는 비언어적 표현을 해서는 안 된다.
- 자신을 방어하려고 하지 마라. 방어적인 태도도 취하지 마라.
- 침착함과 평정심을 유지하라. 그래야 논리적으로 정보를 처리할 수 있다.
- 대답하기 전에 잠시 멈춰라. 생각이 정리되기 전에 말하지 마라.
- 상대방의 말을 이성적으로 평가하고, 갈등 해결 5단계 프로세스에 따라 어떻게 대응할지 계획하라.

● 실생활에 적용하기

지역신문사에서 기자로 일하는 조디는 자신이 쓴 기사를 편집하고 있었다. 그때 동료 테드가 와서는 조디가 방심한 틈을 타 갑자기 화를 냈다.

"사람 말이 말 같지 않나? 뭔 말을 해도 무조건 무시하기만 하고. 나한테 왜 그러는 거야? 지긋지긋해. 내가 이런 대접을 받아야 해? 네가 잘났으면 얼마나 잘났어? 못돼 처먹었어!"

테드는 자신의 말에 깜짝 놀란 조디를 노려보았다. 조디는 즉각적으로 테드의 비난에 맞서 자신을 변호해야 한다고 생각했다. 자기를 무시한다는 테드의 말은 전혀 사실이 아니었기 때문이다. 하지만 조디는 끓어오르는 분노를 억눌렀다. 아무 대답도 하지 않고 아무 반응도 보이지 않았다. 그녀는 자신의 허벅지에 손을 올려놓은 채 걱정스러운 표정을 지으며 그를 바라보고만 있었다. 천천히 심호흡을 하면서 흥분을 가라앉히고 부정적인 피드백을 처리했다.

테드의 말이 완전히 틀린 것은 아니었다. 가끔 그의 말을 무시한 적이 있었다. 업무에 몰두하고 있을 때 주의가 산만해지면 다시 몰입하기 어렵기 때문에 가끔 그가 하는 말을 못 들은 척했던 것이다. 어떻게 대응해야 갈등을 효과적으로 해결할 수 있을지 고민했다.

2단계: 좀 더 깊이 이해하기

메시지를 전달하는 방식이 마음에 들든 그렇지 않든, 상대방의 말에 내가 동의하든 말든, 중요한 것은 상대방의 말을 주의 깊게 듣고, 메시지를 평가하고, 앞으로 어떻게 대화를 이끌지 계획하는 것이다. 가장 급한 것은 상대방의 감정을 누그러뜨리는 것이다. 긍정적으로 대응하면 도움이 된다.

"그렇군요. 의견 주셔서 감사합니다. 이 문제에 대해 이야기해 보죠."

"제게 알려주셔서 고맙습니다. 좀 더 자세하게 논의하고 싶네요."(타협)

상대방의 말에 동의하지 않는다고 해도, 상대는 내가 한 말이나 행동을 마음에 들어 하지 않는다는 것이 명백하다. 어쨌든 좀 더 깊이 생각해보고 상대방이 왜 그렇게 반응하는지 이해하면 무엇이 문제인지, 어떻게 해결해 나가야 하는지 파악하는 데 도움이 될 것이다.

문제를 더 깊이 이해하는 것 못지않게 두 사람이 같은 문제 의식을 갖고 있는지 확인하는 것도 중요하다. 문제를 정확하게 알아내기 위해서는 감정적인 단어들을 모두 떼어내고 핵심 메시지를 끄집어내야 한다. 더 많은 정보를 수집하고 싶을 때는 개방형 질문을 한다.

"언제 그런 일이 발생했는지 몇 가지 예를 들어주시겠어요?"

정보를 명확하게 확정하고자 할 때는 폐쇄형 질문을 한다.

"어제 회의에서 팀장님이 말씀하실 때 제가 끼어들었다는 말씀이시죠?"

이렇게 혼란이나 오해를 해소해야만 문제를 정확하게 정의할 수 있다. 또한 질문하거나 답변할 때 객관적인 태도를 유지하는 것이 중요하다. 지금은 문제의 원인이 맞는지 틀렸는지를 따질 때가 아니다.

어쨌든 문제에 대한 인식이 서로 맞춰졌다고 생각되면 적절하게 사과하는 말을 건넨다.

"이런 일로 찾아오시게 만들어 정말 죄송합니다."(사과)

이렇게 사과한다고 하더라도, 문제의 원인이 나라고 인정하는 것은 아니다. 그보다는 이러한 대화를 촉발하게 한 것에 대해 유감을 표명하는 것이다. 그런 다음, 상대방을 이해한다는 것을 알려준다.

"나도 당신처럼 느꼈다면 화가 났을 거예요."(이해)

이때 비언어적 메시지에도 주의를 기울여야 한다. 얼굴 표정과 몸짓을 편안하고 중립적으로 유지한다. 눈을 마주치고 고개를 끄덕여 상대방의 말을 이해한다는 것을 알려주어라. 상대방의 감정이 여전히 뜨거운지 아니면 차분히 가라앉았는지 주의 깊게 살펴라. 자신이 먼저 차분하고 침착한 태도를 보여주면 상대방도 이성을 찾는 데 도움이 될 것이다.

이제 문제를 정의할 단계로 넘어가야 한다. 하지만 그때까지도 상대방의 말을 평가하고 처리하지 못해서 시간이 더 필요할 것 같다면 다음과 같이 말하라.

"좀 더 생각할 시간이 필요하니 30분 뒤에 다시 이야기합시다."

이렇게 말한 뒤, 약속한 시간에 반드시 다시 이야기를 이어나가야 한다. 그렇지 않으면 상대방은 더 화를 낼 것이다. 하지만 약속한 시간이 되었을 때에도 여전히 생각이 정리되지 않았다면, 특히 상대방의 말에 어떻게 대응해야 할지 준비가 되지 않았다면 시간을 좀 더 미룰 수 있다.

● **기본적인 원칙**

좀 더 깊이 이해하기 위해서는 다음과 같은 행동을 몸에 익혀라.

- 상대방이 말한 방식이 아무리 마음에 들지 않더라도, 자기 생각을 전해준

것에 대해 감사한다고 말하라.

- 더 많은 정보를 수집하고자 할 때는 개방형 질문을 한다.

- 정보를 명확하게 정리하고자 할 때는 폐쇄형 질문을 한다.

- 질문하고 답할 때 객관성을 유지한다.

- 문제를 정의하기 전에 먼저 사과하는 것이 필요하다고 생각되면 사과를 하라. "이런 일이 발생한 것을 유감스럽게 생각합니다." 이러한 사과는 문제의 책임이 나에게 있다고 인정하는 것이 아니다. 단지 문제가 발생한 것에 대해서 유감을 표명하는 것에 불과하다.

- 최선의 대응 방법을 구상할 시간이 필요하다면, 나중에 말하자고 한다. 좀더 생각해보고 이야기하자고 말한다.

● **실생활에 적용하기**

조디는 미소를 지으며 걱정스러운 표정으로 말했다.

"아, 무슨 말을 하는지 알겠어. **이 문제에 대해 논의하기 위해 날 찾아와줘서 고마워.**"(타협)

테드는 다소 누그러졌다. 조디는 테드가 무엇에 화가 났는지 알고 있었기에, 그에게 정정할 수 있는 기회를 주었다.

"무슨 말을 해도 내가 무조건 무시했다는 뜻이야?"

"어, 무조건 그런 것은 아니지만, 많이 그랬지. 그럼, 날 무시했어. 내 말을 분명히 들었는데도, 못 들은 것처럼 행동했잖아."

조디는 생각하는 시늉을 하며 고개를 끄덕였다.

"이런 일로 찾아오게 해서 정말 미안해.(사과) 누구든 내 말을 무시했다고 생각하면 나도 화가 났을 거야."(이해)

테드가 미소를 지었다. 그가 차분하게 이성을 찾는 것을 보며 기분이 좋았다. 조디는 이제 대화를 이어갈 준비가 되었다고 생각했다.

"여기 잠깐 앉을래? 좀 더 이야기를 해보면 문제를 풀 수 있을 거 같은데."(타협)

3단계: 문제 정의하기

상대방의 생각을 이제 완전하게 이해했다고 생각되면 문제를 정의할 차례다. 내가 상대방을 찾아가 맞설 때와 상대방이 나를 찾아와 맞설 때 대응하는 방식이 조금 다르다. 내가 한 말이나 행동에 대해 상대방이 문제를 제기했을 때는 두 가지 관점에서 문제를 정의해야 한다.

"당신은 … 이렇게 생각한다는 거군요. 저는 … 이렇게 생각합니다."

문제를 이렇게 양쪽에서 정의함으로써 나와 상대방이 공평한 장에 서는 것이다. 여기서 출발하여 문제를 풀어나가면 만족스러운 합의를 이끌어낼 수 있다.

먼저 상대방이 염려하는 것을 반복하여 말함으로써 상대방의 관점에서 문제를 정의하고 동의를 구한다.

"회의 중에 제가 자꾸 방해한다고 말씀하시는 것이죠?(이해) 맞나요?"

그런 다음 자신의 생각을 말한다.

"생각해보니 그런 것 같군요. 제가 몇 번 방해했던 적이 있습니다."

그런 다음, 그 이유를 해명한다.

"하지만 제가 그렇게 한 이유는요…"

이유를 해명할 때는 '나'에 초점을 맞춰 내 감정을 표현한다.

"회의 시간은 정해져 있는데, 당신이 너무 시간을 많이 잡아먹어서 제가 말할 기회가 사라질까 불안했습니다."('나'에게 초점을 맞춘 말)

상대방의 주장에 동의하지 않을 때는 자신의 관점에서 문제를 정의하고 타협안을 제시한다.

"저는 의도적으로 방해한 적이 없지만, 우리 이 문제에 대해 이야기해 보죠."(타협)

문제를 정의할 때는 정중하게 말하는 것이 좋다. 그래야 합의에 도달할 수 있는 열린 토론의 길이 열린다. 염려하는 얼굴 표정을 지어라. 감정적이어선 안 된다. 중립적인 목소리 톤과 편안한 자세를 유지하라.

● **기본적인 원칙**

문제를 정의할 때 다음과 같이 행동하라.

- 상대방이 염려하는 내용을 요약한다. "… 어떤 느낌인지 이해합니다." 이렇게 하면 상대방의 관점에서 문제를 명확하게 정의할 수 있다.
- 자신의 관점에서 문제를 정의한다.
- 상대방의 주장에 일리가 있다고 생각한다면 동의한다고 말하라. "생각해보니, 그런 것 같아요."
- 상대방의 주장에 동의하지만 덧붙이고 싶은 이야기가 있을 때는 이렇게 말한다. "하지만 제가 그렇게 한 이유는요…"
- 상대방의 주장에 동의하지 않는 경우에는 자신의 생각을 말하고 타협안을 제시한다. "의견은 감사하지만 저는 그렇게 생각하지 않습니다. 그래도 이야기해 보고 싶습니다."
- 염려하는 표정을 유지하며 천천히 차분하게 말한다.

● **실생활에 적용하기**

"그러니까 가끔 내가, 네 말을 듣고도 무시했다는 거지?"(이해)

테드는 고개를 끄덕였다. 조디는 염려하는 표정을 유지한 채 차분한 목소리로 계속 말했다.

"생각해보니 정말 그러네. 내가 네 말을 무시했던 적이 있는 거 같아. 하지만 내가 왜 그랬는지 이야기할게. 기사를 작성하느라 한창 몰두하고 있는 상황에서 집중이 흐트러지면 글을 쓸 수가 없어. 머릿속에 떠오른 걸 바로 글로 써내야 하거든. 그럴 때 옆에서 말을 걸면 어떻게 해야 하지? 한번 사라진 생각은 다시 떠오르지 않아. **나중에 후회하고 좌절해봤자 소용이 없어.**"('나'에게 초점을 맞춘 표현)

조디는 미소를 지었다. 테드가 말했다.

"아, 나도 그런 적이 있어."

"그래, 그런 경험이 있다면 내가 어떤 상황이었는지 이해할 수 있겠네."(이해)

"그래."

4단계: 최선의 해법 제안하기

나와 상대방, 두 관점에서 문제를 정의하고 상대방의 관점을 존중하는 태도를 보이면, 상대방은 내가 제안한 해법을 경청할 준비를 한다. 문제 정의에 서로 동의하면, 곧바로 해법을 제시하는 단계로 넘어간다. 앞에서 한 이야기를 다시 반복하여 지체해서는 안 된다. 상대방이 먼저 해법을 제시할 경우에는 빠르게 분석한 뒤, 이에 동의하거나 타협안을 제시하라.

특히 해법이 마음에 들지 않는 경우, 의견을 주고받으며 유연성을 유지하라. 토론이 옆길로 새거나 뒷걸음질 치지 않도록 주의하라. 기꺼이 협력할 의사가 있다는 것을 보여줌으로써, 상대방에게 이견을 좁힐 수 있다는 확신을 심어줘라. 논의가 지지부진하다면 각자 최선의 해법을 내놓은 뒤 그 결과를 함께 분석하자고 제안한다. 하지만 상대방이 문제를 이해하지 못하는 경우, 또는 협조할 의향이 없는 경우에는 해법에 합의하지 않고 보류하기로 할 수도 있다.

● **기본적인 원칙**

최선의 해법을 제시할 때는 다음과 같이 행동하라.

- 문제 정의에 서로 동의하면 곧바로 해법을 제시하라.
- 상대방이 먼저 해법을 제시하는 경우에는 빠르게 분석하고 판단하라.
- 해법에 동의한다면 그렇다고 말하고, 아닐 때는 타협안을 제시한다.
- 해법을 놓고 협상할 때에는 유연하게 대처한다.
- 해법이 마음에 들지 않을 때는 대안을 제시함으로써 협력할 의사가 있다는 것을 보여준다.
- 토론을 계속 진행하라. 토론이 뒷걸음질 치려고 할 때마다 원래 자리로 되돌려 놓으라. 문제 정의에 대해서는 이미 동의했으므로, 문제에 대해서는 다시 이야기하지 않는다.
- 해법을 도저히 찾을 수 없다면 그냥 해결하지 않고 보류하기로 합의한다.

● **실생활에 적용하기**

"그런 줄도 모르고. 미안해. 이제부터는 타이핑할 때는 말 걸지 않을게."

조디는 테드가 제안한 해법에 대해 빠르게 생각해본 뒤 이렇게 말했다.

"아니, 그렇게까지 할 필요는 없어. 이렇게 하면 어떨까? 내가 타이핑하고 있을 때 이야기하고 싶은 게 있다면 옆에서 잠깐 기다려줘. 내가 생각을 정리하고 난 뒤 말을 걸게. 너무 몰입해서 이야기할 여유가 없다면, 지금은 때가 아니라는 신호를 보낼게. 어때?"(타협)

"좋아."

5단계: 합의 이끌어내기

해법에 동의하면 다음과 같은 말로 합의한 사실을 확인한다.

"좋아요. 이 문제를 해결하다니 기분이 좋습니다."(최종 확인)

해법에 동의하지 못했을 때는 다음과 같은 말로 마무리할 수 있다.

"이 문제에 대해 합의하지 못한 것은 유감이지만, 그래도 이렇게 대화할 수 있어 기쁘네요. 서로 상대방의 의견을 존중하며 이쯤에서 마무리합시다."(최종 확인)

합의 내용을 확인한 다음, 관계를 회복하는 말로 토론을 마무리한다.

"그래도 당신과 함께 일하는 것이 즐겁습니다. 우리 사이에 어떤 오해도 생기지 않았으면 좋겠어요."(관계 회복)

해법에 동의하지 못할 때는 다음과 같은 말로 토론을 마무리할 수 있다.

"합의에 이르지 못한 것은 유감입니다만(최종 확인) 그래도 우리 관계를 소중히 여기며 앞으로 이 문제를 함께 해결할 수 있기를 희망합니다."(관계 회복)

● **기본적인 원칙**

최종 합의를 이끌어낼 때는 다음과 같이 행동하라.

– 해법에 동의하면 합의했다는 사실을 다시 분명하게 언급한 다음 관계를 회복하는 말로 대화를 마무리한다.
– 합의에 이르지 못했을 때는, '합의하지 않기로 합의했다'라는 것을 다시 확인한 다음, 이러한 상황에 얽매이지 말고 함께 앞으로 나아가고 싶다는 희망을 진술함으로써 대화를 마무리한다.

● **실생활에 적용하기**

조디는 마지막으로 다음과 같이 말했다.

"테드, 이렇게 이야기할 수 있어서 정말 고마워. 그동안 본의 아니게 널 무시했던 거 미안해. 그리고 이렇게 서로 이해할 수 있는 해법을 찾게 되어 기분 좋아.(최종 확인) 대화를 통해 서로의 차이를 해결할 수 있다니, 우리 관계가 더욱 돈독해질 것 같아."(화해)

갈등 해결: 올바른 방법

지역신문사에서 기자로 일하는 조디는 자신이 쓴 기사를 편집하고 있었다. 그때 동료 테드가 와서는 조디가 방심한 틈을 타 갑자기 화를 냈다.

"사람 말이 말 같지 않나? 뭔 말을 해도 무조건 무시하기만 하고. 나한테 왜 그러는 거야? 지긋지긋해. 내가 이런 대접을 받아야 해? 네가 잘났으면 얼마나 잘났어? 못돼 처먹었어!"

테드는 자신의 말에 깜짝 놀란 조디를 노려보았다. 조디는 즉각적으로 테드의 비난에 맞서 자신을 변호해야 한다고 생각했다. 자기를 무시한다는 테드의 말은 전혀 사실이 아니었기 때문이다. 하지만 조디는 끓어오르는 분노를 억눌렀다. 아무 대답도 하지 않고 아무 반응도 보이지 않았다. 그녀는 자신의 허벅지에 손을 올려놓은 채 걱정스러운 표정을 지으며 그를 바라보고만 있었다. 천천히 심호흡을 하면서 흥분을 가라앉히고 부정적인 피드백을 처리했다.

테드의 말이 완전히 틀린 것은 아니었다. 가끔 그의 말을 무시한 적이 있었다. 업무에 몰두하고 있을 때 주의가 산만해지면 다시 몰입하기 어렵기 때문에 그가 하는 말을 못 들은 척했던 것이다. 어떻게 대응해야 갈등을 효과적으로 해결할 수 있을지 고민했다. 조디는 미소를 지으며 걱정스러운 표정으로 말했다.

"아, 무슨 말을 하는지 알겠어. 이 문제에 대해 논의하기 위해 날 찾아와

쥐서 고마워."(타협)

테드는 다소 누그러졌다. 조디는 테드가 무엇에 화가 났는지 알고 있었기에, 그에게 정정할 수 있는 기회를 주었다.

"무슨 말을 해도 내가 무조건 무시했다는 뜻이야?"

"어, 무조건 그런 건 아니지만, 많이 그랬지. 그럼, 날 무시했어. 내 말을 분명히 들었는데도, 못 들은 것처럼 행동했잖아."

조디는 생각하는 시늉을 하며 고개를 끄덕였다.

"이런 일로 찾아오게 해서 정말 미안해.(사과) 누구든 내 말을 무시했다고 생각하면 나도 화가 났을 거야."(이해)

테드가 미소를 지었다. 그가 차분하게 이성을 찾는 것을 보며 기분이 좋았다. 조디는 이제 대화를 이어갈 준비가 되었다고 생각했다.

"여기 잠깐 앉을래? 좀 더 이야기를 해보면 문제를 풀 수 있을 거 같은데.(타협) 그러니까, 가끔 내가, 네 말을 듣고도 무시했다는 거지?"(이해)

테드는 고개를 끄덕였다. 조디는 염려하는 표정을 유지한 채 차분한 목소리로 계속 말했다.

"생각해보니 정말 그러네. 내가 네 말을 무시했던 적이 있는 거 같아. 하지만 내가 왜 그랬는지 이야기할게. 기사를 작성하느라 한창 몰두하고 있는 상황에서 집중이 흐트러지면 글을 쓸 수가 없어. 머릿속에 떠오른 걸 바로 글로 써내야 하거든. 그럴 때 옆에서 말을 걸면 어떻게 해야 하지? 한번 사라진 생각은 다시 떠오르지 않아. **나중에 후회하고 좌절해봤자 소용이**

없어."('나'에게 초점을 맞춘 표현)

조디는 미소를 지어 보였다. 테드가 말했다.

"아, 나도 그런 적이 있어."

"그래, 너도 그런 경험이 있다면 내가 어떤 상황이었는지 이해할 수 있겠네."(이해)

"그래, 그런 줄도 모르고. 미안해. 이제부터 타이핑을 할 때는 말 걸지 않을게."

조디는 테드가 제안한 해법에 대해 빠르게 생각한 뒤 이렇게 말했다.

"아니, 그렇게까지 할 필요는 없어. 이렇게 하면 어떨까? 내가 타이핑하고 있을 때 이야기하고 싶은 게 있다면 옆에서 잠깐 기다려줘. 내가 생각을 정리하고 난 뒤 말을 걸게. 너무 몰입해서 이야기할 여유가 없다면, 지금은 때가 아니라는 신호를 보낼게. 어때?"(타협)

"좋아."

"테드, 이렇게 이야기할 수 있어서 정말 고마워. 그동안 본의 아니게 널 무시했던 거 미안해. 그리고 이렇게 서로 이해할 수 있는 해법을 찾게 되어 기분 좋아.(최종 확인) 이렇게 대화를 통해 서로의 차이를 해결할 수 있다니, 우리 관계가 더욱 돈독해질 것 같아."(화해)

이러한 접근 방식이 효과가 있는 이유

테드가 비난하는 말을 했을 때 본능적으로 튀어나온 조디의 첫 번째 반응은 자신을 방어하는 것이었다. 그러나 화가 치밀어 올랐음에도, 조디는 최대한 마음을 가다듬고 갈등을 효과적으로 해결하는 5단계 프로세스를 진행했다.

테드가 먼저 다가왔지만, 토론을 주도한 것은 조디였다. 평정심을 유지하며 표정과 몸짓을 통해, 진정으로 염려하고 있으며 테드를 존중하고 서로 동의할 수 있는 해법을 찾고 싶다는 것을 보여주었다. 자신이 가끔씩 테드를 무시했다는 주장에도 기꺼이 동의한 뒤, 그렇게 한 이유를 설명했다. 이로써 테드는 오해를 풀 수 있었다. 조디의 사려 깊은 태도 덕분에 두 사람은 긍정적이고 건설적인 대화를 나눌 수 있었고, 빠르게 합의에 도달할 수 있었다. 이 사례는 두 동료 사이에 벌어진 매우 사소한 문제였을 뿐이지만, 갈등 해결 5단계 프로세스를 따르면 이보다 훨씬 큰 문제의 해법을 찾는 데에도 도움을 얻을 수 있을 것이다.

❶ **생각해보자**

상대방이 기분 나쁘게 말했다고 하더라도, 그것을 기분 나쁘게 받아들일 필요는 없다. 어떤 방식으로 이야기했든, 거기에 일말의 진실이라도 담겨 있다면 나에게 성장의 기회가 될 것이고, 진실이 담겨 있지 않다면, 갈등 해결 능력을 강화할 수 있는 기회가 될 것이다. 어떠한 경우든 나에게 도움이 될 뿐이다.

세상에 완벽한 사람은 없다는 사실을 기억하라. 우리 모두 좋은 면도 있고 나쁜 면도 있다. 또한 우리는 누구나 남에게 피해를 주는 행동을 한다. 최고의 깨우침은 많은 경우, 기분 나쁜 형태로 온다. 하지만 그것의 본모습은 시간을 들여 그 알맹이를 끄집어낼 수 있을 때에만 우리 앞에 나타난다.

다음에 기분 나쁜 비난을 들었을 때, 감정적으로 반발하지 말고 나의 현실을 깨닫는 기회로 삼아보라. 귀 기울여 들어라. 분석하라. 그 지적을 받아들일지 말지 결정하라. 어떤 결정을 내리든 상대방은 당신과 문제를 겪고 있다는 뜻이니, 5단계 프로세스를 활용하여 갈등을 해소하라. 그런 다음 자신에게 물어보라.

앞으로 이런 일이 나에게 다시 발생하지 않도록 하기 위해서, 나는 무엇을 어떻게 바꿔야 할까?

이런 자세로 살다 보면, 사람들을 진심으로 배려하는 사람이라는 존중을 받을 수 있을 것이다.

나만의 갈등 해결 시나리오 작성해보기

갈등 해결 5단계 프로세스에 따라 '강력한 열쇳말'과 비언어적 요소를 활용하여 현재 내가 갈등유발자와 겪고 있는 문제에 대한 시나리오를 써보자.

- 갈등 해결 열쇳말 ('나'로 시작하는 말, 이해하고 있다는 말, 사과하는 말, 타협하는 말, 합의 확인하는 말, 관계 회복하는 말)

- 비언어적 요소(보디랭귀지, 얼굴 표정, 목소리, 단호함)

1단계: 먼저 생각하기

2단계: 좀 더 깊이 이해하기

3단계: 문제 정의하기

4단계: 최선의 해법 제안하기

5단계: 합의 이끌어내기

갈등을 피하지 말고,
상황을 개선하는 데에 초점을 맞춰라.

《데일 카네기의 인간관계론》

어리석은 자들의 공격에
자기 평판을 내어주지 말라.

《사람을 얻는 지혜》

에필로그

먼저 이 책을 출간할 수 있도록 도움을 준 AMACOM 직원들에게 감사의 말을 전하고 싶다. 훌륭한 팀과 함께 이 프로젝트를 진행할 수 있어서 정말 즐거웠다.

특히 이 책을 책임지고 편집한 밥 너킨드는 이 책을 만드는 과정에서 끊임없는 지지와 격려를 아끼지 않았으며, 덕분에 일하는 것이 즐거웠다. 아마도 이보다 좋은 편집자는 찾을 수 없을 것이다.

또한 제작책임자 바바라 체노에게도 진심으로 감사한 마음을 전하고 싶다. 책의 세세한 면을 하나하나 신경 써주었다. 덕분에 그 손에서 최고의 작품이 탄생했다.

남편 조와 가족과 친구들에게도 감사의 마음을 전하고 싶다. 이 프로젝트에 의견을 주신 모든 분들께 감사드린다.

그리고 지금까지 제 책을 읽어주신 독자 여러분께 감사한다. 나의 목표는 한결같다. 다른 사람들의 재능과 능력을 향상시키는 데 도움을 주는 것이다. 이 책을 읽고 난 뒤, 갈등유발자들을 좀 더 잘 다룰 수 있게 되기를 진심으로 바란다.

러네이 에븐슨